개정판

Q 방법론과 사회과학

김 순 은

도서출판 조명문화사

감사의 글

1986년 8월 말쯤인 것 같다. 서른의 나이에 미국이라는 나라에 도착한 후 첫날 맞이한 고생과 당혹감은 지금도 어제의 일처럼 생생하다. 브라운(Brown) 교수님의 Q 방법론 강의 첫날 역시 낯설고 어려웠던 기억이 난다. 다행스럽게도 브라운 교수님의 섬세한 강의와 친절한 배려로 미국 생활에 점차 적응되었으며, Q 방법론에 대한 이해도도 조금씩 높아졌다. Q 방법론에 관한 두 학기의 강의도 도움이 되었지만, 이와는 별도로 Q 방법론에 대하여 좀 더 관심이 있었던 교수와 학생들이 중심이 되어 브라운 교수님 댁에서 가졌던 매주의 모임이 강의의 이해도를 높이는 데 보다 유익하였다. 사모님께서 우리를 위해 준비해 주셨던 치즈와 와인의 맛은 Q 방법론의 이해와 더불어 더욱 깊어갔다. 브라운 교수님의 따뜻한 배려로 Q 방법론을 이용하여 필자의 박사논문을 완성하는 기쁨을 누렸다.

1991년 12월 귀국한 이후에도 브라운 교수님의 도움이 필요할 때면 필자는 언제든 연락을 드렸고, 그때마다 친절하게 도와주신 교수님의 제자사랑을 잊을 수가 없다. 브라운 교수님의 가르침에 응당 보답해야 하는 제자의 책무를 바쁜 일정으로 인해 잠시 묵혀 둔 것은 필자의 불찰이 크다. Q 방법론에 대한 브라운 교수님의 열정을 한국에도 뿌리내리고자, 가급적 일찍 우리말로 Q 방법론에 관한 입문서를 준비하려고 하였으나 이런저런 이유로 지금까지 미루어오다가 이제 와서 정리하게 되었다. 교수님의 관심과 사랑을 떠올리면 죄송하기 그지없다.

필자가 입문서를 준비하는 과정에서도 브라운 교수님께서는 많은 도움을 주셨다. 켄트 주립대학(Kent State University)에서 사용하시는 Q 강의계획서의 참고목록을 입문서의 참고자료로 활용하도록 허락하시기도 하였다. 이러한 아낌없는 배려는 제자와 Q 방법론에 대한 사랑이 없었다면 불가능했으리라 생각한다. 아울러 PQMethod의 소프트웨어 매뉴얼 저자인 피터 쉬멐(Peter Schmolck) 교수님께도 매뉴얼의 번역과 게재를 허락하여 주심에 감사드리고 싶다.

또한, 미국에서 귀국 후 지금까지 필자의 연구와 강의를 뒷받침해 준 동의대학교에도 깊은 감사를 드린다. 영국 캠브리지 대학 및 런던정경대학, 일본 와세다 대학 방문교수를 학교의 배려로 무사히 마치게 되었다. 현재에도 필자가 연구와 강의에만 전념할 수 있도록 학교는 지원을 아끼지 않고 있다. 이 점은 필자에게 커다란 행운이 아닐 수 없다. 본 입문서도 2005학년도 교내연구비의 보조로(과제번호: 2005AA046) 이루어지게 되었다. 김임식 학교법인 동의학원 이사장님, 김인도 상임이사님, 강창석 총장님의 배려에 이 지면을 빌려 감사의 말씀을 올린다.

끝으로 가족의 사랑과 인내에 감사하며, 박정웅 사장님께도 깊은 감사를 드린다. 본 입문서가 Q 방법론에 관심 있는 학생과 연구자들에게 조금이나마 도움이 된다면 브라운 교수님에 대한 보은이 될 것으로 믿는다. 아울러, 본 입문서가 한국에서의 Q 공동체 형성에 도움이 될 수 있다면 개인적인 영광으로 느낄 것이다.

개정판의 인사말

2007년 처음으로 Q 방법론 입문서를 탈고한 지 만 9년이 경과하였다. 그간 Q 방법론에 관한 국·내외 저서가 있었으나 처음 접하는 독자들이 이해하기 어렵다는 고충의 소리가 있어 이에 대응할 책을 저술해야겠다는 마음을 갖게 되었다. 초판의 저서가 이런 관점에서는 어느 정도 목적한 바를 거두었다.

그럼에도 불구하고 교실에서 학생들을 가르치는 과정에 다수의 부족한 점이 발견되었다. 가능한 한 빨리 개정하겠다는 마음은 있었으나 여러 가지 사정 상 만 9년 만에 개정판을 내놓게 되었다.

본 개정판은 2가지 측면에서 크게 보완되었다. Q 방법론의 이론과 철학을 첨가함으로써 Q 방법론을 이론적, 통계적, 철학적으로 이해하는 데 도움이 될 것으로 보인다. 이와 같은 이해는 Q 방법론을 활용하여 작성된 논문의 정당성, 타당성 등을 방어하는 데 크게 도움이 될 것이다.

스티펜슨이 Q 방법론을 창안한 이후 Q 방법론에 대한 많은 비판이 이어져 왔다. Q 방법론이 활용하는 P 표본의 추출방식이 작위적이고 표본의 크기가 작다는 것이 주요 비판의 대상이었다. 스티펜슨은 이와 같은 비판에 대해 Q 방법론의 본질을 이해하지 못한 데에서 유래하는 것이라고 대응하였다.

그와 같은 방어에도 불구하고 Q 방법론에 대한 비판이 이어지자 Q 방법론의 활용범위를 확대하려는 시도가 뒤따랐다. 1963년 탈보트 교수의 Q 블록(Q block), 2002년의 브라운 교수의 표준화 요인지수(standardized factor index score) 등이 대표적인 예이다.

개정판의 주요 목적도 초판과 같이 Q 방법론의 초급자를 위한 것임에는 변함이 없다. 여기에 Q 방법론의 활용을 확대하는 방식들을 추가하였는데, Q 블록, 표준화 요인지수, 요인의 자기 유형화 등이 그것이다.

초판에서와 같이 많은 분들의 도움이 있었음을 밝힌다. 현재까지도 왕성하게 활동하시는 브라운 교수님의 도움이 컸음은 재론의 여지가 없다. 필자의 박사과정 시절부터 의문점이 생길 때마다 문의하는데, 늘 이에 대하여 친절하게 도와주시는 교수님의 은혜에 깊이 감사드린다. 브라운 교수님이 표준화 요인지수의

장 추가에 대한 조언을 주셨을 뿐 아니라 자료 구성에도 큰 도움을 주셨다.

저의 연구센터에서 연구와 행정에 전념하는 연구원들의 도움도 빼놓을 수 없다. 황선영, 장세정 연구원을 비롯하여 어유경, 양은진, 권은주, 김인태, 주용덕 연구원의 도움에 항상 고마운 마음이다.

Q 방법론을 처음으로 접하는 초급자들이 본 개정판을 읽고 Q 방법론을 이해하고 활용하여 논문의 발전에 다소나마 도움이 된다면 필자에게 크나큰 보람이 될 것이다. 끝으로 본 개정판을 흔쾌히 승낙해 주신 도서출판 조명문화사 이재영 사장님께도 감사의 말씀을 드린다.

2016. 12. 31.

저자 김 순 은

차 례

Q방법론과
사회과학

01 이론과 실제
Theory & Practice

제1장

Q 방법론의 이론적 고찰

1. 사회과학방법론

1) 과학적 방법론

Q 방법론은 물리학과 심리학 등의 영향을 받았지만 본질적으로 인간의 주관성을 연구하는 사회과학방법론 중의 하나이다. 따라서 Q 방법론의 설명에 앞서서 사회과학방법론에 관한 기초적인 내용을 숙지하여야 한다.

사회현상과 자연현상을 연구하고 탐구하는 근본적인 목적은 현상에 대한 지식을 발견하는 것이다. 이러한 관점에서 볼 때 연구 또는 탐구란 인간이 관심을 갖는 현상에 관한 의문에 대하여 해답을 찾는 과정이라고 할 수 있다. 이처럼 현상과 관련하여 제기된 의문에 대한 해답이 지식이며 이러한 지식은 현상을 묘사·예측·발전·설명하는 데 사용된다(Borg and Gall, 1989).

자연적이거나 인공적인 현상들, 예를 들어 사회형태, 구조, 행동, 변화, 상호관계의 특성 등을 있는 그대로 그려내는 것을 묘사라 부른다. 이러한 묘사가 바로 연구의 첫 번째 목적이다. 묘사적 특성을 지닌 연구는 연구대상의 특성을 측정하거나 관찰하는 도구에 좌우되는 경향이 강하다.

두 번째 연구목적은 기존의 지식으로부터 미래에 발생할 현상을 예측하는 것이다. 연구자는 연구를 통해 규명된 과거의 사실 또는 현상을 토대로 미래를 예상한다.

세 번째 연구목적은 사회현상을 발전(통제)시키기 위하여 다양한 정책적 대안이나 프로그램을 제시하는 것이다. 사회문제에 대한 처방적 성격을 띠고 있는 사회과학, 특히 행정학에서 이러한 발전 지향적인 연구는 매우 중요한 부분을 차지한다. 처방적인 연구의 전제에는 사회현상을 통제할 수 있다는 가정이 내재되어 있다.

끝으로 연구를 통해 산출된 지식은 사회현상을 설명하는 데 사용된다. 네 번째 연구목적이라 할 수 있는 지식의 설명적 기능은 장기적인 관점에서 지식 탐구의 가장 중요한 부분을 차지한다. 왜냐하면, 상술한 연구가 갖는 묘사, 예측, 발전 등의 기능이 완숙되어야만 사회현상을 설명할 수 있으며 이러한 설명이 추후 이론으로 발전되기 때문이다. 이와 같이 연구자는 연구를 통해 다수의 기능을 수행할 수 있으며, 연구 수행을 위한 방법론은 다양한 유형으로 변천되어 왔다.

(1) 연구방법의 유형

지식을 획득하는 연구의 방법에 대하여 학자마다 다소 상이하게 분류하고 있다. 연구의 방법을 분류한 학자로는 피어스(C. Pierce), 월리스(W. Wallace), 나키미아스와 나키미아스(D. Nachmias & C. Nachmias) 등을 들 수 있다. 피어스에 따르면 전통에 의한 방법(the method of tenacity), 권위에 의한 방법(the method of authority), 직관에 의한 방법(the method of intuition), 과학적 방법(the scientific method) 등을 들고 있다(Kerlinger, 1986). 후자는 지식을 탐구하는 방법으로 권위적 방식(authoritarian mode), 신비적 방식(mystical mode), 논리적-합리적 방식(logical-rational mode), 과학적 방식(scientific mode)을 들고 있다(Wallace, 1971; Nachmias and Nachmias, 1987).

이를 통해 학자들이 제시한 공통된 연구의 방식 또는 방법 중 하나가 과학적 방법임을 알 수 있다. 그것은 여타의 방법과 비교하여 과학적 방법에 기초하여 산출된 지식이 사회현상을 묘사·예측·발전(통제)·설명하는 데 보다 항구적인 생명력을 갖기 때문이다. 여기에서는 과학적 방법에 대해서만 조금 더 상세히 논의해보기로 한다.

(2) 과학적 방법론

① 과학적 방법과 실증주의

과학적 방법은 실증주의(Positivism)라는 과학철학으로부터 도출되었다. 실증주의는 학자에 따라 다양한 내용과 특징을 담고 있지만(Phillips, 1983), 그 중에서도 가장 일반적인 철학이 논리적 실증주의(Logical Positivism)이다. 논리적 실증주의의 주장에 따른 과학적 연구방법은 다음과 같은 전제조건을 지닌다(Gay, 1987).

② 과학적 방법의 전제

지식을 탐구하는 과학적 방법에는 6가지의 전제조건이 있다(남궁근, 1998). 첫 번째 전제조건은 질서와 규칙성의 존재이다. 우리가 관찰하거나 이해할 수 있는 사회 현상에는 일정한 질서와 규칙성이 있다는 전제가 있기 때문에, 사회과학자들은 질서와 규칙성을 탐구하는 사명을 갖게 된다.

두 번째 전제조건은 사회현상의 인과관계로, 주위에서 관찰되는 모든 사회현상에는 원인과 결과라는 인과관계가 존재한다는 것이다. 사회의 질서와 규칙성의 발견으로부터 사회현상의 인과관계를 밝힐 수 있다.

첫 번째와 두 번째 전제조건은 세 번째 전제조건으로부터 도출된다. 사회현상의 질서와 규칙성을 탐구하고, 그로부터 사회현상의 인과관계를 규명하는 전제에는 사회현상은 이해될 수 있다는 가정이 있다. 만약 인간이 이해할 수 없는 사회현상이 있다면 그것은 학문의 대상이 아닌 종교의 대상이나 제3의 영역이 되어야 한다.

네 번째 전제조건은 사회현상에 대한 모든 지식은 반드시 증명되어야 한다는 것이다. 관습이나 전통과 같이 오래된 지식도 반드시 증명되어야 지식으로서의 가치가 있다는 주장이다. 따라서 증명할 수 없는 사회현상에 대한 궁금증은 과학적 연구 대상에서 제외된다. 이와 같은 전제조건은 논리적 실증주의에서 중요하게 강조하는 부분이다.

사회과학에 있어서 지식은 절대적이라기보다는 상대적이라는 것이 다섯 번째 전제조건이다. 연구의 방법·도구·자료·조작에 따라 연구결과가 상이하게 나타날 수 있으며, 시대에 따라서도 지식의 체계가 변화되어 왔음을 의미한다.

과학적 지식이나 과학적 탐구의 대상은 반드시 인간이 관찰하거나 경험할 수 있는 대상이어야 한다는 것이 여섯 번째 전제조건이다. 이는 확실하다는 심증은 있으나 관찰하거나 경험할 수 없는 것은 과학적 연구의 대상이 될 수 없음을 의미한다. 따라서 연구자의 가치·해석·느낌·사색 따위는 과학적 탐구에 관여할 여지가 없다.

2) 행태주의

과학적 방법론과 관련하여 논의되어야 할 것이 행태주의(Behavioralism)이다. 1920년대 역사전통주의(Traditionalism)에 갈음하여 나타난 행태주의는 실증적 행태주의(Positive Behavioralism), 이론적 행태주의(Theoretical Behavioralism), 다기방법론(Multimethodologism) 등의 단계로 발전되었다(김광웅, 1990). 이는 연구방법이 양적이냐 질적이냐, 혹은 이론적이냐 비이론적이냐에 따라 분류된 것으로, 행태주의의 단계적 발전에 따라 나타난 특징을 요약한 것이다. 이와 같은 다양한 형태에도 불구하고 행태주의는 일정한 특성을 지닌다(Easton, 1962)는 주장을 통해 행태주의와 역사전통주의 사이에 제기된 수많은 논쟁이 수그러들게 되었다. 이스튼(Easton)이 주장한 행태주의의 제반 특성은 앞에서 논의한 과학적 방법과 대동소이하다.

첫 번째 행태주의 특성은 사회현상으로부터 규칙성을 탐구하는 것이다. 과학적 방법론의 첫 번째 전제조건과 동일함을 알 수 있다. 두 번째 특성은 검증의 필요성이다. 증거에 의하여 입증되지 않는 한 진정한 지식이 될 수 없다는 것이다. 이는 과학적 방법론의 네 번째 전제조건과 동일하다.

행태주의는 사회현상에 대한 규칙성을 입증하기 위하여 방법론상의 기술과 계량화를 필요요건으로 한다. 입증자료를 분석하는 데 요구되는 기술과 계량화가 없이는 자료의 타당성, 신뢰성을 확보할 수 없고, 이에 기초한 지식을 진리라고 주장할 수 없다. 이와 같이 행태주의는 사회현상의 입증된 규칙성을 토대로 체계화된 이론을 창출하고 이러한 작업은 순수과학(pure science)의 특성을 지닌다.

계량화된 자료에 기초한 사회현상의 입증은 연구자의 주관적 요소가 개입되어서는 안 된다는 규범적 요건을 요구한다. 이는 연구자의 가치·해석·느낌·사색 등이 연구과정에 개입되어서는 안 된다는 과학적 방법론의 주장과 동일하다고 볼 수 있다. 이를 종합하면 행태주의는 실증주의와 경험주의의 인식론에 기초하고 있다고 하겠다.

2. 사회과학방법론과 인간의 주관성

1) 후기 실증주의

실증주의에 기초한 연구가 사회과학의 발전에 기여한 바에 대해서는 의문의 여지가 없다(Borg and Gall, 1989; 김광웅, 1999). 그러나 이러한 기여와는 별도로 실증주의의 기본전제에 대한 비판을 토대로 새로운 학문적 기초가 생성되기 시작하였다.

실증주의가 사회과학 발전에 기여한 공로는 인정하나 본 과학철학의 기본가정-객관적이고 이론중립적인 관찰, 가치중립적인 관찰, 관찰이 가능한 영역에 대한 탐구-에 의문이 제기되면서, 실증주의를 대체할 학문적 기초가 탄생하기 시작한 것이다.

후기 실증주의라고 불리는 새로운 학문적 기조는 실증주의의 주장을 배격하기보다는 실증주의의 주장을 보완하는 차원에서 발전되었다. 후기 실증주의 학자들은 과학이 눈에 보이지 않는 현상에 대해서도 관심을 가져야 한다고 주장하였다. 후기 실증주의 사조를 통해 인간의 인식, 가치, 느낌 등의 주관적 요소도 사회현상을 묘사, 예측, 발전, 설명하는 데 중요한 변수가 되기 시작하였다. 이는 양적 연구와 더불어 질적 연구가 사회과학에 확산되는 계기가 되었다.

2) 후기 행태주의

행태주의가 지나치게 논리 실증주의와 논리 경험주의에 집착하였던 점을 비판하면서 행태주의가 간과하였던 부분에 대해서 학자들이 관심을 갖도록 유도한 주장을 후기 행태주의라 부른다. 행태주의의 연구대상이 가치중립적으로 관찰이 가능한 분야에 한정되었던 것에 반하여, 후기 행태주의는 인간의 주관성에 대해서도 깊이 연구할 필요성을 제기하였다.

후기 행태주의 학자들은 사회현상에 대한 연구 시, 연구의 대상과 방법은 기본적으로 가치중립적일 수 없다고 주장하였다. 어떤 형태든지 연구자의 주관과 가치가 크게 작용할 뿐만 아니라 기존의 이론으로부터도 적지 않은 영향을 받는다는 점을 강조하였다.

이러한 점에 착안하여 후기 행태주의는 양적 연구를 보완하는 차원에서 질적 연구의 중요성을 피력하였다. 또한 연구의 대상으로 관찰이 가능한 부분 외에 관찰이 용이하지 않은 인간의 내면에 대해서도 관심을 기울였다.

(1) 후기 행태주의와 방법론의 한계

방법론상의 관점에서 보면 후기 행태주의의 출현은 종전과는 상이한 방법론의 출현을 의미한다. 그러나 후기 행태주의의 시대에 발표된 논문을 보면 방법론상의 이슈를 다루었던 논문을 찾아보기 힘들다. 이러한 현상이 일어난 데 대한 몇 가지의 가정이 있다. 첫 번째 가정은 행태주의가 시대를 풍미하는 동안 연구자들 사이에 방법론적 이슈에 관한 충분한 논의가 이루어졌고, 그 결과 대부분의 연구자가 행태주의적 방법론을 숙지하였기 때문이라는 것이다. 또 하나의 가정은 행태주의적 방법론이 초기에 예상하였던 기술적 정치(精緻)함을 달성하지 못하였기 때문이라는 것이다(Brown, 1980). 마지막 가정은 후기 행태주의에 적합한 방법론의 개발이 이루어지지 못하였다는 데 기인한다는 것이다.

행태주의 전통에 기초한 연구는 연구의 진행이 주로 "외적 관점(external perspective)"이라고 명명되는 연구자의 관점에서 진행된다. 우선 연구의 대상이 연구자의 주관적 판단에 의하여 결정되고, 연구자가 조작한 정의(operational definition)에 따라 구조적으로 작성된 설문지를 통하여 사회현상을 측정한다. 입증하려던 연구가설도 연구자에 의하여 선험적으로 결정된다. 연구의 바탕이 되었던 이론도 연구자에 의하여 새롭게 정의되거나 수정된다. 이러한 연구과정으로 인해 연구자의 연구는 그가 조작한 정의의 범위 안에서 이루어진다. 이것이 행태주의적 연구방법의 첫 번째 문제점으로 지적되었다(Wittgenstein, 1971).

행태주의에 대한 두 번째 비판은 연구가 연구대상의 고유한 특성보다는 방법론의 운영에 따라 크게 좌우된다는 점이다. 관념적으로는 아무리 훌륭한 가정이라도 실증적으로 입증하기 어려운 경우가 많다. 이 경우 입증이 가능한 방법에 의거해야 한다는 행태주의의 근본적 속성에 따라 연구방법이 연구를 결정하는 주객전도(主客顚倒) 현상이 발생할 수 있다. 이러한 현상으로 인해 행태주의적 연구방법에 의한 연구결과가 혼란을 주는 경우도 종종 있다. 연구자의 조작적 정의에 따라 동일한 주제에 관한 연구의 결과가 다르게 나타나는 경우가 빈번하게 발생하였다. 이는 연구자가 정의한 변수를 측정하기 위한 지수의 선택이 연구의 결과를 결정하기 때문이다.

이와 같이 행태주의적 연구방법에 대하여 의문을 제기하고 후기 행태주의적 관점에서 행태주의적 연구방법을 보완한 연구가 "시민의 문화(The Civic Culture)"이다(Almond and Verba, 1963). 본 연구에서는 사회현상에 대한 종합적이고 체계적인 연구가 이루어지기 위해서는 연구자의 관섬뿐만 아니라 연구대상자의 관점도 보완되어야 한다는 점을 명시하였다. 연구자는 자신이 조작·작성한 연구의 틀에 의거하여 연구대상자의 행태를 측정하는 방법 외에 연구 대상자가 자작적으로(operantly)[1] 정의한 틀에 의하여 표출하는 행태를 측정하여야 한다는 점을 강조하였다. 이를 위한 방법론의 하나로 연구 대상자와의 인터뷰를 제안하였다. 이를 통해 연구 대상자의 자작적 정의에 의한 데이터가 중요하다는 점은 확인되기 시작하였다.

후기 행태주의적 연구방법이 필요하다고 주장하는 그룹이 행태주의적 연구방법이 틀렸다고 주장하는 것은 아니다. 다만, 이들은 연구의 필요성에 따라 연구자의 조작적 정의가 필요하지 않을 수 있다는 점을 강조하는데, 특히 인간의 주관성에 관한 연구가 이에 해당한다.

보통 사람들은 물론 정치가들에게는 토론이 일상화되어 있다. 주로 개인적 관심과 이해관계에 따라 토론의 대상에 대한 선호도가 다르게 나타난다. 정치적인 이슈를 즐겨 논의하는 그룹이 있는가 하면 경제적인 이슈를 즐겨 토론하는 그룹도 있다. 이러한 현상은 지극히 주관적인 행태라고 할 수 있다. 이러한 주관

1) 자작적(operantly)이라는 용어는 Q 방법론에서 사용된 것으로 Almond and Verba가 사용한 용어는 아니다.

적인 현상에 대한 이해를 무시하고는 사회현상을 정확하게 묘사·발전·예측·설명할 수 없음이 자명하다. 이는 사회과학에 있어서 주관성이 중요시되는 이유가 된다.

사회과학도 "과학"이라는 용어가 붙었음에도 불구하고 주관적인 성격을 내재하고 있다. 연구대상의 선정 및 조작화 방식의 선정은 완전히 연구자의 주관적 결정에 따른다. 연구자의 경험이나 철학 등에 따라 연구의 주제가 결정되며 연구 과정의 조작화 방식도 전적으로 연구자의 개인적인 판단과 가치에 따른다.

정치학을 포함한 사회과학의 많은 논의는 주관적 요소와 관련된 것이다. 이를 논의하면 다음 절과 같다.

(2) 정책·행정학과 인간의 주관성

행태주의의 학문적 풍조가 후기 행태주의로 변모하면서, 행태주의의 기조하에서 도외시되었던 인간의 주관성이 사회과학의 주요한 연구 대상으로 부상하였다. 이에 정치·행정학 및 정책학에서도 인간의 주관성에 대하여 관심을 갖기 시작하였다.

정책과정이 진행되면서 나타나는 정치·사회적·경제적 요인 및 관료·조직·문화적 변수들은 정책결정 및 정책집행에 영향을 미치는 요소이다. 그러나 정책 당사자들이 이들 요인 및 변수에 대하여 인지하는 중요성이 항상 동일한 것은 아니다. 각 정책 당사자들은 자신이 처한 입장에서 각각의 중요성을 다르게 인식하고 있다. 이 때문에 행위자의 행동을 결정하는 데에는 정책과정에 임하는 정책 당사자의 심리적, 상황적 요소가 중요하게 작용한다(Goggin, 1987).

불규칙적이고 불확실한 현실세계는 사회과학 영역에 많은 것을 시사한다(Brown and Thomas, 1986). 현실 세계가 불확실하다는 것은 사회과학에서 현실에 대한 정확한 자료나 정보가 부족하다는 것을 뜻하게 되었다. 실제로 관료사회에서 이루어지는 많은 정책결정은 부족한 자료를 바탕으로 이루어지는 경우가 잦다(Downs, 1967).

이러한 상황하에서 정책문제에 대한 합리적 인지(認知)는 사실상 불가능하게 된다. 오히려 개인 충동이나 희망 등이 정책결정에 중요한 영향을 미치게 된다.

불확실한 상황하에서 이루어지는 정책결정이야말로 주관적인 성격을 띨 수밖에 없다(Brown, 1980). 따라서 정책학에 있어서 객관적이고 합리적인 접근방식은 설득력이 약해질 수밖에 없다(Simon, 1985).

이러한 맥락에서 정치·행정학 분야에서 정책 당사자의 주관적 요소들-태도나 인식 등-과 정책효과와의 관계를 분석한 논문을 다수 발견할 수 있다. 가령, 미국 캘리포니아 해안위원회의 활동 분석을 통해 정치 엘리트의 선입견이 해당 정책 평가에 어떠한 영향을 미쳤는가를 연구한 논문이 있다(Mazmanian and Sabatier, 1980). 연구자는 이 연구를 통해 정부부처의 행정능력에 대한 정치 엘리트의 사전 인식이 당 부처의 정책효과를 평가하는 데 매우 깊은 영향을 미치고 있음을 확인하였다.

또한, 지역개발프로그램(Community Development Block Grant)의 연구 역시 '분권화(decentralization)'와 '사회적 대상그룹(social targeting)'에 대한 개념이 지극히 주관적임을 지적하면서 평가자의 주관적 관점에 따라 선악이 결정됨을 증명하였다(Hall et al., 1982). 결론적으로 특정 프로그램에 대한 성과평가에는 관련 당사자의 주관적 관점이 매우 중요하게 작용하고 있음을 알 수 있다.

정부가 정책의 목적을 달성하는 데 필요한 정책수단을 선택할 때도 정책결정자의 주관적 가치와 판단이 중요하다는 연구도 있다. 연구자는 정책결정자가 정책의 성패를 좌우하는 정책수단을 선택하는 데 매우 중요하다는 결론을 도출하면서, 정책분석가들이 정책결정자의 관점을 유형화할 필요가 있다는 점을 강조하였다(Linder and Peters, 1989).

제2장

Q 방법론의 이론적 배경

1. 후기 행태주의와 Q 방법론

제1장에서 살펴본 내용을 요약하면 다음과 같다. 사회과학 분야에 있어서 과학성 제고를 위한 노력과 경향은 오랜 기간 계속되었으며, 행태주의는 여기에 기여한 바가 크다. 그러나 이러한 공로와 더불어 행태주의에 대해 사회가 요구하는 가치를 제공하는 데에는 실패했다는 비판이 제기되었다. 후기행태주의, 탈행태주의, 현상학의 등장은 이러한 비판을 기초로 하고 있다.

행태주의에 대한 비판과 더불어 우리의 관심을 끌었던 방법론 중의 하나가 Q 방법론이다(Brown, 1980). Q 방법론은 1930년대에 최초로 발표되었음에도 학자들의 많은 관심을 끌지 못하다가 후기 행태주의의 등장으로 새로운 방법론으로 인식되면서 활발히 논의되기 시작하였다.

우리나라의 경우 1970년대에 미국에서 유학한 학자들이 국내에 소개한 이후 신문방송학, 광고학, 정치행정학, 정신분석학, 간호학 분야에서 사용되고 있다. 그러나 국내에 발표된 논문들을 분석하면 Q 방법론에 대한 정확한 이해가 없이 사용된 예가 많다. 그 이유는 Q 방법론의 과학철학적 배경이나 역사 혹은 다른 방법론과의 차이에 대한 충분한 이해와 분석이 없이 Q 방법론을 도구적 용도로만 사용했기 때문이라 생각된다.

이에 본 장에서는 Q 방법론의 발전적 역사와 더불어 전통적 방법론(R 방법론)과의 차이, Q 방법론과 질적 방법론, Q 방법론의 효용성, Q 방법론에 대한 비판 등을 논의하였다.

2. Q 방법론의 발전적 역사

인간의 심리적 행태를 연구하는 심리학에서는 19세기 말부터 20세기 초에 걸쳐 과학적 방법론에 대한 연구가 활발히 진행되었다. 인간의 심리적 상태를 객관적인 방법으로 측정하고 이를 통계적으로 분석·입증하기 위한 다각적 노력이 이루어졌다. 그 결과 인간의 심리상태를 측정하는 방법과 측정된 자료의 분석방법 등에서 괄목할만한 발전이 이루어졌다(김순은, 2010).

특히 신규 방법론의 개발은 새로운 지식을 탐구하기 위한 노력의 결과인 경우가 많다. 정신의 창조적 가능성을 믿었던 스페어만(Spearman)의 연구 결과인 요인분석(Factor Analysis)도 그러한 예에 속한다. 스페어만과 버트(Burt)의 연구를 통해 발전한 요인분석이라는 통계적 방법의 개발로 변수 간의 특징을 종합·정리할 수 있게 되었다. 이들은 계량심리학의 발전에도 크게 기여하였다(김순은, 2010).

스페어만의 연구조교로서 그의 철학-정신의 창조적 가능성[2)]-을 믿었던 스티펜슨(Stephenson)이 창조한 것이 바로 Q 방법론이다. 스티펜슨은 스페어만의 철학을 계승하였지만, 전통적인 요인분석과는 상이한 시각을 가지기 시작하였다. 그는 1935년 영국의 과학적 학술지인 네이처(Nature)지의 "Technique of Factor Analysis"라는 논문 기고에서 전통적인 요인분석의 문제점을 지적하며 Q 방법론의 가능성을 시사하였다.

물리학자로서 물리학적 지식을 갖췄던 스티펜슨은 심리학자로 변신하여 인간의 행동, 특히 정신의 창조적 가능성을 측정하기 위한 다양한 연구를 진행하였다. 그 결과를 통해 전통적인 요인분석을 Q 요인분석으로 전환할 수 있는 가능성을 시사하였다. 그는 전통적인 요인분석은 인간의 특성들(지성, 체중, 키, 학력 등)의 상관관계에 기초하여 발전된 반면, Q 요인분석은 사람들 간의 상관관계에 기초할 수 있다는 가능성을 개진하였다. 나아가 인간의 성격 및 주관성

2) 창조적 가능성이란 연구자들의 노력에 따라 새로운 지식이 창조될 가능성을 의미한다. 이러한 가능성의 전제하에 연구자들은 새로운 연구 분야를 개척하거나, 새로운 연구방법을 개발하여야 하는 소명을 지니고 있다.

연구에는 사람 간의 상관관계를 기초로 하는 대안적 요인분석이 더욱 적실하다고 주장하였다.

그러나 인간의 배경적 변수에 대한 상관관계를 대신하여 사람 간의 상관관계를 이용함으로써, 역 요인분석(inverted factor analysis)이라는 오해를 받게 되었을 뿐만 아니라 버트와의 논쟁이 시작되는 계기가 되었다. 버트는 1940년 「The Factors of the Mind」라는 책에서 스티펜슨이 제안한 Q 방법론도 인간의 행태에 관한 방법론으로서 나이, 성별, 신장, 키, 체중, 지능, 속독률, 수학능력 등의 측정된 배경적 변수는 전통적인 R 요인분석과 같이 객관적인 방식으로 구성된다고 논술하였다. 다만 둘의 차이는 Q 방법론이 배경적 변수 간의 상관관계와 요인분석을 수행하지 않고 사람 간의 상관관계 및 요인분석이라는 점을 지적하였다.

이에 대하여 스티펜슨은 1953년 「행태의 연구(The Study of Behavior)」라는 책을 통하여 기존의 요인분석과는 달리 Q 방법론이 가지는 차이점을 이론적으로 상세히 반박하였다. 스티펜슨은 Q 방법론이 사람 간의 상관관계라는 점을 인정하면서도 기초자료가 동일하다는 버트의 주장에는 분명히 반대하였다. 전통적인 R 요인분석이 객관적인 자료를 수집한 것이라면, Q 방법론은 주관적인 자료를 주관적인 모드로 수집한 것으로 기초자료가 분명히 상이하다는 점을 입증하려고 노력하였다. 즉, 그는 객관적 자료와 주관적 자료는 상호 교환될 수 없을 뿐만 아니라 동일한 방식으로 측정할 수 없는(incommensurable) 것이라고 주장하였다(Brown, 1972; 김순은, 2010).

이처럼 스티펜슨은 Q 방법론의 이론적 기틀과 의미를 정립하는 데에 큰 학문적 노력을 기울였다. 그 후 스티펜슨이 신문방송학으로 관심분야를 옮김으로써 그가 쏟은 실체적(實體的) 측면에서의 학문적 노력은 신문학(新聞學)에서 발전되었다. 특히 신문방송학 분야에서 스티펜슨이 수립한 유희이론은 Q 방법론의 발전에 크게 기여하였다(김흥규, 2008). 아울러 그의 방법론적 연구는 Q 방법론의 이론적 발전 및 Q 방법론의 대중적 보급에 크게 기여하였다. 스티펜슨의 친구인 맥크린(MacLean) 역시 아이오와 대학교를 중심으로 Q 방법론의 대중화에 노력하였다(김순은, 2010).

특히 Q 방법론의 대중적 보급은 스티펜슨의 미주리 대학 제자인 브라운(Brown) 교수에 의하여 이루어졌다. 브라운 교수는 스티펜슨의 1953년 저서인

「행태의 연구(The Study of Behavior)」가 물리학과 신문학을 토대로 심층적으로 작성되었기 때문에 Q 방법론 설명에는 적합하나, 이론적인 측면과 언어의 측면에서 매우 어려워 대중적 접근이 쉽지 않음을 지적하였다(김순은, 2010). 이러한 비판을 토대로 그는 1980년 「정치적 주관성(Political Subjectivity)」이라는 저서를 통하여 Q 방법론에 대한 보다 용이한 이해를 돕고 대중적 보급을 제고하는 데 크게 기여하였다. 저서의 출간은 Q 방법론이 신문학 분야에서 정치·행정학 분야로 확대되는 계기가 되었다.

현재는 미국, 캐나다, 영국, 호주, 한국 등 500여 명의 학자들이 국제주관성연구학회(International Society for the Scientific Study of Subjectivity)를 구성하여 Q 방법론의 발전을 위해 노력하고 있다. 국제주관성연구학회는 www.qmethod.org라는 웹사이트를 통해 실시간으로 Q 방법론에 대한 토론 및 정보를 보급하고 있으며, 이러한 과정에서 브라운 교수가 핵심적 역할을 수행하고 있다. 특히 브라운 교수는 1980년 서울대학교에서 연구년을 거치면서 한국의 학자들이 Q 방법론에 관심을 갖도록 하는 데 지대한 공헌을 하였다. 한국에서는 외국어대학교의 (고) 김흥규 교수를 중심으로 신문방송분야, 광고분야, 간호학 및 정치·행정학, 사회복지학에서 Q 방법론을 활용한 다양한 연구들이 이루어졌다(김순은, 2010).

Q 방법론의 창안에서부터 현재에 이르기까지 Q 방법론에 대한 비판과 오해가 적지 않았다. 대표적인 지적이 Q 방법론이 전통적인 요인분석의 종렬과 행렬을 단순히 교체한 것 뿐이라는 비판이다. 따라서 이와 같은 오해를 불식시키고 Q방법론에 대한 이해를 돕고자, 다음 장에서는 Q 방법론의 이론적 배경에 관하여 논의할 것이다.

3. Q 방법론의 이론적 배경[3)]

Q 방법론의 창시자인 스티펜슨은 물리학, 심리학, 신문방송학 등 다양한 영역에서 연구를 진행하였다. Q 방법론은 스티펜슨의 이러한 학문적 배경과 밀접하게 관련되어 있는데, 우선 Q 방법론의 이론적 근거를 스티펜슨의 학문적 배

3) 필자(2010)의 'Q 방법론의 이론과 철학'을 요약·정리하였음.

경 중 하나인 물리학의 양자이론(Quantum Theory)과 집합이론(Concourse)에서 찾을 수 있다.

1) 양자이론(Quantum Theory)

양자역학(Quantum Mechanics)은 19세기 후반부터 20세기 초에 걸쳐 전자, 양성자, 광양자, 중성자 등 아원자(subatomic) 수준의 연구가 진행되면서 탄생된 물리학의 연구 분야이다. 종전에는 뉴턴의 고전역학으로 많은 현상을 설명할 수 있었으나, 아원자 수준의 연구는 설명할 수가 없었다(Brown, 1993). 고전역학으로 설명할 수 없었던 물리적 실험을 설명하기 위한 과학자들의 노력이 양자역학으로 태동되었다. 양자역학은 막스 플랑크(Max Ernst Ludwig Planck)가 양자가설을 제기한 이후 에르빈 슈뢰딩거(Erwin Schrodinger), 베르너 하이젠베르크(Werner Karl Heisenberg), 폴 드랙(Paul Adrien Maurice Dirac) 등에 의하여 형성된 학문이다(김순은, 2010).

플랑크는 빛의 주파수를 연구하는 과정에서 빛이 가지는 파동(Wave)의 속성 이외에 광자 에너지의 양자화 개념을 연구에 도입하였다. 1926년경 슈뢰딩거와 하이젠베르크는 양자역학의 수학적 기초, 즉 파동역학과 행렬역학을 제공하였고 슈뢰딩거는 파동역학과 행렬역할이 동일함을 증명하였으며 하이젠베르크는 불확정성 이론을 정립하였다. 드랙은 양자역학과 상대성 이론을 통합하는 방정식을 제시하였다.

양자역학이 물리현상에 대한 예측과 적용에 있어 적지 않은 업적을 보였음에도 불구하고, 양자역학의 해석에는 적지 않은 논란이 있었다. 양자역학의 해석과 관련하여 현재까지 가장 설득력이 있는 것이 코펜하겐 해석(Copenhagen Interpretation of Quantum Mechanics)이다(Froula, 1985). 코펜하겐 해석은 덴마크 코펜하겐 연구소를 중심으로 활약하였던 보어(Niels Henrik David Bohr), 베르너 하이젠베르크, 보른(Max Born) 등의 물리학자들이 양자역학에 관하여 수립한 해석을 의미한다. 코펜하겐 해석의 요점은 파동함수에 관한 것으로, 파동함수의 측정 전에는 다양한 상태가 확률적으로 중첩되지만 일단 측정이 이루어지면 파동함수의 붕괴현상(Collapse of Wave function)이 발생하여 특정한 하나의 상태로만 결정된다는 것이다(Ko.wikepedia, 2009).

코펜하겐 해석의 요체는 보어가 제안한 상호보완성의 원리(Complementarity principle)와 하이젠베르크의 불확정성 원리(Principle of uncertainty)이다. 양자역학에 대한 다양한 해석에도 불구하고, 당시부터 매우 획기적인 해석으로 평가되어 현재까지 주류의 해석으로 인정받고 있다(김순은, 2010).

Q 방법론은 이론적 기원에서부터 양자역학과의 등가성을 가지는데, 양자역학이 고전역학을 대신하여 아원자 수준의 연구를 뒷받침하였다면 Q 방법론은 종전의 전통적인 R 방법론과는 다른 차원에서 인간에 관한 연구, 특히 주관성 연구에 기여하였다.

그럼에도 불구하고 Q 방법론은 사람 간의 상관관계를 이용함으로써 역 요인분석이라는 오해를 받아 비판의 대상이 되어 왔다. 그뿐만 아니라 Q 방법론이 양자역학과 같은 창의적이고 새로운 방법론인가에 대해서도 꾸준히 논란이 제시되어 왔다. 앞서 언급한 스티펜슨의 버트와의 논쟁은 Q 방법론의 정당성을 확보하는 데에 매우 중요한 계기로 작용하였다(Burt, 1940; Stephenson, 1953; Brown, 1997).

버트와 스티펜슨의 근본적인 차이점은 요인분석의 기초자료에서 발견된다. 버트는 Q 방법론이나 전통적인 R 방법론의 요인분석이 동일한 자료의 행렬식에 기초한다고 주장하였다(Burt, 1972). 버트의 주장에 따르면 전통적인 R 방법과 Q 방법론의 기초자료는 1개의 자료와 행렬이다. 따라서 전통적인 R 방법론과 Q 방법론은 동일한 행렬식을 사용하는 상호교환적인(reciprocal) 것이라고 보았다(김순은, 2010).

반면 스티펜슨은 Q 방법론과 R 방법론의 요인분석은 상호 상이한 자료의 행렬식을 사용한다는 점을 강조하였다. R 방법론이 연구자의 객관적인 측정에 기초한 자료를 이용하는 한편 Q 방법론은 연구 대상자의 주관적인 자료에 기초한다는 점을 주장하였다(Brown, 1995). 따라서 스티펜슨의 주장에 따르면 전통적인 R 방법과 Q 방법론의 기초자료는 각각 별개의 자료이며 서로 상이한 행렬이다. Q 방법론의 발전과정을 살펴보면, Q 방법론을 새로운 방법론으로 평가해도 될 것이다(Brown, 1995; 김순은, 2010; 김흥규, 2008).

이러한 논쟁은 Q 방법론과 양자역학의 등가성과도 관련이 되는데, 이 둘의 등가성 역시 자료의 행렬식에서도 확인할 수 있다. 정신의 창조성에 대하여 관심과 노력을 경주하였던 심리통계학자들은 요인분석과 양자이론의 행렬식이 수학적으로 동일하다는 것을 발견하였다. 버트와 같은 전통적 심리통계학자들은 조작적 정의(operational definition)를 통하여 변수들의 선험적 의미에 대한 변량을 측정하였고, 요인분석과 양자이론은 유사(analogy)에 불과하다는 판단을 내렸다. 그러나 스티펜슨은 전통적인 R 방법론과 Q 방법론이 전혀 별개의 행렬임을 입증하였고, 이러한 주장을 뒷받침하기 위해 Q 방법론의 요인분석 행렬식과 양자역학의 행렬식이 동일함을 증명하였다(Stephenson, 1953; Brown, 1993). 이를 통해 행렬식에 근거한 양자역학과 Q 방법론의 등가성이 정립되었다.

또한, 스티펜슨은 물질의 본질에 대한 양자역학의 해석이 인간의 주관성에 대한 Q 방법론의 이론과 동일하다고 주장하였다(Stephenson, 1953; Brown, 1993). 실제로 인간의 주관성이 지니는 불확정성과 상호 보완성이 양자역학의 해석과 동일하다. 우선, 인간의 주관성은 단순한 느낌, 감정, 태도 등을 의미하는데, 인간은 관찰자의 의도와는 무관하게 자신의 편의적 관점에서 특정 대상에 대한 느낌, 감정과 태도를 보인다. 그렇기에 사람에 따라 특정한 대상에 대한 느낌, 감정, 태도가 상이하며, 심지어 동일한 사람의 특정 대상에 대한 느낌, 감정, 태도가 상황에 따라 변화한다. 이러한 점이 바로 인간 주관성의 불확정성이다.

양자역학의 경우 실험을 통한 파동함수의 붕괴를 거치면서 구체적인 상태로 불확정성을 측정할 수 있듯이, 인간의 주관성이 내재하는 불확정성은 관찰대상자가 관찰자의 연구 틀이 아닌 본인의 참조 틀에 따라 특정 대상에 대한 자신의 생각, 느낌과 감정을 자연스럽게 전달함으로써 측정할 수 있다(Brown, 1995; 김흥규, 2008; 김순은, 2010). 즉, 인간의 주관성을 내재한 불확정성은 심리적 이벤트와 관련된 인간의 주관성을 전달하게 되는데, 이 과정에서 불확정한 성향의 주관성이 측정을 거치면서 에너지 상태로 표출된다. 이러한 상태의 주관성을 스티펜슨은 자작적 주관성(operant subjectivity)이라고 명명하였다.

상호 보완성의 경우, 양자역학에서의 상호 보완성은 빛의 주파수를 연구하는 과정에서 물질적 대상이 입자나 파동 가운데 하나의 성질을 가졌다는 전통적 관점에서 벗어나, 입자와 파동의 성격을 동시에 지녔다는 주장이다. 즉, 특정한 상태의 측정과정에서 파동함수가 붕괴를 맞이하게 되며 때로는 파동으로 때로는 입자로 설명된다. 이러한 주장은 측정이라는 과정을 통해 Q 방법론에 있어서도 그대로 적용되며, 제임스(James)의 실재적 사고와 이행적 사고라는 개념을 만나면서 더욱 발전되었다. 이 두 개념은 인간의 심리적 이벤트를 연구할 때 인간이 실제로 사고하는 내용이 이행하는 사고와 반드시 일치하는 것은 아니며 불확정적일 수 있다는 유의점을 시사한다. 아울러 실재적 사고와 이행적 사고는 단절적이거나 배타적이지 않고 계속적이며 상호 보완성을 지닌다. Q 방법론은 이행적 사고를 연구의 기초자료로 측정하고, 이때 이행적 사고는 인간과학의 연구 대상이 되지만, 그렇다고 하더라도 실재적 사고와 이행적 사고는 무한한 가능성 아래에서 상호 보완적이다(김순은, 2010).

결론적으로 에너지의 이동 및 상태와 밀접한 관련이 있는 양자이론은 스티펜슨의 관심과 연계되는 측면이 있다. 스티펜슨은 연구자가 변수에 대한 조작적 정의를 하고 연구 대상자들이 이에 응답하는 방식으로 이루어지는 선험적 의미에 대한 변량측정보다는, 연구 대상자의 자기참조(self-reference)에 의하여 표시하는 변량이 양자이론의 성격과 동일하다고 판단하였다. 요컨대, 그는 연구 대상자가 자기참조에 따라 표시하는 변량이 상호관계에 따라 결정되는 동적인 면에서 양자역학의 이론과 동일하며, 이것이 정신의 창조성을 확인하는 데 효용성이 있다고 주장한 것이다.

2) 집합이론(Concourse Theory)

정신의 창조성을 탐구하였던 학자들은 창조성의 연원을 공유(Con or Sharing)에서 찾았다. 인간 사이에는 항상 교감 또는 커뮤니케이션이 발생한다. 정치·행정 등 다양한 분야에서의 논의는 타인과 생각이나 아이디어를 교환 또는 공유하는 데에서부터 출발하고 있다. 그렇기에 지식의 공유는 인간의 주관성이 연구의 대상이 되어야 한다는 주장의 첫 번째 전제가 된다(김순은, 2010).

첫 번째 전제와 두 번째 전제는 매우 밀접한 관련성을 가지는데, 첫 번째 전제인 지식의 공유에서 생각이나 아이디어를 포함하는 지식의 전달가능성(communicability)이라는 두 번째 전제가 설정된다. 지식의 공유라는 개념 아래에서는 인간의 주관성도 전달이 가능하다는 것이다. 모든 인간은 각종 정보나 지식을 자신의 관점, 가치에 따라 상이하게 느끼기 때문에 정보와 지식의 전달성 역시 불확정적이고 논란의 대상이 되며, 본질적으로 주관적이다(Brown et al., 1999). 나아가 하나의 생각이나 아이디어가 확산되면 다른 생각이나 아이디어에 영향을 미치고, 이러한 과정이 반복되면서 정신의 창조성이 형성된다.

인간의 지식 공유와 주관성의 전달은 일정한 틀 속에서 이루어지는데, 이러한 아이디어의 전달가능성을 Q 방법론에서는 집합(concourse)이라고 부른다. 즉, 집합은 지식이나 정보에 대한 전달가능성의 총합이라고 할 수 있다. 실제로 모든 연구 대상에 대한 느낌, 사고, 판단, 가치, 관점 등 어떤 주제에 대한 것을 정리하여 종합한 것을 집합이라고 한다. 따라서 집합의 구성을 이루는 커뮤니케이션의 표현방식은 극히 주관적이며, 주관적 집합에 대해 각 연구 대상자가 표출한 자작적 주관성의 과학적 구조를 분석하는 것이 Q 방법론이다(김순은, 2010).

동시에 이행적 사고의 기초가 되는 집합은 인간의 혁신과 창조성의 기초가 된다. 집합은 사회의 기초로서 구성원과의 윤활유 역할을 하며, 사회에 존재하고 있는 문제점과 문제점 해결의 근거가 된다. Q 방법론에서는 아이디어의 전달가능성-집합(Concourse)-이 기본적 요소 중의 하나이다. 집합을 통하여 연구 대상자 간의 아이디어와 생각이 교환되며, 새로운 창조적인 아이디어가 발생한다.

4. Q 방법론과 전통적 방법론의 차이[4)]

인간의 행태나 태도를 연구하려는 행태주의적 전통에서 과학성을 추구하는 방식은 연구자의 관점에서 변수를 조작적으로 정의하는 것이다. 연구자가 정의한 척도와 의미에 따라 연구 대상자의 행태와 태도를 측정한다. 따라서 변수의 조작적 정의와 척도는 연구자가 정의한 바에 의해 결정되고 연구 대상자는 연구자가 결정한 정의에 따라 행태와 태도를 결정하며, 연구는 연구자의 외적 관점에서 이루어진다. 이러한 연구의 방법론이 바로 전통적인 R 방법론이다.

양적 방법론(Quantitative Methodology)인 R 방법론은 사회현상에 대하여 가설을 설정하고 연구자의 관점에 따라 연구 대상자의 응답을 유인하고 유형화하기 위하여 보다 경직된 방법을 사용한다. 연구 대상자의 응답을 유인하는 기법은

4) 필자(2010)의 'Q 방법론의 이론과 철학'을 요약·정리하였음.

설문지, 여론조사, 조직화된 관찰 등과 같이 매우 체계적이고 조직적이다. 또한, 양적 방법론은 개인 간의 변이를 양적으로 측정하고 변수 간의 인과관계를 밝히며, 연구 대상자인 표본의 배경적 변수의 특징을 일반화하는 데 분석의 목적을 둔다. 즉, 양적 방법론은 환원주의적(Reductionist)이고 개체주의적(Isolationist)이다.

나아가 양적 방법론은 연구자가 조작한 연구의 틀에 따라 설문문항과 설문내용이 결정되어, 연구 대상자가 설문지에 응답을 할 때 재량의 여지가 거의 없다. 폐쇄형의 질문에 기초하는 것은 연구자가 가급적 중립적이고 객관적인 자세를 유지하여야 하기 때문이다. 아울러 양적인 측정이 가능하도록 비율변수, 구간변수를 사용하며, 인간의 심리나 행태를 연구함에 있어서도 리커트 척도와 같이 순위변수로 전환하여 가급적이면 양적으로 측정이 가능한 방식으로 자료를 수집한다. 마지막으로 양적 방법론은 통계학적 전제와 조건에서 연구의 초기단계부터 연구의 종료까지 엄격하게 설계된다. 이때 연구 대상자는 연구자의 조작화와 설계에 순응하여 외부관점에 따라 응답하고, 연구 대상자의 선택 역시 무작위 추출이라는 매우 엄격한 통계적 가정에 따라야 한다(김순은, 2010).

연구의 틀이라는 관점에서 Q 방법론은 양적 방법론의 특성을 지니고 있다. 연구자가 Q 표본의 수를 일정하게 결정한다는 점, 연구 대상자들이 주어진 Q 표본 내에서 응답을 하여야 한다는 점, 그리고 Q 표본이 결정된 이후 Q 표본에 따라 자작적 주관성을 표출하여야 한다는 점 등이 R 방법론과 유사하다. 가장 큰 유사점은 자료의 형태에 있는데, Q 자료의 측정은 정도측정 방식에 기초하여 양적으로 표시되며, 양적 자료를 근거로 연구 대상자 간의 상관관계, 요인분석 등 통계기법을 이용한다. Q 방법론의 이러한 특성 때문에 Q 방법론을 양적 방법론으로 평가하거나 역 요인분석이라는 비판이 제기되었던 것이다(Burt, 1940).

그러나 Q 방법론은 연구 대상자의 자기참조(self-reference)에 따라 행태와 태도를 결정하며, 변수의 선험적 의미는 주어지지 않는다. Q 방법론에서는 연구 대상자의 내적 관점에 따라 행태와 태도가 결정되는 특징을 갖고 있다. 전통적 방법론인 R 방법론과 Q 방법론의 차이를 상론하면 다음과 같다.

첫째, 전통적인 R 방법론과 Q 방법론의 차이는 기초자료의 차이에서 찾을 수 있다. 이는 앞에서 여러 차례 상술한 버트와 스티펜슨의 논쟁과 관련이 되는 것으로, Q 방법론과 전통적인 R 방법론은 기본적으로 사용하는 기초자료가 다르다는 차이를 가진다. R 방법론이 연구자의 객관적인 측정에 기초한 자료를 이용하는 한편 Q 방법론은 연구 대상자의 주관적인 자료에 기초한다(Brown, 1995; 김순은, 2010).

둘째, R 방법론과 Q 방법론의 차이는 자료의 수집과정에서도 드러난다. 전통적인 R 방법론은 연구 대상의 배경적 특징-예를 들어 지성, 종교, 학력, 체중, 신장, 나이, 성별-들 간의 구조적 특색을 발견하는 데 사용된다. 이를 위하여 연구자는 배경적 특징에 관한 조작적 정의와 변수의 척도를 개발하고, 연구 대상자는 조작적 정의에 따라 그의 배경적 특색을 나타낸다. 다시 말하면, 연구자의 관점에 따라 가정된 변수를 측정이 가능한 지수로 조작화하고 연구의 조작된 틀에 따라 연구대상자의 배경적 변수를 측정하는 과정을 거친다. 따라서 연구자의 외적 관점에 따라 배경적 변수의 경험적 의미가 부여된다. 즉, 연구자의 조작된 틀에 따라 연구 대상자의 특성을 연구하는 기법이 전통적인 R 방법론이다(김순은, 2010). 반면 Q 방법론은 특정 주제 및 자극에 대한 연구 대상자의 주관적 의견이나 인식의 구조를 확인하는 데 사용된다. 이때 R 방법론과 같이 연구자가 사전에 변수에 대한 조작적 정의와 척도를 결정하지 않고, 연구 대상자가 내적 관점에 따라 자율적으로 특정한 주제나 자극에 대한 의견을 표시하고 이에 선험적 의미를 부여한다. 이러한 과정은 연구자가 작성한 집합(concourse)[5]을 통해 연구 대상자의 자기참조에 따라 Q 표본을 분류함으로써 이뤄진다. 따라서 연구 대상자의 자작적 주관성에 따라 특정 주제에 대한 유사한 견해를 가진 집단을 추출하게 된다. 즉, Q 방법론은 연구 대상자를 변인으로 하여 연구 대상자 개인의 내적 차이를 측정하는 방법이다. 이처럼 전통적 R 방법론은 연구자가 결정한 조작적 정의가 연구 대상자의 행태나 태도를 결정하고 제약하는 반면 Q 방법론은 연구 대상자가 자율적으로 결정하기 때문에 연구자의 조작에 좌우되지 않는 장점을 지니게 된다(Brown, 1980).

셋째, Q 방법론의 연구 대상은 거짓과 진실에 관한 것이 아니고, 좋고 나쁨, 선하고 악함 등 주관적 견해의 성격을 띠고 있다. R 방법론이 행태주의적 전통

5) 후술하겠지만 Q 방법론에서 연구자가 작성한 집합(concourse)은 Q 진술문(Q statement)들의 집합인 Q 표본(Q sample)이다.

에 기반을 두고 발전되어 가치중립적인 진리를 추구하고 있는 반면, Q 방법론은 후기 행태주의, 현상학의 발전과 맥을 같이하고 있다. 따라서 인간의 주관적 요소에 대한 구조적 측정에 관심을 갖는다.

넷째, 전통적 R 방법론은 다수의 무작위 표본을 대상으로 연구 대상의 배경적 특색을 유형화하는 포괄적인 연구에 사용된다. 전통적인 방법론에서는 과학적 방법론의 기본적 가정을 지키기 위하여 무작위 표본 추출에 많은 시간과 노력을 투여한다. 무작위 표본 추출은 연구의 오차범위를 축소하는 데 필수적인 사안으로 간주되고 있다. 반면 Q 방법론은 소수의 대상, 때로는 1인 대상에 대한 심층적인 연구에 사용된다. 이러한 특성으로 말미암아 전통적인 방법론자들은 Q 방법론에 기초한 연구의 타당성에 의문을 제기하기도 한다. 이러한 Q 방법론의 고유한 특색을 감안하여 Q 방법론을 이용한 연구를 수행할 때에는 연구 대상의 선택에 세심한 주의가 요구된다. 연구 주제와 관련하여 누가 보아도 대표적인 사람들이 참여하는 방향으로 연구를 설계하는 것이 바람직하다.

다섯 번째 차이점은 바로 논리의 차이이다. 과학적 연구방법의 논리는 일반적으로 귀납적 방법과 연역적 방법이 사용되어 왔다. Q 방법론을 이용한 연구는 전통적인 R 방법론과 같이 Q 표본의 구성에 따라 연역적 논리와 귀납적 논리 둘 모두에 기초하여 결론을 도출할 수 있다. 다만 차이점은 Q 방법론이 가설발견의 논리(Abductive Reasoning)를 가지고 있다는 것이다. Q 방법론을 활용한 연구는 비슷한 생각이나 느낌을 갖는 요인을 추출하게 된다. 이 경우 연구자가 때로는 예상했거나 때로는 전혀 예상하지 못한 요인이 추출된다. 또는 요인의 특성에서 연구 대상자의 배경적 변수와 관련하여 흥미있는 결과가 발견되면 후속연구의 흥미를 배가시키는 경우가 많다. 이러한 과정을 Q 방법론에 있어서 가설발견의 논리라고 한다(김흥규, 2008; 김순은, 2010).

마지막으로 기초자료의 차이는 연구 대상자의 변인을 측정하는 방식에서 발견된다. 심리학 등 인간의 행태를 연구하는 분야에서는 연구자의 조작적 정의에 따라 변인의 측정 방식이 정량화되어 있다. 대표적인 사례가 리커트 척도(Likert-type Scales), 규범참조 측정(Norm-referenced test), 기준참조 측정(Criterion-referenced test) 등이다. 전통적인 R 방법론은 정량측정 방식을 이용하여 변수들의 변인을 계량화하여 연구 대상자 간의 변량의 차이를 입증한다.

정량측정 방식을 이용하는 경우 연구대상자는 각 변수를 개별적으로 판단하게 된다. 반면 Q 방법론은 정도측정(ipsative measurement)을 사용하여 연구 대상자의 자작적 주관성을 측정한다. "Ipsative"라는 단어는 주로 자신(self)을 의미하는 것으로, 심리학에서는 정도측정(ipsative measurement)을 의미할 때 사용된다. 정도측정은 주로 심리학과 교육학에서 사용된다. 심리학에서 연구 대상자가 각개의 변수에 응답하는 정량측정과는 달리 정도측정은 다수의 선택지 가운데 연구 대상자의 선호도에 따라 순위를 부여하는 방식의 측정을 말한다. 이는 강제선택 척도(forced choice scale)라고도 한다(Brown, 1980; 김순은, 2010).

5. Q 방법론과 질적 방법론[6)]

Q 방법론의 태생배경과 발전과정에서 Q 방법론과 질적 방법론과의 관계에 관한 의문과 오해가 탄생하였다(Brown, 1996). 앞서 언급하였듯이 통계학적 관점에서 볼 때 Q 방법론은 요인분석을 사용한다는 점에서 종종 양적 방법론으로 구분되기도 한다. 컴퓨터 프로그램의 개발로 Q 자료들을 프로그램에 의해 쉽게 처리할 수 있다는 점도 Q 방법론을 양적 방법론으로 분류되게 하는 한 원인이다.

그러나 스티펜슨이 근본적으로 관심을 가진 것은 특정 사물이나 사건에 대한 선입관·인식·판단·가치·관점 등과 같은 인간의 주관성을 측정하는 것이었다. 연구자의 관점에서가 아니라 연구 대상자의 자기참조에 의한 자작적인 주관성을 관찰하려고 하였던 것이 스티펜슨의 오랜 숙제였으며 이런 점에서 Q 방법론은 질적 연구방법론과 동일하다.

질적 방법론은 연구의 목적이 가설발견에 있으며 연구 대상자의 변이 및 변수간의 관계를 묘사하고 설명하려고 노력한다. 즉, 개인들의 경험들과 집단규범을 묘사하는 데에 분석의 목적을 두는 것으로 질적 방법론은 전체주의적, 상황주의적인 특성을 지닌다고 할 수 있다. 연구 대상자로부터 응답을 유인하는 방법도 매우 탄력적인데, 양적 방법론과 달리 연구자의 구조화 및 설계에 따른 개방형 질문이 적합한 경우가 많다. 이 경우 연구자의 질문취지는 중립적이고 초자연적인 입장을 견지하기 어려워 연구 대상자는 질문에 응답할 때에 연구자의 틀보다

---

6) 필자(2010)의 'Q 방법론의 이론과 철학'을 요약·정리하였음.

는 자기참조에 따른 재량이 여지가 많아지도록 의도적으로 노력하여야 한다.

질적 방법론에서는 녹음기, 녹화기, 현장 노트와 같은 상황적 변수가 활용되며, 자료수집 접근방식에는 근거이론에 기초한 관행, 화술학, 이야기하기, 고전적 민족지학, 미행 관찰하기 등이 있다. 아울러 자료를 수집할 때는 비참여관찰, 참여관찰, 심층면접, 현장 메모, 자기반성 일기, 구조적인 면접, 비구조적인 면접, 문서와 자료의 분석, 초점집단 등 상대적으로 조직화 정도가 낮은 기법들이 사용된다(Family Health International, 2000). 또한, 질적 방법론은 연구를 설계함에 있어서 유연성의 정도가 매우 높다. 연구 대상자의 응답에 따라 원래 계획되었던 질문에 새로운 질문이 추가, 삭제 또는 수정될 수 있다. 이는 연구 대상자의 응답이 연구자의 연구 설계에 영향을 미칠 수 있음을 의미한다. 연구 대상자의 선택도 무작위 추출에 의존하지 않고 연구자가 보편적인 사고에 따라 연구에 적합한 대상자를 선택한다(김순은, 2010).

Q 방법론은 이러한 질적 방법론과 유사한 특성을 지니고 있다. 우선, Q 표본을 만드는 과정은 연구자의 재량 및 유연성을 고려할 때 질적 방법론에 가깝다. 연구 대상자 선정의 자율성은 물론이고, 면접 및 기존의 문장, 다양한 사진, 그림 등의 비구조적 진술문에서 자유롭게 Q 표본을 만들 수 있다는 점이 그러하다. 연구 대상자의 자작적 주관성을 정도측정에 기초하여 표시한다는 점 역시 질적 방법론과 유사하다. 분석의 목적에서 볼 때, Q 방법론은 개인 간의 변이를 측정하기보다 개인 내의 변이를 정도측정에 기초하여 묘사하고 설명하려고 한다. 그렇기에 Q 표본의 분류에서도 연구자의 틀보다 연구 대상자의 자기참조가 적용된다. 연구 대상자의 배경적 변수는 Q 요인의 해석에 참고자료로 활용되지만 배경적 변수 간의 관계를 일반화하지는 않는다(Brown, 1980; 김순은, 2010). Q 방법론을 이용한 연구들은 연구 대상자와의 심층면접 및 인터뷰 자료를 참고자료로 첨부하거나 Q 자료 습득 이후에 추가로 활용하여 연구 대상자의 주관성을 재차 확인하기도 하는데, 이는 Q 방법론이 질적 연구에 가깝다는 것을 보여준다.

상술한 바와 같이 Q 방법론은 양적 방법론 및 질적 방법론과의 다양한 유사 및 차이점을 가진다. 이처럼 Q 방법론의 성격을 단적으로 논의하는 것은 매우 어렵다는 것을 알 수 있으며, Q 방법론을 종종 질적 방법론이라고 하거나 때로는 양적 방법론이라고 하는 학자가 공존하는 이유를 충분히 이해할 수 있다.

앞에서 논의한 바와 같이 Q 방법론의 근본목적은 인간의 자작성 주관성을 과학적, 통계적으로 측정하는 것이다(Brown, 1980). Q 방법론에 기초하여 추출된 Q 요인은 특정 주제에 대하여 유사한 생각, 판단, 느낌을 갖는 연구 대상자의 집단이다. 이러한 2개의 문장만 보더라도 Q 방법론은 양적 방법론과 질적 방법론의 특징을 동시에 지니고 있다고 보아야 한다는 것을 알 수 있다.

이렇게 볼 때 Q 방법론은 양적 방법론과 질적 방법론의 결합체로 보거나, 양적 방법론과 질적 방법론을 상호보완하는 방법론으로 판단하거나(Sell and Brown, 1984), 질적 방법론과 양적 방법론을 연결시켜주는 기법으로 보아도 무방할 것이다(Brown, 1996). 이러한 평가들 모두 타당한 평가라고 판단된다. Q 방법론, 양적 방법론 및 질적 방법론의 차이를 요약하면 아래 <표 1>과 같다(김순은, 2010).

〈표 1〉 Q 방법론과 양적, 질적 방법론의 차이

비교 항목	양적 방법론	질적 방법론	Q 방법론	Q 성격
연구의 틀	-가설의 설정 -연구자의 조작화 -조직화된 설문지 사용	-가설의 발견 -탄력적 연구 설계 -조직화가 낮은 설문지	-귀납, 연역, 가설 발견 -Q 표본의 유연적 작성 -Ipsative measure	양적 +질적
분석 목적	-개인 간의 변이 측정 -변수 간의 인과관계 -배경적 변수의 일반화 -환원, 개체주의적	-변이의 묘사 -변수 간의 관계 묘사 -상황, 전체주의적	-개인 내의 변이 측정 -배경적 변수의 참고 -전체, 상황주의적	질적인 연구에 가까움
설문 형태	-연구자의 조작화 -연구 대상자 재량 無 -폐쇄형 -연구자 중립적	-연구자의 구조화 -연구 대상자 재량 有 -개방형 -연구자 초자연주의적	-Q 표본 작성과정은 매우 유연, 비구조화 -자기참조적 -Q 표본 질문형태는 폐쇄적	양적, 질적 성격을 공유
자료 형태	-양적 측정 가능 -비율, 구간, 순위 변수	-상황적 변수 사용 -다양한 방식 사용	-Ipsative measure -양적인 성격	양적 성격이 강함
연구 설계 유연성	-통계적 조건과 전제 -연구 대상자 수동적 -외부관점에 순응 -무작위 추출	-연구 진행에 따라 설계의 조정가능성 높음 -보편적 사고에 기초한 작위추출	-Q 표본의 작성과정은 유연성이 높음 -Q 표본에 기초한 자작적 주관성 추출 -연구 대상자의 작위추출	양적, 질적인 성격이 공존

자료: 김순은(2010), Q 방법론의 이론과 철학, p. 17

6. Q 방법론의 효용성 및 한계[7)]

행태주의적 접근방법에 충실한 R 방법론에 의한 연구는 대부분 과학적 방법에 의거한 지식의 창출이라는 명분에 초점을 맞추었다. 그러나 최근 전통적 행태주의 접근방법에 대한 회의와 비판이 가속화되는 상황에서 Q 방법론의 효용성이 확인되고 있다. 물론 Q 방법론 또한 적지 않은 오해와 비판의 대상이 되어왔던 것은 사실이나, Q 방법론은 심리학, 신문방송학, 광고학, 간호학, 보건학, 사회복지학, 교육학, 정치학 등으로 꾸준히 활용의 외연을 확장하여 왔다. 그것은 Q 방법론이 R 방법론과는 구별되는 나름의 효용성을 지니고 있기 때문이다(김순은, 2010).

R 방법론에 의한 지식은 두 가지 측면에서 비판의 대상이 되었다. 첫째, R 방법론에 의한 지식은 기존의 정치권력 구조를 강화하는 데에 이용된다는 것이다. R 방법론에 의한 사회과학적 지식은 사회 구성원 가운데 권력을 가진 계층에 적합한 지식으로 사회의 소외 계층에는 적용될 수 없다는 비판이 1960년대에 제기되었다. 1960년대 미국 사회의 폭동으로 사회가 무질서에 빠져들자 기존 사회과학 방법론에 대한 새로운 반성과 성찰이 요구되었다.

둘째, R 방법론에 기초한 지식은 사회의 현상과 상황에 적절하지 못한 잘못된 정보를 제공함으로써 정치·행정의 정책과정에 오류를 낳게 한다. 동 비판은 앞서 말한 비판과 밀접한 관련을 맺고 있다. 연구자의 조작에 의하여 진행된 연구는 연구의 편의상 연구 대상을 지나치게 축소하고, 그 결과 사회현상을 정확하게 관찰하지 못할 수도 있다. 이렇게 창출된 지식은 종종 사회현상을 잘못 설명하거나 예측하기도 한다는 것이다.

이러한 비판을 토대로 정치·행정학 영역에서 Q 방법론의 활용은 실용적·철학적 측면에서 효용성을 갖고 있다(Brown et al., 1999). 정치·행정가들은 정책과정의 다양한 가치의 발견에 보다 관심을 갖고 있다. 따라서 정치·행정가들은 R 방법론이 추구하는 것과 같은 면밀한 과학적 방법에 의거한 지식의 산출보다는 실제 그들의 업무를 어떻게 효과적으로 수행할 수 있는가와 같은 실용적 측면에 보다 많은 시간을 소요하고 있다. 이러한 상황을 감안할 때 Q 방법론이 실

---

7) 필사(2010)의 'Q 방법론의 이론과 철학'을 요약·정리하였음.

용적 측면에서 효용성을 가진다고 할 수 있다.

정치·행정가들의 근무환경과 특성을 감안할 때 이러한 효용성은 더욱 커진다. 정치·행정가들은 객관적 가설, 과학적 지식을 믿고 있지만 그들은 과학적 방법에 익숙하지 않을 뿐만 아니라 과학적 방법에 대한 관심도 적은 편이다. 정치·행정가들의 문제 접근방식이 현상학적이라는 사실도 정치·행정학 분야에 있어서 Q 방법론의 효용을 높이고 있다. 실제 정책과정을 보면 다양한 가치와 의견, 견해들이 대립되는 것이 일반적이다. 이러한 다양한 의견, 견해, 가치 등을 발견하는 데 Q 방법론의 효용성이 있다. 이 점이 Q 방법론이 개발된 주요한 이유였음은 앞에서 언급하였다.

특히 사회현상에 대한 처방을 강구하는 경우, 사회현상과 관련된 다양한 이해관계자의 관점을 파악할 수 있다. 특정 사안과 관련된 이해관계자는 자신들의 관점과 이해관계에 따라 매우 상이한 처방을 갖고 있다. 예를 들어 남북통일 방안에 대하여 북한의 처방과 남한의 처방이 다르다. 아울러 주변 국가의 관점도 매우 상이하다고 할 수 있다. 이러한 사례에 Q 방법론을 사용하면, 여러 이해관계자가 가지는 관점의 차이를 분명하게 알 수 있고 아울러 전혀 예측하지 못한 결과도 발견할 수 있는 효용성이 있다.

이를 요약·정리하면 Q 방법론은 인간의 다양한 관점이나 시각을 확인하는 데에 효용성이 매우 크다. 예를 들어 Q 방법론을 통해 정책이나 행정의 결정과정에서 최고 지도자와 여타 그룹의 정책관계자들이 보여주는 관점의 차이를 확인할 수 있다. 이것이 정책이나 행정을 이해하는 데 큰 도움이 된다는 것은 자명하다(김순은, 2010).

한편, 정치·행정철학적 관점에서도 Q 방법론의 효용성을 확인할 수 있다. 행태주의적 접근방법에 대한 비판은 1960년과 1970년대 신(新)행정학의 흐름을 낳았다. 후기 행태주의로 특징지어지는 신행정학의 견해와 Q 방법론은 서로 양립이 가능하다. 신행정학은 정책과정이 현상학적·이념적·해석적이라고 보기 때문이다. 정치학적 관점에서도 후기 행태주의자들은 행태주의적 접근방법이 잘못된 지식을 낳을 뿐만 아니라, 사회의 불평등을 악화시키고 있다고 비판하였다(Dryzek, 1990). 다양한 이익집단에 의한 자유민주주의는 특권층을 옹호하는 경향이 있기 때문에 그 대안으로 다양한 주장이 개진될 수 있는 대중적 민주주의

(discursive democracy)를 옹호하는 관점도 Q 방법론의 효용성을 인정하고 있다.

이와 더불어 Q 방법론이 효율적·경제적이라는 점도 Q 방법론의 매력이다. 적은 수의 연구 대상자를 중심으로 연구가 가능하기 때문에 R 방법론과 비교하여 적은 비용과 시간이 소요된다. 심지어 1인을 대상으로 새로운 상황을 부여함으로써 연구를 진행할 수도 있다(Brown, 1980).

Q 방법론이 지니는 특성 및 효용성에도 불구하고, Q 방법론이 가지는 한계가 있다면, 그것은 P 표본의 수가 너무 작고 작위추출에 의한다는 점이다. 전통적인 R 방법론의 경우 연구 대상자의 무작위 추출이 연구의 과학성을 담보하는 데 매우 중요한 요인 중의 하나임을 감안할 때, Q 방법론에 대한 비판적 시각은 당연하게 인정되어 왔다.

그뿐만 아니라 요인추출 및 요인회전이 지나치게 연구자의 자의에 의하여 결정된다는 점도 확정성과 일반성을 추구하는 과학적 방법론의 철학과 상치되어 비판의 대상이 되었다. 연구자의 자의적인 방식보다 과학철학적인 논리에 충실한 전통적인 R 방법론의 관점에서는 이러한 점을 묵과하기가 더욱 어려웠을 것이다.

그러나 상기와 같은 비판은 Q 방법론과 R 방법론의 특성을 오해한 데에서 비롯되었다. Q 방법론은 주관적 모드에서 인간의 주관성을 측정하는 기법이며 R 방법론은 객관적 모드에서 인간의 특성을 측정하는 기법이다. 따라서 각 방법론이 더 큰 효용성을 가지는 연구에 둘을 적절히 활용하고, 이 둘을 상호 배타적인 방법론으로 이해하기보다는 상호 보완적인 방법론으로 이해하는 것이 학문의 발전에 도움이 될 것이다(김순은, 2010).

제3장

Q 방법론의 실행절차

Q 방법론의 실행절차는 Q 진술문의 작성, 연구대상자(P sample) 선정, Q 분류(sort), 요인분석, 자료의 해석 순으로 이루어진다. 본 내용을 상술(詳述)하면 아래와 같다.

1. Q 진술문의 작성

인간을 대상으로 하는 연구는 다양한 양적 또는 질적 연구방법론에 의존하고 있다. Q 방법론을 활용 시 최초의 절차는 연구주제와 관련하여 Q 진술문(Q Statement)을 작성하는 작업이다. Q 진술문의 집합을 Q 표본 또는 Q 세트(set)라고 한다. 그 작업이 끝나면 연구 대상자(P Sample)를 결정하고, 연구 대상자로부터 Q 분류(Q Sort)의 자료를 얻는 절차를 거친다. Q 분류의 자료를 얻게 되면 요인분석의 단계를 거쳐 분석이 필요한 자료를 해석하게 된다. 이때 이용되는 소프트웨어는 PQM이다. 이러한 각각의 절차와 관련된 이슈 및 소프트웨어 이용 매뉴얼을 논의하면 다음과 같다.

1) Q 진술문(Q Statements)의 종류와 작성

Q 방법론은 인간의 자작적 주관성을 측정하고 이를 토대로 인간의 공통적 관점을 추출하는 통계적 기법이다. Q 방법론은 인간의 주관성에 전달가능성이 있다고 전제하고 인간의 주관성이 전달되는 심리적 전달의 장이 집합이라고 정의

하는데, 이러한 주관성을 표출하는 Q 진술문들의 집합이 바로 Q 표본이다(Brown, 1980; 김순은, 2010). 따라서 Q 방법론을 사용한 연구의 가장 중요한 부분은 Q 진술문을 작성하여 완성하는 작업이다. 특히 연구의 주제에 관한 Q 진술문의 작성이 가장 중요하다. 이는 전통적인 R 방법론을 사용할 때 무작위로 추출된 표본을 구성하는 것이 중요한 것과 같은 맥락이다.

Q 연구 시에는 연구 대상자가 변수가 되고, 진술문을 분류한 연구 대상의 집단이 Q 요인이 된다. 이러한 Q 요인은 대부분 작성된 진술문에 의해 해석되기 때문에 Q 진술문은 Q 연구에 있어 중요한 비중을 차지한다. 또한, Q 방법론을 이용한 연구의 분석결과도 주로 Q 진술문에 의존하기 때문에, Q 진술문의 작성이 적절한 내용과 방식으로 이루어지지 못하면 연구 자체가 의미를 상실할 위험성이 높다. 따라서 연구자는 Q 진술문의 설계와 작성에 각별히 유의하여야 한다. Q 방법론은 전통적인 기법으로 측정하기 어려운 인간의 자작적 주관성을 얻는 과정이기에, Q 표본 작업은 어느 과정보다도 중요하고 어렵다고 할 수 있다(김순은, 2010).

이렇듯 가장 중요하고도 어려운 과정인 Q 진술문의 작성에 대하여 조금 더 자세히 알아보기 위하여, Q 진술문 작성의 방법을 유형화하여 설명하겠다. Q 진술문의 출처와 설계에 따라 구술형과 추출형, 구조형과 비구조형으로 대분하여 볼 수 있다.

(1) 구술형과 추출형

가) 구술형

구술형은 연구자가 연구와 관련된 사람들을 대상으로 연구 주제에 관한 자유로운 형태의 인터뷰를 실시하고, 그 결과를 진술문으로 작성하는 방식이다. 구술형에 의한 Q 진술문은 장점과 단점을 모두 내포하고 있다(McKeown and Thomas, 1988). 우선 연구 대상자들을 상대로 Q 진술문을 작성하기 때문에 연구 대상자들이 Q 진술문 내용을 정확히 이해하고 숙지하고 있다는 장점이 있다. 따라서 Q 분류과정에서 Q 진술문을 이해하지 못해 발생할 수 있는 혼란의 소지가 적고, Q 진술문에 대해 이미 내용을 숙지하고 있기 때문에 효과적으로

Q 분류를 할 수 있다. 연구자의 연구 의도에 의한 외부적 관점이 개입될 가능성이 적은 것도 장점이다. 그러나 구술형은 1인 또는 다수의 연구 대상자를 연구자가 직접적으로 면담하여야 한다. 이에 따라 연구자의 시간과 노력이 상당히 소요되는 문제점이 발생한다. 구술형도 한 번 더 세분화하면 직접면담방식과 서면제출방식으로 나눌 수 있다.

① 직접면담방식

직접면담방식은 연구자가 한 명 또는 다수의 연구 대상자를 개별 접촉하여, 그들로부터 연구 주제에 관한 의견 또는 주관적 판단을 직접 듣고 기록하는 방식이다. 이 경우 연구 대상자가 자칫 일부의 의견이나 판단을 숨길 가능성이 있기 때문에, 연구 대상자가 솔직하고 편안하게 응답할 수 있는 여건과 분위기의 조성이 필요하다.

② 서면제출방식

서면제출방식은 1인 또는 다수의 연구 대상자로 하여금 연구 주제에 관한 의견 또는 주관적 관점을 서면으로 제출해 줄 것을 요청하는 방식이다. 대개 익명으로 처리되기 때문에 솔직하게 기록할 가능성이 높은 반면, 연구 대상자의 언중(言中) 의미를 정확하게 파악하기 어려운 경우도 있다.

나) 추출형

추출형은 앞에서 논의한 구술형과는 달리 다양한 출처를 이용해 Q 진술문을 작성하는 방식이다. 연구자가 연구 대상자와의 직접적 면담이 곤란하여, 이미 타 연구자 면담자료 혹은 문헌에 기록되어 있는 것을 Q 진술문 작성에 사용하는 경우를 말한다(McKeown and Craig, 1978). 추출형은 대개 연구 주제와 관련하여 기존의 문헌이나 신문기사 등에서 진술문을 추출하는데, 그 출처에 따라 다양하게 분류된다(McKeown and Thomas, 1988).

① 준구술형

준구술형은 구술형에 기초한 자료에 연구자가 진술문을 추가한 경우이다. 연구자가 구술형만으로 연구 의도를 달성하기 어렵다고 판단하여, 보충적으로 자료를 추가한 경우라고 할 수 있다.

② 표준형 Q 진술문 또는 전통적 리커트 구분척도

심리학이나 정치심리학 분야에서는 정치행태 등 인간행태를 측정할 수 있는 다양한 척도가 개발되어 있다. 인간의 주관적 행태를 측정할 수 있는 이러한 척도를 Q 진술문으로 사용하기도 한다. 가령, 사회복지·안보에 관한 태도를 서술한 문장이나, 권위주의적 또는 민주주의적 태도 등을 나타내는 문장 등과 같은 정치이념에 관련된 문장을 사용하는 것이 하나의 예이다.

이러한 방식들이 Q 연구에 있어서 반드시 강조되는 것은 아니다. 연구에 따라 상기의 여러 가지 방식이 혼합되어도 무방하다. 또한, 추출형의 경우 반드시 문장이어야 할 필요가 없다. 때로는 그림이나 사진 등 특정한 이미지를 나타내는 물건으로 Q 진술문을 대신하여 사용할 수 있다.

(2) 구조형과 비구조형

Q 진술문은 연구 설계의 방법에 따라 구조적·비구조적 Q 표본으로 구분할 수 있는데, 이는 연구의 마지막 단계인 Q 요인을 해석할 때 매우 중요하다. Q 방법론을 이용한 연구도 연역적·귀납적인 논리의 적용이 가능한데, 이러한 적용은 진술문의 작성 방법에 따라 결정된다. 이때 비구조적인 방식과 구조적인 방식 중 어느 것이 우월하다고 일반적으로 단정할 수는 없다(김순은, 2010).

가) 비구조형

비구조적 방법은 특별한 연구 설계가 없이 연구자가 재량에 입각하여 연구 주제와 관련된 진술문을 비교적 자유롭지만 체계적인 방식으로 종합·작성하는 것이다. 연구 대상자에게 시행한 설문조사 또는 면접 등을 자료를 사용하거나, 기존의 연구 문헌이나 신문, 사진, 그림, 카드 등 다양한 자료를 활용하여 진술문을 자유롭게 구성하는 방식이다(김순은, 2010). 따라서 Q 방법론을 활용하는 연구의 목적이 특정한 이론을 검증하는 것보다 새로운 사실을 발견하거나 설명하는 것인 경우에는 비구조화된 표본(unstructured sample)을 활용한다.

이론적인 관점에서 보면 연구의 주제와 관련된 모든 문장이 Q 진술문이 될 수 있다. 다만, Q 진술문의 작성이 비교적 자유롭기 때문에 특정한 분야 또는 형식의 문장에 편중될 수 있는 단점을 지니고 있다. 예를 들면, 부정적인 진술문이 많거나, 지나치게 단순화하여 연구의 편견이 관여되는 사례가 있을 수 있다. 이를 예방하기 위하여 진술문을 작성하는 초기 단계에서는 가능한 한 많은 진술문을 작성한 후 그중에서 특정한 방향, 분야에 편중되지 않는 대표적인 진술문을 선택하는 방법이 좋다(Kerlinger, 1973).

나) 구조형

Q 방법론을 활용하여 특정한 이론을 검증하는 것이 연구의 목적인 경우에는 구조화된 표본(structured sample)을 이용한다(김순은, 2010). 구조적 방법의 Q 진술문은 자료를 활용함에 있어서는 비구조적인 방식과 동일하나, 피셔식 실험 및 분산분석 설계의 원리(Fisherian Experimental and Analysis of Variance Design Principle)에 따라 작성된 것을 의미한다. 구조적 방법으로 진술문을 작성하는 것은 이론을 구축하는 것을 뜻한다. 이는 개인의 특성을 측정하는 도구를 구축하는 대신에 연구의 대상자들을 통하여 기존의 이론을 형체화(形體化)하는 방식으로 이루어진다. 이때 연구 설계가 1차원의 요인 및 이론에 의거하면 단중 구조적 방법, 2차원의 요인 및 이론에 기초할 경우 이중 구조적 방법이라고 부른다.

구조적인 방식은 Q 진술문을 어떻게 구성하느냐에 따라 귀납적 이론을 증명하거나 연역적 이론을 입증하는 데 사용될 수도 있다. 전자의 경우에는 관찰에 따른 다양한 진술문을 삽입하는 경우이고, 후자의 경우에는 선험적인 가정이나 이론적 사항으로 Q 진술문을 작성하는 경우이다. 전자의 예로는 상황에 따라 정당 활동가의 역할인지(認知)가 어떻게 나타나는지를 파악한 연구가 있다(Carlson and Hyde, 1984). 후자는 전자에 비하여 이론적인 정치함에서 차이가 있을 뿐이다.

통상 비구조적 진술문을 작성할 경우 기존문헌에서 추출하는 방식을 선택하거나 연구대상자의 구술을 사용하는 등의 방식이 사용된다. 반면 구조적인 진술문의 경우 추출형이 주로 사용된다.

또한, 연구의 목적에 따라 구조적인 방식이 분석자료를 설명하거나 묘사할 때 설명력이 높은 경우가 많다. 구조적인 방식은 연구자의 설계에 따라 2X2, 3X4 등의 모듈을 정하고 각 모듈에 동일한 수의 Q 진술문 또는 구성요소를 배치하는 방식이다. 따라서 Q 표본의 구성 내용에 따라 연역적, 귀납적 설명은 물론 가설발견의 논리적 입증이 가능하다(김순은, 2010). 이러한 장점으로 인해 구조형은 Q 진술문의 이상적 형식으로 불리며, 스티펜슨과 브라운 교수는 가능하면 구조적인 방식으로 Q 방법론을 사용하기를 권장하였다(Stephenson, 1953; Brown, 1980).

(3) 진술문의 작성 시 유의사항과 요건

구조적이든 비구조적인 방식이든 Q 진술문은 연구의 주제에 관한 한 대표적이고 포괄적인 내용을 담고 있어야 한다(McKeown and Thomas, 1988). 왜냐하면 연구의 분석내용은 Q진술문에 의존하고 있고, 연구의 결과는 반드시 Q 진술문의 분석내용으로부터 도출되기 때문이다. 아무리 중요한 연구 가설이라도 진술문의 내용에서 누락될 경우 그러한 가설은 그 연구에 관한 한 아무런 의미가 없다.

Q 진술문은 문장뿐만 아니라 사진이나 그림 등 이미지를 갖춘 물건을 사용할 수 있으나, 문장의 경우에는 몇 가지 요건을 갖추어야 한다.

① Q 방법론에 의한 연구는 거짓과 참을 규명하는 연구라기보다 좋음과 싫음, 선함과 악함, 동의와 반대 등 연구 대상자의 자작적 주관성의 구조를 밝히는 것이므로 Q 진술문은 사실을 서술하는 것이어서는 안 된다. 반드시 주관적인 판단이나 인식 및 가치를 나타내는 것이어야 한다. 예를 들면, "나의 봉급은 100만 원이다"라는 진술문은 사실을 나타내는 것이기 때문에 Q 진술문로서는 적합하지 않다. 오히려 "나의 봉급은 적다" 또는 "나의 봉급은 많다"라는 내용이 개인의 가치와 판단을 나타내는 것으로 더욱 적합한 진술문이다.

② Q 진술문은 주로 가치와 판단을 나타내는 것으로 찬성과 반대, 긍정과 부정 등의 문장으로 구성된다. 이러할 경우 찬성과 반대, 긍정과 부정 등 상반된 내용들이 가능하면 균형적으로 조합되면 될수록 연구의 결과에 대한 타당성을 확보하는 데 유리하다. 이는 긍정적인 내용이나 부정적인 내용이 불균형적으로 조합되면 Q 연구의 대상자에게 불필요한 편견을 줄 수도 있기 때문이다.

③ Q 진술문은 가급적 쉬운 문장으로 작성되어야 한다. 누가 읽어도 그 의미를 파악할 수 있어야 한다. 이는 지나치게 현학적이거나 어려운 용어로 기술되면 연구 대상자가 Q 진술문을 정확하게 이해하지 못하여 본의와는 다른 결과로 응답할 수 있기 때문이다. 어려운 문장의 경우 때로는 응답자가 아예 무시하는 경우도 발생한다. 만약 연구 대상자가 연구의 주제와 관련된 전문가들이라면 전문적인 용어나 내용을 담고 있어도 무방하다.

④ 포괄적이고 대표적인 진술문을 작성하기 위해서는 추출형이든 구술형이든 다양한 진술문을 다수 작성하여 그것들로부터 대표적인 것을 선택하면 절차상 편리하다. 이는 비슷하거나 동일한 내용이 Q 표본에 삽입되면 연구 대상자에게 혼란을 줄 수 있기 때문이다.

⑤ Q 진술문은 지나치게 긴 장문보다는 단문의 경우가 더 좋다. 지나치게 길면 연구 대상자가 진술문을 읽는 데 소요되는 시간을 고려하여 성의 없이 응답할 가능성이 높다.

끝으로 Q 방법론을 이용하는 연구자들은 Q 진술문을 작성·완성함에 있어서 Q 진술문이 적절하게 이루어졌는지를 확인하여야 한다. 이를 위하여 연구의 주제와 관련된 전문가와 Q 방법론의 전문가로부터 자문을 받을 필요가 있다. 전자로부터는 연구의 주제와 관련하여 잘못된 내용은 없는지, 연구의 내용과 범위가 이슈가 되고 있는 분야를 적절히 포함하고 있는지를 확인받을 필요가 있다. 후자로부터는 방법론상의 문제점 유무를 점검받게 된다.

2) 진술문의 수

Q 진술문을 구성함에 있어서 논의의 대상이 되었던 것이 Q 표본의 규모이다. Q 표본의 규모는 전통적 R 연구방법에 있어서의 사례의 수, 즉 표본의 수에 해

당한다고 할 수 있다. 전통적인 R 방법에 있어서 사례의 수가 증가하면 유의수준이 낮아질 수 있듯이, Q 표본의 수는 Q 연구의 타당성 및 신뢰성과 밀접하게 관련되어 있다(Brown, 1980; 김흥규, 2008; 김순은, 2010).

전통적인 R 방법에서 표본의 수가 많다고 무조건 좋은 연구가 될 수 없듯이, Q 연구에 있어서도 Q 진술문의 수가 많다고 무조건 좋은 연구가 될 수 없다. 이론적인 관점에서 몇 개의 Q 진술문이 연구에 적절한지는 명확하지 않다. Q 표본을 구성하는 구성체는 모두 경험적이며, 동일한 가능성과 잠재력을 지닌다(Stephenson, 1980). 따라서 Q 진술문의 수는 구성제의 특성과 연구의 목적에 따라 결정되는 것이 바람직하다(김흥규, 2008; 김순은, 2010).

다만 전통적인 연구방법론에서 표본의 숫자가 클수록 오차의 범위가 적어지고 유의수준이 낮아지듯이, Q 진술문의 숫자가 증가할수록 유의수준이 낮아진다. 따라서 Q 진술문의 숫자가 적은 것보다는 많은 것이 몇 가지 측면에서 유리하다. 특히 이론적인 관점에서 볼 때 Q 진술문의 숫자는 연구의 주세와 관련된 이슈를 누락됨이 없이 정리하는 수준이어야 할 것이다. 만약 연구 주제와 관련하여 중요한 이슈나 이론적 사항 등이 누락될 경우 연구의 타당성에 의문이 제기될 수 있다.

그러나 Q 진술문의 내용을 어렵고 미묘하며 비슷한 내용으로 구성하는 경우, Q 표본의 수가 크면 연구의 신뢰성에 문제가 발생할 수 있다(김흥규, 2008). Q 방법론의 운영적 측면에서 보면 Q 진술문의 숫자가 너무 많으면 연구 대상자가 Q 진술문을 분류하는 데 어려움을 겪게 될 가능성이 높다. 따라서 연구의 대상자가 Q 진술문을 성의껏 분류하기보다는 즉흥적으로 처리하여 연구 대상자의 자작적 주관성의 구조를 현실대로 파악하기 어려울 가능성이 있다.

결론적으로 인간의 자작적 주관성이 사람들 사이에 전달된다는 점을 전제하는 차원에서 Q 진술문은 비교적 짧고 용이하게 작성하는 것이 실용적인 관점에서 유리하다. Q 전문가들은 경험적으로 40-60여 개의 진술문이 연구에 적합한 것으로 제시하고 있다(Brown, 1980; 김흥규, 2008; 김순은, 2010). 또한, 다음 장에서 보듯이 일반적으로 Q 연구에서 사용되는 Q 진술문의 숫자는 30 내지 50개의 범위에 해당한다. 최근 통계학 패키지 프로그램에서는 200개의 진술문까지 입력할 수 있다.

3) Q 진술문의 사례

상기에서 분류한 Q 진술문은 비구조적 추출형, 비구조적 구술형, 구조적 추출형, 구조적 구술형으로 대분할 수 있다. 다만 구조적 구술형은 대체로 연구 대상자가 이론적인 사항을 숙지하기 전에는 구성하기 어려운 형식이다. 따라서 여기에서는 이를 제외한 사례를 예시하였다.

(1) 비구조적 추출형

앞에서 설명하였듯이 비구조적 진술문의 경우 추출형이나 구술형으로 작성할 수 있다. 본 절의 사례는 비구조적 추출형에 해당하며, 미국의 지역개발프로그램(Community Development Block Grant, 이하 CDBG)의 집행에 관련된 문제점들을 의회 청문회의 자료, 관련 전문가의 논문 및 저서 등에서 추출한 것이다. 미국에서는 지역개발을 위하여 1974년 지역개발프로그램을 개발하였고 동 정책은 15년 동안 집행되었다. 독자들의 이해를 높이기 위하여 지역개발프로그램을 간단히 소개하면 다음과 같다.

지역개발프로그램은 지역의 노후지역을 재개발하기 위하여 수립된 연방정부의 정책이었다. 연방정부의 수혜를 받는 지방정부에는 연방정부의 보조금을 집행할 시 준수하여야 하는 일반적 규제가 있다. 이를테면 시민권리(Civil right) 조항, 성별의 차별금지 조항, 유색인종에 대한 적절한 대우 등이다. 연방정부가 이러한 기본적 규제를 강화할 경우 지방정부는 지역의 사정에 적합한 정책집행이 어렵다는 점을 호소하면서 지방정부의 재량권을 강화해 줄 것을 요청하였다. 반면 프로그램의 수혜자인 시민들은 지방정부에게 재량권을 강화해 주면 지역의 재개발이 지역경제 발전프로그램으로 전락하여 사회적으로 소외된 계층을 위한다는 본래의 취지에 어긋난다는 점을 강조하였다. 프로그램 집행이 이루어지는 동안 정책효과에 대한 적지 않은 논란이 이어졌다. 연방정부, 주정부, 지방정부, 정책의 수혜집단 등은 각자의 관점에서 프로그램 집행의 문제점을 제시하였고, 이에 많은 학자들도 본 프로그램에 큰 관심을 보였다.

<표 2-1> 정책집행에 영향을 미치는 요인의 Q 진술문

1. 슬럼(Slum)의 제거 및 긴급한 지역문제 해결보다 저소득층 구제가 CDBG 정책집행의 주목적이다.
2. CDBG의 주요 결과 중의 하나는 주정부와 지방정부의 관리능력을 향상시킨 것이다.
3. 시민의 소리가 CDBG 정책집행에 영향을 주기에는 시민참여에 관한 연방정부의 규제 정도가 미흡하다.
4. 지역의 정치적 압력은 CDBG 자금이 어느 한 곳에 집중적으로 사용되지 못하게 하고, 자금을 각 지역에 골고루 분배시키므로 효과가 낮다.
5. CDBG 정책집행에 관한 시민의 감독은 CDBG 효과성의 극대화에 절대적이다.
6. 지역 경제발전을 위한 CDBG 자금의 사용은 CDBG의 본 취지에 위배된다.
7. 주정부와 지방정부는 도움이 필요한 저소득층의 요구에 대처할 정치적, 관리적 능력이 부족하다.
8. CDBG 정책집행과정의 시민 참여는 행정가 및 프로그램 관리자의 전문적 판단과 배치된다.
9. 지역경제의 상황 및 세원의 부족은 CDBG의 저소득층 구제라는 목적의 실현에 장애가 된다.
10. 계속적인 연방정부의 지방정부에 대한 감독 및 통제는 CDBG의 목적 실현에 필수적이다.
11. CDBG의 주요 목적은 지방정부에 많은 재량권을 주어 그들의 문제를 자율적으로 해결케 하는 것이다.
12. 주택성(HUD)은 저소득층 구제의 목적을 실현하기 위하여 지역에 연방정부의 강력한 규제를 가하지 않았다.
13. 효과적으로 조직된 시민참여는 CDBG 목적 실현에 필수적이다.
14. 감소된 CDBG 자금에 대한 지역 간 경쟁은 CDBG를 정치적으로 예민하게 만들었다.
15. 주택성은 지방정부의 보고서 검토에 소극적이었다.
16. 포괄보조금(Block Grant)은 명시적 보조금(Categorical Grant)으로 인한 지방정부의 절차적 지연(Red Tape)이라는 문제를 해결하였다.
17. 연방정부의 시민권리 조항의 미온적 적용으로 인해 CDBG의 저소득층 구제는 실패했다.
18. 연방정부의 각종 규제들-기회 균등, 환경 보호, 적정 임금보장-은 지방정부에 행정절차적으로 많은 부담을 주었다.
19. 시민참여의 부족은 CDBG 자금의 남용을 낳았다.
20. 선출직 공무원이 CDBG 자금을 정치적으로 영향력이 없는 지역에 사용하는 것은 정치적 자살 행위이다.
21. CDBG 자금은 지방정부의 자원과 요구에 따라 배분되어야 한다.
22. 지방정부의 재량권 증가는 CDBG 정책집행에 보다 효과적이다.
23. 지방정부의 관리능력의 부족은 CDBG 정책집행 실패의 주원인이다.
24. 시민참여는 CDBG 자금 운영 등 정책집행의 방향설정에 필수적이다.
25. 대체적으로 CDBG 자금은 자금이 꼭 필요한 사람을 위해서는 사용되지 않았다.
26. CDBG로 인한 지방정부의 재량권 증가는 자금의 삭감으로 인하여 효과가 반감되었다.
27. 주정부는 연방정부의 프로그램을 처리할 관리·행정능력이 있는 것으로 나타났다.
28. CDBG 정책집행상의 문제점은 부분적으로 이론적 결함에 기인한다.
29. 연방정부의 지방정부에 대한 규제와 통제는 어떤 형태로든 매우 제한적이다.
30. 주정부의 의회는 CDBG 자금을 특정지역에 집중하는 결정을 하기 어렵다.
31. CDBG 자금의 규모는 실체적 목적 달성에 부족하다.
32. CDBG 자금을 수령하기 위해 해야 하는 불필요한 서류작업이 많다.
33. 많은 지역사회에서는 CDBG 자금을 원래의 목적 이외의 곳에 사용하였다.

(2) 비구조적 구술형

비구조적 구술형은 연구 대상자들과의 면접자료가 비구조적으로 조합된 것을 의미한다. 본 절의 사례는 간호학 분야의 다양한 전문가들을 대상으로 Q 방법론에 관한 2박 3일의 워크숍(workshop)을 실시한 후, Q 방법론에 대한 판단과 인식을 조사한 것이다. 워크숍에는 간호학 교수, 간호사, 간호학과 박사 및 석사과정 학생들이 참여하였다. 워크숍이 끝난 후 참석자들은 Q 방법론에 대한 평가를 2개씩 제출하였고 이를 활용해 34개의 진술문을 구성하였다. 본 진술문이 바로 연구의 집합이다.

〈표 2-2〉 Q 방법론에 관한 인식의 진술문

1. Q 방법론을 활용하기 위해서는 연구하고자 하는 관심분야에 대한 해박한 지식이 필요한 것 같다.
2. Q 방법론의 결과는 일반화하기 어려운 것 같다.
3. Q 방법론은 여러 계층 간의 사고유형을 알아보는 데 유용하다고 생각된다.
4. 태도나 생각에 치우치다 보면 과학적 사실 자체를 간과할 오류가 있는 것 같다.
5. Q 방법론은 연구방법의 새로운 한 면 같다.(사고의 전환)
6. Q 방법론은 기존의 지식체계(상식)를 다시 생각해 볼 수 있는 연구방법이라고 생각한다.
7. Q 방법론에 따른 연구분석으로는 연구자 오류를 통제하기 어려운 것 같다.
8. Q 방법론에 의한 연구결과는 연구자의 해석에 따라 오용될 우려가 있는 것 같다.
9. Q 방법론의 적용가능 영역이 광범위하다고 생각한다.
10. Q 방법론은 간호대상자의 특성을 파악하는 데 유용한 것 같다.
11. Q 방법론은 이론적 배경이 확실할 때 적용할 수 있는 것 같다.
12. Q 방법론은 간호연구의 영역에서 질적 연구의 약점을 보완하고 설명력을 비교적 증가시킬 수 있는 연구방법이라고 생각한다.
13. Q 방법론은 인간의 내면을 통찰하는 방법 같다.
14. Q 방법론은 인간의 변화성을 인정하는 방법 같다.
15. Q 방법론은 양적 연구방법의 약점을 보완할 수 있는 좋은 방법이라고 생각한다.
16. Q 방법론은 인간의 개별성을 고려한 방법으로 보인다.
17. Q 방법론을 위한 진보된 통계프로그램의 개발이 필요한 것 같다.
18. 사전의 충분한 준비가 없이 Q 방법론을 사용할 경우에는 낭패를 당할 수 있다.
19. Q 방법론의 이론적 기초는 복잡하나 통계적 절차는 간단한 것 같다.
20. Q 방법론은 내적, 주관적 차이를 찾아내는 적절한 방법인 것 같다.
21. Q 방법론은 간호연구방법으로 유용한 것 같다.
22. Q 방법론은 개인별 간호를 모색하기 위한 방법으로 유용한 것 같다.
23. Q 방법론은 올바른 사전지식이 요구되는 것 같다.
24. Q 방법론은 간호대상자의 특성을 분류하는 데 유용한 방법으로 생각된다.
25. Q 방법론으로 여러 부류의 사람들에 대한 태도(가치관)를 알 수 있을 것 같다.
26. PCQ 프로그램은 동일숫자가 재입력될 때 경고음이 발생하는 부분에서 높은 유용성이 느껴진다.
27. PCQ 프로그램에서 사용되지 않은 숫자가 자막으로 안내되는 항목이 좋게 평가되는 것 같다.

28. Q 방법론은 인간의 심리상태에 관한 연구에 용이한 것 같다.
29. Q 방법론의 컴퓨터 입력방법이 다른 연구 방법에 비해 복잡하다.
30. 일단 Q 방법론을 이용한 연구를 해봐야 알 것 같다.
31. Q 방법론은 흥미롭다.
32. Q 방법론은 요인 구분 변별력에 대한 설명력이 높다고 생각한다.
33. Q 방법론에 약점이 있다고 생각한다.
34. Q 방법론을 적용해서 연구를 하고자 할 때는 이론적 근거를 얻기 위해 많은 문헌을 읽어서 Q 진술문을 잘 만들어야 할 것 같다.

(3) 구조적 추출형

구조적 추출형은 일정한 이론의 틀 안에서 분산분석 설계의 원리에 따라 Q 진술문을 작성하는 것으로서 가장 정교한 작업이라고 할 수 있다. 구조적 추출형은 이론의 도출이나 이론의 증명에 유용하게 적용할 수 있다는 장점과 함께 작업의 난이도가 높다는 단점을 동시에 안고 있다.

따라서 Q 방법론을 처음으로 사용하는 연구자들은 구조적 추출형에 많은 어려움을 겪는 것이 일반적이다. 그러나 일단 구조적 추출형의 작업을 정교하게 마치게 되면 좋은 연구가 된다는 점을 감안할 때, 이론적인 연구에 유용하다고 할 수 있다. 그렇기 때문에, Q 방법론을 사용하려는 연구자들에게 구조적 추출형을 적극적으로 활용하기를 제안한다.

아래의 예는 국가균형발전과 지방분권과 관련된 중요한 이론을 바탕으로 작성된 Q 진술문이다. 아래의 표에서 보는 바와 같이 국가균형발전과 지방분권은 이론적으로 지역관점의 지방분권, 중앙관점의 지방분권, 지역관점의 국가균형발전, 중앙관점의 국가균형발전으로 대분된다. 이렇게 대분된 관점은 지방분권과 국가균형발전의 논리, 추진방식, 추진전략, 기본성격에 따라 아래의 진술문과 같이 세분화된다. 이를 정리하면 아래와 같다.

〈표 2-3〉 지방분권과 국가균형발전에 관한 Q 진술문

1. 지역관점의 지방분권	3. 지역관점의 국가균형발전
2. 중앙관점의 지방분권	4. 중앙관점의 국가균형발전

〈1〉 지역관점의 지방분권

1. 지방분권 개혁은 지역의 논리가 철저하게 반영되어야 한다.
2. 중앙정부는 지방분권 개혁에 소극적이거나 거부적인 태도를 갖는다.
3. 지방분권은 국내외 상황을 고려하여 강력하게 추진되어야 할 혁신적 정책이다.
4. 지방분권 개혁은 재정분권에 우선순위를 두어야 한다.
5. 지방분권 개혁은 중앙집권의 폐해를 해소하기 위한 전략적 과제이다.
6. 지방에서 지방분권 개혁의 결과를 체감하기 위해서는 자치경찰제도의 도입이 우선적으로 추진되어야 한다.
7. 중앙정부의 정책과정에 지역의 의견을 대표할 수 있는 체제의 수립이 이루어져야 한다.
8. 지방분권 개혁은 지역의 참여와 주도하에 이루어져야 한다.

〈2〉 중앙관점의 지방분권

1. 지방분권 개혁은 중앙의 논리와 지방의 논리가 조화를 이루어야 한다.
2. 지방정부는 지방분권을 담당할 자치능력이 결여되어 있다.
3. 지방분권 개혁은 지방정부의 자치능력을 고려하여 점진적으로 추진되어야 한다.
4. 지방분권 개혁은 인사·조직권의 이양에 우선순위를 두어야 한다.
5. 지방분권 개혁은 지방정부의 자치능력을 제고하기 위한 정책적 과제이다.
6. 지방분권 개혁은 지방정부의 책임성을 담보할 수 있는 정책과 병행하여 추진되어야 한다.
7. 지방분권 개혁은 국내의 경제상황과 연계하여 추진되어야 한다.
8. 우리나라 지방분권의 수준은 이미 상당한 수준으로 더 이상 지방 분권 개혁을 서두를 필요가 없다.
9. 지나친 지방분권 개혁은 국가의 통일성을 해쳐 경제발전에 부정적인 효과를 낳는다.
10. 지역의 주민들은 지방분권 개혁에 별 관심을 갖지 않는다.

〈3〉 지역관점의 국가균형발전

1. 국가균형발전의 성패는 중앙정부의 재정적 지원에 달려있다.
2. 중앙정부는 지형균형발전을 구호로만 외치고 있다.
3. 국가균형발전과 지방분권 개혁은 분리하여 추진되어야 정책적 효과를 창출할 수 있다.
4. 국가균형발전은 광역대도시권을 대상으로 한 정책을 중심으로 이루어져야 한다.
5. 국가균형발전은 수도권의 과밀을 해소 또는 방지하기 위하여 모든 정부가 추진하여 할 상시적 과제이다.
6. 국가균형발전과 관련하여 지역 간, 지방정부 사이에 견해의 차이 내지는 갈등의 소지가 많다.
7. 국가균형발전은 통상 선거전략으로 악용되는 정책적 과제이다.
8. 국가균형발전은 중앙부처 또는 공공기관의 지방이전을 통하여 달성할 수 있다.
9. 국가균형발전은 수도권의 규제를 통하여 달성되어야 한다.

〈4〉 중앙관점의 국가균형발전

1. 국가균형발전의 성패는 지역의 혁신에 달려있다.
2. 지방정부는 국가균형발전을 위하여 재정적 지원만을 요구하고 있다.
3. 국가균형발전과 지방분권 개혁은 패키지로 추진되어야 정책적 효과를 창출할 수 있다.
4. 국가균형발전은 우선적으로 낙후지역을 중심으로 이루어져야 한다.
5. 국가균형발전은 중앙정부가 종합적이고 장기적인 관점에 기초한 마스터플랜에 의하여 추진되어야 할 거시적 정책이다.
6. 국가균형발전은 각각의 지역의 의견을 중시하기보다 중앙정부의 주도하에 집권적인방식으로 추진되어야 한다.
7. 국가균형발전은 수도이전 또는 행정수도의 건설 등 획기적인 조치를 통하여 이룩될 수 있다.

8. 국가균형발전을 위하여 중앙정부의 공무원이 지방정부에 근무할 수 있는 여건을 강화하여야 한다.

2. 연구 대상자(P sample)의 결정

Q 연구에 있어서 Q 표본이 작성되면 다음 절차는 P 표본을 구성하는 작업이다. Q 방법론에 관한 문헌을 분석하면 Q 진술문 작성에 관해서는 많은 논의를 하고 있지만, 연구 대상자인 P 표본에 대한 논의는 상대적으로 적은 편이다. 이는 P 표본의 수가 적고 무작위 추출이라는 요건을 수반하지 않아, P 표본의 구성이 Q 표본을 작성하는 작업에 비하여 용이하기 때문으로 추정된다(김순은, 2010).

그러나 연구 성격에 따라 P 표본의 선정도 무척 중요한 작업 과정이다. 물론 전통적 방법론의 경우와 같이 무작위 표본의 절차를 거치지는 않지만, P 표본의 선정에도 보편적인 사고가 전제되어야 한다. P 표본의 선정은 P 표본의 수에 따라 심층적 연구(intensive study)와 포괄적 연구(extensive study)로 구분할 수 있다. 이외에도 P 표본의 선정에는 인식론적(epistemological) 이슈, 실체론적(ontological) 이슈, 비교론적 이슈, 교육학적 이슈 그리고 정치적 이슈 등 여러 이슈가 연관되어 있다(김순은, 2010).

1) 심층적 연구(Intensive Study)

Q 연구에서는 1인을 대상자로 연구를 진행할 수 있다. 심층적 연구는 1명의 연구 대상자에게 상이한 상황을 부여한 후, 이러한 상황 간의 관계를 분석하는 연구이다. 연구 대상자가 1명의 경우 Q 분류의 지시조건을 서로 상이하게 하면 동일한 연구 대상자가 서로 상이한 Q 분류를 한다는 점에서 Q 방법론과 양자역학은 동일하다. 연구 대상자에게 아버지의 입장, 어머니의 입장, 아들의 입장, 딸의 입장이라는 서로 상이한 분류조건을 부여하면 동일한 연구대상이 수행한 Q 분류가 상이하게 나타난다. 즉, Q 분류의 지시조건이 파동함수의 붕괴로 나타나는 것이다.

또한, 심층적 연구는 실제로 역지사지의 관점을 1인을 대상으로 한 Q 방법론

연구에서 확인할 수 있다는 장점을 지니고 있다. 1인을 대상으로 서로 상이한 조건을 지시하면 1인의 연구 대상자는 서로 상이한 자작적 주관성을 보인다(김순은, 2010). 따라서 Q 연구의 대상으로는 연구의 성격에 적합한 1명만을 선택하면 된다.

예를 들어 특정 병원의 경영과 관련하여 심층적인 연구를 할 경우 해당 병원 이외의 인사를 대상으로 심층적인 연구를 한다는 것은 의미가 매우 작다. 오히려 해당 병원의 의사나 간호사, 또는 원무 직원을 대상으로 서로 상이한 상황을 부여한 연구가 더욱 적실성을 갖는다. 일례로, 병원장 1인에게 병원장의 관점에서 Q 진술문을 분류하게 한 후, 일반 의사의 관점에서 다시 한 번 Q 진술문을 분류하게 한다. 이러한 방식으로 병원장에게 간호사의 관점·일반 원무직원의 관점·일반 환자의 관점에서 각각 Q 진술문을 분류하게끔 지침을 내리는 것이다. 이와 같은 과정을 통해 1인의 연구 대상자가 다수의 연구 대상자로 전환된다.

2) 포괄적 연구(Extensive Study)

일반적으로는 Q 연구는 다수의 P 표본을 대상으로 수행된다. Q 방법론을 이용한 포괄적 연구에서는 경험적으로 P 표본의 수가 30명에서 50명 수준이 적절하다고 알려져 있다. 특히 가설발견의 논리에 초점을 둘 경우, 1,000명을 대상으로 실시하는 시장조사와 50명을 대상으로 실시된 Q 자료가 동일한 결과를 예측한다면 후자가 훨씬 경제적인 방법이 될 수 있다(김순은, 2010).

P 표본의 선정은 보편적 사고 위에서 이루어지면 충분하다. 학자에 따라서는 무작위 추출이나 층화표본을 제안하지만(김흥규, 2008) 연구의 목적과 관련된 연구 대상자들이 적절하게 분포되면 충분하다고 할 수 있다(김순은, 2010). 다만 P 표본들이 연구 주제와 관련하여 대표적·포괄적이면 연구의 질을 제고하는 데 도움이 된다.

포괄적 연구 시 연구의 범위에 따라서 P 표본을 결정할 수도 있다. 예를 들면 남·북한 통일방안에 관한 연구를 진행할 때, 남·북한의 인사들을 포함시킬 수도 있으며, 남한의 인사만을 포함시킬 수도 있다. 아울러 남·북한의 통일에 지대한 관심을 갖는 일본, 중국, 미국, 러시아 등의 외국 인사를 동시에 또는 선별적으로 포함시킬 수 있다.

또 하나의 예로 병원의 경영과 관련된 연구를 할 때, 해당 병원에 근무하는 다양한 직종의 표본들 즉, 병원장, 일반 의사, 간호사, 원무직원, 일반 환자 등을 포괄적으로 참여시키는 것이다. 이때 모집단을 연구의 표본으로 선정하면 효용성을 더욱 높일 수 있다. 예를 들면 원장, 의사, 간호사, 원무과 직원 등 병원의 모든 직원의 수가 50명 이내인 병원에서 병원의 경영에 관한 문제점을 확인하는 연구의 경우, 직원 전부를 대상으로 하는 Q 방법론 연구의 자료는 해당 병원에 관해서는 확실한 보편타당성을 가진다. 따라서 Q 자료를 활용한 연구를 토대로 병원의 경영에 관한 진단과 처방을 내릴 수 있다는 효용성이 있다(김순은, 2010). 그러나 연구의 목적에 따라서는 의사들만, 때로는 간호사들만 참여시킬 수도 있다. 참고로 PQM 프로그램에서는 299명의 표본까지 처리할 수 있다.

3) P 표본의 이론적 이슈[8)]

Q 방법론을 활용하는 연구의 경우 Q 집합체의 구성과 P 표본의 선정이 매우 중요하다는 점을 앞에서 논의하였다. Q 집합체를 구성하는 작업과 P 표본을 선정함에 있어서도 많은 이슈들이 제기되어 왔다. 이를 크게 대분하면 인식론적 이슈, 실체론적 이슈, 비교론적 이슈, 교육학적 이슈 그리고 정치적 이슈 등으로 나눌 수 있다(Stenner, 2009).

인식론적 이슈는 Q 연구의 신뢰성과 타당성과 관련된 이슈이다. 이는 P 표본의 자유로운 선택이나 1명에 관한 심층적인 연구가 연구의 타당성 및 신뢰성을 저하시킨다는 지적이다. 그러나 Q 방법론은 연구의 타당성과 신뢰성을 높이기 위하여 Q 표본의 구조적 방식과 P 표본의 보편타당성을 매우 중시한다. 그뿐만 아니라 작위추출 또는 1인 연구에 의한 신뢰성의 문제는 상황적 타당성의 확보를 통해 상쇄시키고 있다.

실체론적 이슈는 Q 방법론이 구성주의적(Constructionism)이냐 실증주의적(Positivism)이냐와 관련된 이슈이다. 사람들이 지니고 있는 지식이나 의미가 본인의 경험으로부터 유래한다는 것이 전자이며 사회적 구성주의도 여기에서 비

---

8) 필자(2010)의 'Q 방법론의 이론과 철학'을 요약·정리하였음.

롯된다. 후자의 실증주의는 경험적인 자료에 의하여 입증되는 것이 진실이라는 사상이다. Q 방법론은 경험 및 상황을 매우 중시하면서도 실증주의적 접근을 무시하지 않는다.

교육학적 이슈는 Q 방법론의 경우에도 기초가 되는 이론에 입각하여 일정한 절차와 규칙을 지켜야 한다는 점이다. 이는 주관적 성격의 질적 연구 방법론이 일정한 규칙과 구조를 지녀야 하는 점과 유사하다. P 표본의 선정이 보편적 사고 위에 기초하여야 한다는 점도 이와 같은 맥락이다.

정치적 이슈는 전통적 R 방법론에 기초하든 Q 방법론에 기초하든 연구 본래의 성격은 정치적이라는 것이다. 특히 연구에서 질적 방법론을 사용하는 경우 정치적인 특색이 더욱 강해진다는 점이다. 이런 관점에서 Q 방법론의 정치적 특성이 종종 지적되어 왔다. P 표본의 선정도 연구자의 정치적 특징에 따라 좌우된다.

마지막으로 Q 방법론을 양적, 질적 방법론과 종합적으로 비교하는 이슈가 바로 비교론적 이슈다. 이는 앞서 다루었던 내용이기에 Q 방법론을 양적 방법론과 질적 방법론의 결합체로 보거나, Q 방법론을 양적 방법론과 질적 방법론을 상호 보완하는 방법론으로 판단하거나, Q 방법론을 질적 방법론과 양적 방법론을 연결시켜주는 기법으로 보는 입장 등이 있음을 명시하고 넘어가겠다. P 표본의 수가 최소 1명에서부터 30-50명 수준임을 고려할 때 질적인 연구의 특성이 강해 보이지만 통계적 처리는 양적 방법론의 성격을 띠고 있다(김순은, 2010).

4) P 표본의 사례

(1) 미국 CDBG 프로그램 집행에 관한 연구

앞장에서 예시한 미국의 CDBG 프로그램의 집행에 관한 연구는 미국의 정치와 행정에 관한 연구 중의 하나이다. 연방정부가 CDBG 프로그램에 관한 정책을 수립하고, 주정부와 지방정부가 집행을 담당하였다. 1974년부터 실행되어 1990년까지 15년 이상 집행되었으나 집행성과에 대한 평가는 학자, 연방정부, 주정부, 지방정부, 시민단체마다 상이하였다. 바꾸어 표현하면 CDBG 프로그램의 정책집행에 방해가 되는 요인에 대하여 정책당사자마다 다른 관점을 보인 것이다. 따라서 상기의 연구는 정책집행자의 인식 구조를 밝히는 것을 목적으로 하고 있다.

이에, 정책집행에 관련된 인사들을 P 표본으로 선정하였고, CDBG의 정책집행과정에 관련된 27명의 응답자들(연방·주·지방공무원, 감사원 직원, 학자 및 시민)이 Q진술문의 분류에 참여하였다.[9)]

(2) Q 방법론의 인식에 관한 연구

Q 방법론의 인식에 관한 연구는 Q 워크숍에 참석하였던 참석자들을 대상으로 Q 강의 후 Q 방법론에 대한 인식구조를 밝힌 것이다. 워크숍에 참석하였던 16명의 간호학 교수, 대학원생, 간호사 등의 실무자들이 P 표본이었다.

(3) 국가균형발전과 지방분권의 인식에 관한 연구

본 연구의 목적은 국가균형발전과 지방분권이란 용어가 의미와 근본적인 논리가 상이함에도 불구하고 혼용되어 사용되고 있는 문제점을 밝히고자 하였다. 특히 두 개념에 대한 전문가들의 인식구조를 본 연구를 통해 규명하고자 한바, 전국에서 추출한 29명의 행정학·경제학 분야의 교수 및 연구원들을 P 표본으로 삼았다.

3. Q 분류(Sort)

Q 진술문과 연구 대상자가 결정되면 연구자가 연구 대상자의 인식·견해·가치관 또는 태도를 측정할 수 있는 준비가 완료된 셈이다. 따라서 연구자는 연구의 설계에 따라 작성된 지침을 연구 대상자에게 제시하고, 연구 지침에 따라 Q 진술문을 분류해 줄 것을 요청한다.

---

9) 좀 더 상세히 살펴보면, P 표본은 감사원(GAO) 감사관, 주택성(HUD) 감사관, 주택성 정책과장, 주택성 정책담당관, 주택성 지역담당관, 주택성 지역담당관, 주정부 CDBG 담당관 , 2명의 주정부 개발과장, 주정부 개발담당관, 2명의 주정부 개발계장, 시정부 보고금담당관, 시정부 공무원, 시정부 개발계획관, 시정부 개발과장, 시장, 시정부 공공과장, 시정부 감사관, 시정부 개발과장, 4명의 교수와 3명의 시민단체 대표로 구성되었다.

1) 분류의 방법

Q 진술문을 분류하는 방법은 크게 통상의 정규분포 형태로 분류의 틀을 제시하는 강제분포(forced-distribution)와 분류를 연구 대상자의 자의에 위임하는 자유분포(unforced-distribution)로 대분된다. 전자는 연구 대상자의 판단 또는 인식을 고려한 연구자의 조건 및 연구 설계에 따라 연구 대상자에게 Q 진술문을 주어진 숫자만큼 강제로 배분하는 방법이며, 후자는 연구 대상자가 자유의사에 따라 Q 진술문을 분류하는 방법이다.

해당 장 53페이지 <그림 1>으로 강제분포의 표를 예시하였다. 사다리 하단의 숫자는 동의하는 진술문의 숫자를 의미한다. 이처럼 강제분포는 Q 방법론에 관한 진술문 중 가장 동의하는 진술문(+4) 2개, 그다음으로 동의하는 진술문(+3)은 3개, 가장 반대하는 진술문(-4) 2개, 그다음으로 반대하는 진술문(-3) 3개 등으로 강제적으로 분류하는 방식이다.

반면 자유분포는 연구자가 진술문의 숫자를 지정하지 않고 연구대상자가 자유롭게 선택하는 방식이다. 예를 들면 가장 동의하는 진술문이 3개이면 3개를, 만약 가장 동의하지 않는 진술문이 없으면 0으로 표시할 수 있다.

강제분포가 정규 분포의 커브로 설계되어 있기 때문에 보통 강제분포를 권유하며(Brown, 1980; McKeown and Thomas, 1988) Q 연구의 전통에서도 강제분포가 선호되고 있다(Brown, 1980; 김순은, 2010). 스티펜슨이나 브라운 교수 역시 강제분포를 전제로 동의와 반대, 좋음과 싫음 등을 양극으로 하여 동일한 수의 Q 표본을 분류하기를 권장하고 있다(김순은, 2010). 그러나 PQMethod 프로그램에서는 강제배분의 방식에 의한 자료뿐만 아니라 자유배분의 자료도 사용할 수 있도록 설계되어 있다.

나아가 이론적으로는 자유배분에 기초한 Q 표본의 분류도 연구의 진행에는 전혀 문제가 없다(김순은, 2010). 기존의 연구에 따르면 강제배분과 자유배분을 지시조건으로 하는 경우, 강제분포와 자유분포 사이에 매우 높은 상관관계가 있는 것으로 판명되어 어느 방법이든 커다란 문제는 없는 것으로 확인되고 있다. 다만 이론적인 측면에서나 통계학 패키지 프로그램에서는 강제분포의 방법을 권하고 있다. 자유배분방식의 경우에도 PQMethod 프로그램을 활용하여 분석이 가능하기 때문에 자료의 구득상황을 고려하여 강제배분방식과 자유배분방식을 선택적으로 사용하면 될 것이다. 연구와 관련된 요소들을 감안할 때 어떤 방식을 선택할 것인가는 상황에 따라 결정하면 될 것이다.

2) 분류의 지침(Conditions of Instruction)

Q 분류는 연구 대상자가 연구자의 지침에 따라 연구 주제에 대한 순위를 결정하는 작업이다. 연구자는 연구의 목적에 따라 연구 대상자에게 다양한 Q 분류의 지침(conditions of instruction)을 제시할 수 있다. 분류의 지침은 지침의 내용에 따라 단순한 성격을 띤 것과 이론적 구조의 조작화에 이르는 것이 있다(McKeown and Thomas, 1988).

전자는 연구주제에 대해 동의하는 정도 또는 반대하는 정도, 연구주제에 대한 선호의 정도를 표시하라는 등의 단순한 분류지침을 의미한다. 이는 포괄적 연구에서 일반적으로 사용된다. 반면 이론적 구조화의 조작화는 연구 대상자로 하여금 다양한 이론적 상황을 부여하고 이러한 상황에서 Q 분류를 실행하도록 지시하는 방식이다. 연역적 이론을 검증하는 연구에서 종종 사용되는 방식이다. 예를 들면 연구 대상자에게 일정한 상황-예컨대 아버지의 입장, 어머니의 입장, 자식의 입장 등-을 제시하고, 그러한 상황을 전제로 분류하는 방식이다. 주로 심층적인 연구에서 사용된다. 이 경우 분류의 지침은 연구의 가설이 될 수도 있다. 따라서 연구자의 가설은 연구 대상자의 Q 분류에 따라 검증되거나 확인될 수 있다. 다양한 지침을 지시할 때 방식은 아래의 안내문을 활용하여 실행하면 된다.

3) 강제분포의 소개(안내문의 활용)

대부분의 연구 대상자들은 일반적인 설문조사에 응했던 경험이 많음에도 불구하고 Q 방법론이 생소하여 마치 퀴즈 게임을 하는 것과 같다는 이야기들을 자주 한다. 이와 같은 Q 분류의 어려움을 해소하여 주기 위하여 일단 Q 진술문을 카드 모양으로 절단하여 다음과 같은 안내문을 첨부해 주면 좋다.

Q 설문지 안내문

첨부된 설문지는 Q 방법론을 이용하여 “지방분권과 국가균형발전”에 대한 전문가의 인식을 분석하기 위한 연구입니다.

자료의 처리는 연구를 위해서만 사용되며 익명으로 처리됩니다.

아래와 같은 방법으로 15분만 할애하여 주시면 감사하겠습니다.

Q 방법론은 연구대상자의 인식을 분석하는 과학적 방법론입니다. 연구 대상자의 인식은 첨부된 Q 진술문의 동의 정도에 따라 분석됩니다. 연구대상자 간의 차이를 부각하기 위하여 Q 진술문을 동의 정도에 따라 강제적으로 배분한다는 특징이 있음을 양지하여 주시기 바랍니다.

첨부된 Q 응답지를 보시면 사다리 모양의 Column 상단과 하단에 각 숫자가 있습니다. 상단의 숫자(-4, -3, ..., +3, +4)는 각 진술문에 대한 응답자의 동의 정도를 나타냅니다. +4는 가장 강하게 동의한다는 의미이며 -4는 가장 동의하지 않는다(또는 반대한다)는 뜻입니다.

하단의 숫자(2, 3, 4, 5, 6)는 진술문의 개수를 의미합니다. 예를 들면 +4단의 2자는 첨부된 34개의 진술문 가운데 가장 강하게 동의하는 진술문을 2개 선택하여야 한다는 뜻입니다. +3단의 3은 그다음으로 동의하는 진술문 3개를 선택한다는 뜻입니다. 선택하신 후 사다리의 각 상자 안에 진술문의 번호(Number)를 기재하여 주시면 됩니다. 각 행(Column)에 기입하실 진술문의 번호(Number)는 순위가 바뀌어도 문제가 되지 않습니다. 예를 들면 동일한 행(column)에서 진술문 34번이 1번보다 상위에 기재되어도 무방합니다.

응답자의 편의를 위하여 각 진술문을 카드 모양으로 절단하여 첨부하여 드립니다. 다음과 같은 절차를 따라 설문지를 응답하시면 매우 편리합니다. 또한, 진술문을 용이하게 파악하기 위해서는 책상 위에 카드를 넓게 펼쳐 놓으실 수 있는 공간을 확보하시는 것이 좋습니다.

1. 먼저 전체 진술문을 읽으시고 진술문들이 무엇에 관한 것인지와 진술문의 성격을 숙지하시기 바랍니다. 그러면 진술문의 분류가 보다 용이합니다.

2. 두 번째로 읽으시면서 진술문들을 동의하는 진술문과 동의하지 않는 진술문, 그리고 상대적으로 중립적인 진술문 등으로 3등분 하시기 바랍니다. 오른쪽에 찬성하는 진술문들을, 가운데에 상대적으로 중립적인 진술문들을, 왼쪽에 반대하는 진술문들을 배치하시기 바랍니다.

3. 그 후 동의하는 진술문 가운데에서 동의 정도에 따라 각 Column의 숫자에 해당하는 +4, +3 순으로 선택하시고, 그다음 동의하지 않는 진술문 가운데에서 반대하는 정도에 따라 -4, -3 순으로 정리하시면 보다 편리합니다. 이때 +4, +3은 동의의 정도, -4, -3은 반대의 정도를 의미합니다.

연구결과에 관심이 있으시면 결과를 송부하여 드리겠습니다.

번거롭게 해 드려서 대단히 죄송합니다.

의문이 있으시면 010-1234-1234(김순은)으로 연락하여 주시면 감사하겠습니다.

<그림 1> Q sort 분류지

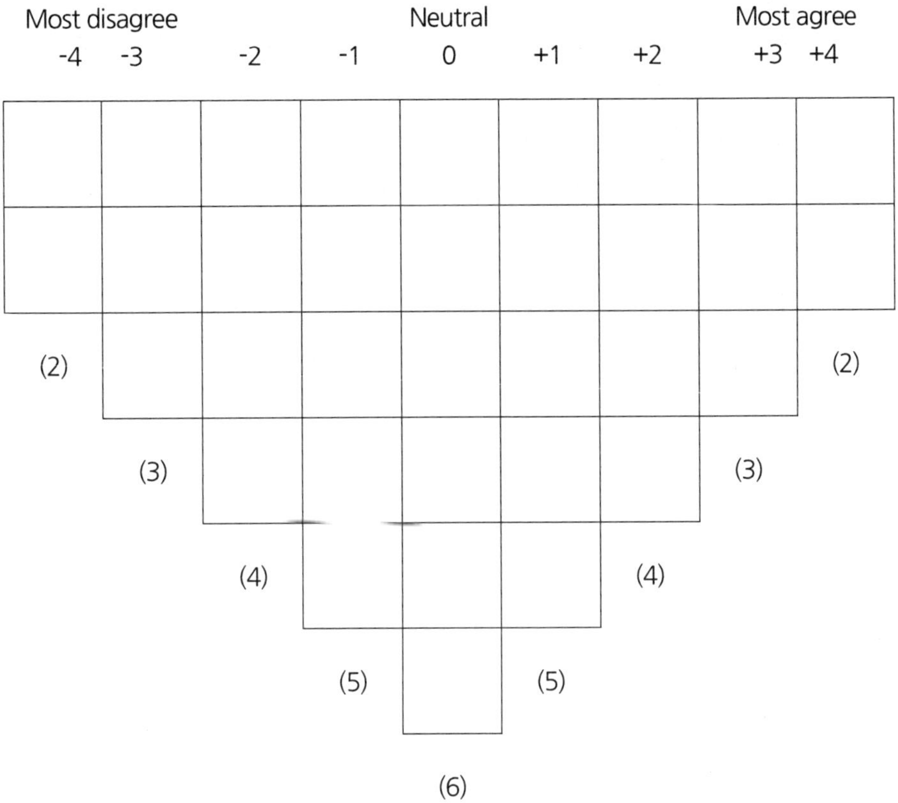

4) 추가 자료의 요청(안내문의 활용)

Q 분류의 요청 시에는 <그림 1> 사다리 하단에 연구대상자의 간단한 인구통계학적 자료를 요청하면 Q 진술문의 해석에 많은 도움을 준다. 연구의 목적에 따라 추가 질문사항의 숫자를 가감할 수 있으며 질문 내용도 연구자가 자유롭게 결정하면 된다.

상기의 표와 더불어 아래의 사항에 대하여 간략하게 응답하여 주시면 감사하겠습니다.

1. 근무처와 근무 연수

2. 지방분권과 국가균형발전에 대한 귀하의 의견을 가, 나, 다에서 선택
   가. 지방분권의 우선순위를 높게
   나. 국가균형발전의 우선순위를 높게
   다. 지방분권과 국가균형발전을 동시에 추진

3. 참여정부의 지방분권 개혁과 국가균형발전 정책에 대하여, 현재까지의 성과에 대한 평가와 향후 전망을 간략히 약술하여 주십시오.

4. 분류 방식에 대한 비판

4. 요인 분석

Q 진술문의 작성과 P 표본의 선정이 완료되면 Q 분류의 자료를 얻게 되고, 컴퓨터 통계 패키지를 이용하여 자료를 입력하고 데이터를 분석하는 순서로 이어진다. 여기서부터는 다소 기술적인 성격을 띤다. SPSS나 SAS와 같은 컴퓨터 프로그램인 PQMethod에 자료를 입력하여 Q 연구의 분석자료를 얻게 된다. 그러나 데이터를 입력하고 분석하기 전에 Q 방법론과 관련된 통계학적 기본원리를 이해할 필요가 있다.

1) 요인 분석

통계적 처리단계에서부터 Q 방법론은 요인분석(Factor Analysis)과 동일하게 진행된다. 따라서 요인분석의 원리가 Q 방법론에도 그대로 적용되며, 상관관계의 분석, 요인의 추출, 요인의 회전 등은 전통적인 R 방법과 유사하다. 다만, P 표본이 변수가 된다는 점에서 일반적인 요인분석과 상이하다. 전통적인 요인분석에서는 표본의 배경적 변수, 즉 특성 간의 상관관계를 중심으로 분석이 진행되지만, Q 연구에서 있어서는 P 표본, 즉 사람 간의 상관관계를 중심으로 분석이 진행된다.

따라서 Q 분류의 입력이 완료되면 우선 P 표본 간의 상관관계를 분석하며 이를 토대로 유사한 견해를 가진 집단으로서의 요인을 추출하게 된다. 요인이 추출되면 요인의 차별을 극대화하기 위하여 로테이션이 이어진다.

2) 요인의 추출

로테이션 이전의 요인을 축출하는 방법에는 센트로이드 방식(Centroid analysis)과 주성분분석 방식(Principal Component Analysis)이 있다. 전자는 스티펜슨과 그의 제자들이 선호하였던 방식이나 Q 연구 이외의 분야에서는 거의 사용되지 않는다. 반면 후자는 전통적인 R 요인분석에서 사용하는 방식으로, SPSS 등 통계학 패키지에서 기본(Default)으로 사용된다.

또한, 주성분분석 방식에서는 아이겐값(eigenvalue)을 기준으로 요인의 수를 결정하는데, 이때 최소 기준치가 1이다. 따라서 전통적인 R 방법론에 있어서는 주성분분석에 따라 아이겐값이 1 이상인 요인을 추출한다.

그러나 Q 연구에 있어서는 센트로이드(Centroid) 방식이 추천되는데, 그 이유는 요인을 추출함에 있어서 아이겐값이 전자와 같이 중요한 기준이 되지 않기 때문이다. 아이겐값이 1 이상인 요인이 중요한 의미를 갖는 것은 사실이지만, 아이겐값이 1 이하의 값을 가지더라도 연구의 상황에 따라 필요하다고 연구자가 판단하는 경우에는 해당 요인을 추출할 수 있다. 특히 특정 연구 대상자에 관한 비중이 클 경우 아이겐값에 구애되지 않고 요인의 수를 추출할 수 있다(Brown, 1980).

컴퓨터 프로그램에 있어서는 주성분분석을 사용하여 8개의 요인을 추출할 수 있어서 요인의 수를 확대하면 아이겐값이 1 이하인 경우도 추출할 수 있다. 이는 센트로이드 방식과 같은 효과를 가진다고 할 수 있다.

8개의 요인이 추출될 때 아이겐값도 함께 산출되는데, 이는 몇 개의 요인을 로테이션할 것인지를 결정하는 중요한 근거가 된다(김순은, 2010).

3) 요인의 로테이션

아이겐값에 기초하여 요인의 수를 결정한 다음에는 요인 간의 차별을 극대화하기 위하여 로테이션을 한다. 로테이션 방식에는 임의적 방식(Judgemental method)과 객관적인 방식이 있다. 후자의 방식에 속하는 것이 베리맥스(Varimax), 쿼타맥스(Quartimax), 이퀴맥스(Equimax) 등이다.

스티펜슨이나 브라운 교수는 주관적이고 판단적인 임의적 방식을 권장하고 있다. 임의적인 자유회전은 양자역학의 불확정성을 토대로 하며, 연구자와 요인의 공간 사이에 존재하는 주관성의 정도를 극대화한다. 스티펜슨은 특히 연구자의 주관적 판단에 따라 특정 요인을 회전함으로써 요인 간의 차이를 확대할 것을 권장하였다. 이 경우 특정한 연구 대상자의 자작적 주관성과 차이가 극대화되는 요인을 추출하는 데에 의미가 있다(김순은, 2010). 상황적 변이가 강조되는 Q 연구에 있어서는 특정 연구 대상자에 초점을 맞출 수 있는 임의적 방식이 상황적 적실성을 높이는 데 효용이 높다. 일례로 통계학적 관점에서 볼 때 요인분석의 회전방식이 다양해야, 회전방식에 따라 그 결과가 상이할 수 있다. 다만 이 방식은 연구자의 숙련정도가 요구되기에 실제로는 요인의 자유회전이 쉽지 않다.

따라서 확정성의 회전방식인 베리맥스 등을 사용하여도 무방할 것이다. 베리맥스는 추출된 요인 속에 가능한 한 다수의 Q 분류(연구 대상자)를 포함시키는 방식이다. 베리맥스 방식은 확정적으로 지정된 요인 간의 변이 차이를 극대화시켜주는 방식이므로 요인 간의 주관성 차이를 쉽게 파악할 수 있다는 장점이 있다. 전통적인 R 방식과 달리 Q 연구는 임의회전을 권장하지민, 실제 Q 연구에 있어서는 베리맥스 방법이 자주 활용되고 있다. 다만 연구자가 특정한 연구 대상자의 주관성에 초점을 두고 있는 경우 베리맥스 방식을 사용하면 해당 요인에서 누락되는 경우도 발생할 수 있다. 이러한 문제는 연구자가 요인의 수를 증가시키는 방식으로 처리하면 해결될 것이다(김순은, 2010).

요인 간의 로테이션이 끝나면 Q 진술문과 각 요인 간의 요인가를 계산하게 된다. 이때 Q 진술문과 요인 사이의 양 극단값을(-4, -3, +3, +4) 갖는 Q 진술문이 해당되는 요인의 특징을 보여주는 진술문이 된다. 이들 진술문을 중심으로 각 요인의 특성을 해석하고 시사점을 도출하게 된다.

Q 진술문과 각 요인 간의 요인가를 계산할 경우 다양한 통계자료가 산출된다. 각 요인 간의 상관관계, 요인들을 구별하는 진술문, 요인들의 공통적 견해를 나타내는 진술문의 목록이 작성된다. 이는 연구자의 연구목적에 따라 부수적으로 생산된 자료를 활용할 수 있다.

5. 자료의 해석

Q 자료를 입력하여 통계처리를 끝내면 다양한 통계자료가 출력된다. P 표본과 Q 요인간의 상관관계를 나타내는 요인분석표(Factor Matrix with an X indicating a Defining Sort), 진술문의 요인가(Factor Q-Sort Values for Each Statement), 각 요인에서의 각 진술문의 순위(Rank Statement Totals with Each Factor), 각 요인 간의 상관관계(Correlation Between Factor Scores), 각 요인별 표준요인가(Normalized Factor Z scores), 요인 1과 2의 차이를 보여주는 진술문

의 순위(Descending Array of Differences between Factor 1 and 2), 요인 1과 3의 차이를 보여주는 진술문의 순위(Descending Array of Differences between Factor 1과 3), 요인 2와 3의 차이를 보여주는 진술문의 순위(Descending Array of Differences between Factor 2 and 3), 각 요인 간의 동의 및 반대 진술문(Factor Q sort Values for Statements sorted by Consensus vs. Disagreement), 각 요인을 다른 요인과 차별화시키는 진술문(Distinguishing Statements for Each Factor) 등이다. 이 중 연구의 자료를 해석하는 데 중요한 자료는 요인분석표와 진술문의 요인가이다.

1) P 표본과 Q 요인 간의 상관관계를 나타내는 요인분석표

요인분석표는 각 Q 요인을 구성하는 P 표본의 숫자는 물론 P 표본의 특성을 보여주는 통계자료이다[10]. Q 연구에 있어서 요인은 비슷한 주관성을 가진 사람들의 집합이라고 할 수 있다. 요인분석표는 추출된 요인과 연구 대상자 간의 상관관계를 보여주기에(김순은, 2010), 특히 특정 P 표본을 중심으로 요인을 분석할 때 이러한 자료는 매우 큰 중요성을 가진다. P 표본의 배경적 변수는 종종 당해의 연구나 후속 연구를 위한 시사점을 암시하기도 한다. 또한, P 표본에 대한 면접자료가 Q 요인의 해석에 귀중한 2차 자료가 되기도 한다.

여기서 유의하여야 할 때는 단일 요인에 배속된 P 표본들이 음·양으로 상관계수가 나누어진 경우이다. 이 경우는 2개의 요인이 존재하는 것과 같다고 할 수 있다. 음의 방향에 있는 P 표본들은 양의 방향에 있는 표본과 대체로 반대의 생각을 하고 있다고 해석해도 무방하다. 각 Q 요인의 대표적인 Q 분류와 음의 방향을 보여주는 P 표본의 Q 분류를 비교하면 더욱 명확하게 그 차이를 확인할 수 있다.

2) 진술문의 요인가(Factor Q-Sort Values for Each Statement)

Q 자료 중에서 가장 중요하게 다루어야 할 자료는 각 진술문의 요인가이다.

---

10) 제3부 1장 <표 7-2>와 같은 표가 P 표본과 Q 요인 간의 상관관계를 나타내는 요인분석표(Factor Matrix with an X indicating a Defining Sort)이다.

각 진술문이 각 요인의 특성을 보여주는 자료이기 때문이다. 따라서 진행되는 연구에서 주장하는 사항들은 반드시 진술문에 기초하여야 한다. Q 방법론을 활용한 연구의 과정에서 진술문의 작업이 가장 중요한 이유가 여기에 있다.

Q 진술문 중에서도 양 극단값, 예를 들면 -4에서 +4까지 분류한 경우에는 -4, -3, +3, +4의 진술문, -5에서 +5까지 분류한 경우에는 -5, -4, +4, +5의 진술문을 기초로 각 요인의 특성을 밝힌다. 진술문에 기초하지 않은 기술과 주장은 어떤 상황에서도 비판의 대상이 되기 쉽다. 다만, 특정 P 표본의 인터뷰 자료를 추가적으로 활용하는 것은 권장되는 방법이다.

Q 방법론이 연구하고자 하는 주제에 대하여 일정한 가중치를 부여할 수 있는 근거를 산정할 때 사용될 수 있는지에 대해 질문이 종종 제기된다. 예를 들어 Q 표본을 +4, +3, … -3, -4 등으로 분류하는 경우, +4를 받은 Q 표본이 -4를 받은 Q 표본보다 중요하다고 해석해도 무방하냐의 질문과 동일한 내용이다.

이러한 해석이 가능할 경우 +4를 받은 Q 표본은 -4를 받은 Q 표본보다 중요성이 높으므로 그에 상응하는 가중치를 부여할 수 있을 것이다. 이러한 가정은 전문가를 대상으로 하는 델파이 기법을 사용하여 경험적으로 증명되었다. 한국행정의 미래 과제에 대하여 각 과제의 중요성 정도를 Q 방법론을 사용하여 조사한 자료와 전통적인 델파이 기법을 사용한 자료를 분석한 결과 두 자료의 상호간에 0.861(p<.0001)이라는 높은 상관관계가 발견되었다(김순은 외1, 2008). 이러한 자료를 토대로 볼 때, 연구의 목적과 상황을 고려하여 Q 방법론을 특정한 주제와 관련된 중요성의 가중치 자료를 산출하는 데 활용할 수 있을 것이다(김순은, 2010).

3) 요인 간의 상관관계

각 요인 간의 상관관계는 요인의 유사성을 시사하는 자료이다. 따라서 요인 간의 상관관계가 높으면 요인의 수가 과다하게 추출되었다고 할 수 있다. 특정 P 표본을 중심으로 하는 특별한 연구가 아닌 한, 요인 간의 상관관계가 높을 경우 요인의 재추출을 검토할 필요가 있다.

4) 요인 간의 유사 및 상반된 의견을 시사하는 진술문

이에 대해서는 보통 중요하게 다루어지고 있지는 않으나, 연구의 목적에 따라서는 요인 간의 유사 또는 차이를 나타내 주는 진술문의 내용이 의미를 갖는 경우가 있다. 따라서 이러한 사항을 유념하여, 연구자가 본인의 연구 의도에 따라 유동적으로 적용할 수 있는 항목이라 하겠다.

제4장

Q 방법론의 응용

Q 방법론의 성격에 대해서는 학자에 따라 매우 다양하게 기술하고 있다. 인간의 주관성에 관한 연구를 지원하기 위하여 고안된 Q 방법론은 양적인 성격의 요인분석을 질적인 성격의 연구 틀과 접목하였다. 즉, Q 방법론은 양적인 방법론과 질적인 연구자료를 결합한 방법론이다(Brown, 1996). 연구대상 가운데 가치와 견해 및 주관성과 같은 주제는 Q 방법론을 통해 탐구가 가능하다. 연구 대상자로 하여금 연구주제에 관한 선호도를 순위로 표시하게 하고 이러한 순위표에 대해 전체로 일정한 의미를 부여하는 것이 Q 방법론의 장점이다.

Q 방법론의 해석은 진술문 중 Q 요인가가 높은 진술문을 중심으로 이루어지는데, 여기에 면접조사나 또는 개방형 진술문 등을 이용한 자료로 보완한다. Q 방법론을 활용한 연구는 Q 요인을 생성하는 데 초점이 있으며 Q 요인은 이론, 정책 또는 일상의 관행에 관한 정보를 전달하게 된다. 그런데 Q 방법론의 경우 소수의 P 표본만을 기초로 하기에 양적 연구가 제시하는 변수들의 분포나 선호도를 제시할 수 없다는 것이 한계로 지적된다.

변수들의 분포나 선호도 등의 정보와 분석은 무작위 추출에 기초한 양적 연구가 담당하였다. 양적 연구의 조사에는 나이, 체중, 지적 능력 등 양적인 성격의 변수뿐만 아니라 가치와 견해 및 태도 등과 같은 질적인 변수도 포함된다. 질적인 성격의 변수는 양적인 성격의 변수에 비해 질문지의 내용과 순서, 설문지의 포맷, 질문지의 형식 등에 더욱 크게 좌우된다. 이와 같은 문제를 해결하기 위하여 설문지의 계획과 분석 같은 질적인 절차를 거치거나 사전조사를 통하여 설문지의 타당성을 사전에 점검하기도 한다. 소수의 대상자를 중심으로 면접조사를 거침으로써 인식적인 논란을 해결하기도 한다.

Q 방법론의 독특한 성격으로 말미암아 Q 이론가들은 Q 방법론이 양적인 방법론이 제시하지 못하는 학술적 의미를 지니고 있다고 믿는다. 예를 들면, Q 요인 내에서 각 진술문은 상이한 요인가와 비중을 차지한다. 따라서 Q 방법론이 생산한 자료를 중심으로 활용을 확대하기 위한 노력이 이어졌다.

1. Q 블록(Block)

1) Q 블록의 탄생배경

Q 방법론의 활용도를 확대하기 위한 첫 번째 시도가 1963년 학회에서 이루어졌다(Talbott, 2010). 당시 논문을 발표한 탈보트 교수는 Q 분석을 이용하여 얻게 되는 정보 및 Q 요인과 각 Q 요인 내 진술문의 요인가를 기초로 Q 방법론의 활용을 확대할 수 있는 가능성을 제시하였다.

Q 요인과 요인 내에서 각 진술문의 요인가를 활용하여 일반인(Q의 P 표본이 아님)을 Q 요인으로 대표되는 그룹으로 배정하는 시도가 이루어졌다. 통상 Q 요인은 다수의 중요한 진술문으로 해석되는데, 이러한 진술문을 활용하여 새로운 설문지를 작성하고 설문지의 응답 결과에 따라 설문의 응답자를 유형화하려고 하였다. 일반인을 유형화하기 위하여 새롭게 작성되는 설문지는 각 Q 요인의 특징적 진술문이다. 설문지는 순위를 정하는 형식이며 이렇게 순위가 정해지는 설문지를 Q 블록이라고 명명하였다(Talbott, 2010). 탈보트가 제안한 Q 블록은 Q 연구의 결과를 토대로 발전된 형태이다.

2) Q 블록의 목적

탈보트가 제안한 Q 블록은 Q 연구의 결과를 기초로 하는 2단계의 활용방안이다. Q 방법론의 결과는 통상 Q 요인을 중심으로 생성되는 유형화이다. Q 연구의 유형화를 특징짓는 진술문을 지수화하여 Q 블록을 생성하는 것이 탈보트의 목적이다. Q 연구는 연구대상자들을 유형화하는 것인데 반하여 Q 블록은 Q

연구의 유형에 일반인을 분류하는 데 활용하고자 하였다.

3) Q 블록의 내용

Q 블록은 Q 연구의 결과인 Q 요인을 특징짓는 진술문의 구성체이며 각 Q 요인당 1개의 진술문이 추출된다. 따라서 3개의 요인을 분석한 연구에서는 각 요인에서 1개씩 총 3개의 진술문으로 Q 블록이 구성된다. Q 블록을 구성하는 진술문은 진술문의 요인가에 따라 선정되며 이때 진술문의 요인가는 서로 상반되어야 한다. 예를 들어 요인 1에서 높은 값을 가지면서 다른 요인들에서 낮은 값을 갖는 진술문을 선정하여 구성한다. 따라서 Q 연구의 산출물 중 요소 간의 구별성이 낮은 합의 진술문(consensus statements)은 효용성이 낮으며, 반대로 차별 진술문(distinguishing statements)은 효용성이 매우 높다. 따라서 Q 블록의 설문지는 차별 진술문을 기초로 발전시키면 훨씬 수월하다(Talbott, 2010). 차별 진술문 중에도 요인가의 서열 중 중간에 위치하는 것은 통상 제외한다.

Q 블록의 모체인 Q 연구의 진술문의 수, 요인의 수, 각 요인가의 극단값의 수 등이 Q 블록의 설문지를 결정하게 된다. 진술문의 수가 많으면 요인의 수도 증가하고 각 요인가의 극단값의 수도 증가하는 것이 보편적이다. Q 연구의 중요한 산출물인 진술문의 요인가(Factor Q sort values for each statement)가 바로 Q 블록의 모체이다.

4) Q 블록의 작성절차

Q 연구의 산출물인 진술문의 요인가가 생성되면 이를 토대로 Q 블록의 설문지를 작성하게 된다. 1개의 Q 블록 설문지는 Q 연구의 요인 수와 동일한 수로 구성된다. 우선 각 요인의 진술문의 요인가가 생성되면 첫 번째의 순서는 진술문의 요인가를 포함한 배열표를 분석하여 진술문을 조합하는 작업이다. 이때 진술문은 2가지 기준에 따라 선정되어야 한다. 첫 번째 기준은 진술문의 요인가이다. Q 블록 설문지를 구성하는 진술문의 요인값이 크면서 유사한 수준이어야 한다(연구주제에 대한 유사한 수준의 동의). 두 번째 기준은 요인값의 차별성이다. 첫째 기준에 부합하는, 특정 요인과 유사한 수준의 높은 요인값을 갖는 진술

문들이 소속된 요인 이외의 요인에서는 낮은 값을 가져야 한다. 이러한 두 가지 기준을 갖춘 진술문으로 Q 블록이 완성된다.

이와 같이 작성된 Q 블록 설문지는 아래의 Q 블록 1에서부터 Q 블록 4까지이다. 본 사례는 2014년에 발표된 "고령화 사회에 대한 인식유형과 정책적 시사점"을 모체로 작성된 것이다(최선미 외2, 2014).[11] 3개의 Q 요인을 산출했던 연구를 토대로 각 요인의 특징적인 진술문으로 4개의 Q 블록 설문지를 작성해 보았다.

Q 블록은 일반인을 Q 블록의 모체인 Q 연구의 유형에 따라 분류하는 데 활용된다. 즉 일반인으로 하여금 각 Q 블록의 진술문 가장 동의하는 진술문, 그다음으로 동의하는 진술문, 그리고 가장 동의하지 않는 진술문을 선택하고 그에 따라 각 진술문에 점수를 부여하는 방식이다. 모든 Q 블록의 설문이 종료된 후 모든 점수를 합산하여 일반인의 유형을 결정한다.

〈표 3-1〉 Q Block1

	Q 진술문	요인 1	요인 2	요인 3
5	고령화 사회에 대비하여 교육, 노동, 복지의 연계정책이 필요하다.	4	0	2
8	고령화 사회의 예산은 고령자복지시설의 질 강화보다 개인에게 돌아가는 연금액을 높이는 데 써야 한다.	0	4	-2
31	고령화 사회에 따라 고령자의 정년 연한을 늘리는 것이 바람직하다.	2	2	4

〈표 3-2〉 Q Block2

	Q 진술문	요인 1	요인 2	요인 3
13	고령자들을 위한 도시 인프라 확충은 불필요한 정책이다.	-4	-1	1
1	현재의 젊은 세대가 고령자세대를 위해 너무 많은 부담을 지는 것 같다.	-1	-4	1
7	현재의 연금납부액은 과도한 수준으로 불합리하다.	-1	1	-3

11) Q 블록과 관련된 표들은 모두 최선미 외2(2014) 자료를 재구성하여 삽입한 것으로, 가독성을 위해서 표 아래에 출처를 명기하지 않고 각주로 갈음함.

〈표 3-3〉 Q Block3

	Q 진술문	요인 1	요인 2	요인 3
24	현재의 고령자 복지정책을 통해 내가 수혜받을 수 있는 범위는 제한되어 있다.	3	0	0
32	고령자를 위한 여가시설 확충에 예산을 들이는 것보다 학비지원이나 보육지원 등 교육에 예산을 쓰는 것이 효율적이다.	0	3	1
2	기초노령연금은 고령자빈곤 완화에 효과적이며 공적연금의 사각지대를 대상으로 선별적 복지를 실현할 수 있다.	0	0	3

〈표 3-4〉 Q Block4

	Q 진술문	요인 1	요인 2	요인 3
10	고령화는 저축률을 높여 오히려 경제성장에 기여할 수 있다.	-3	0	2
20	노년에는 지금 살고 있는 도시가 아닌 다른 곳에서 살고 싶다.	-1	-3	1
16	현재의 연금납부액은 과도한 수준으로 불합리하다.	-1	0	-3

5) Q 블록의 설문응답

Q 블록의 설문지는 각 Q 블록에 속하는 진술문 중 가장 동의하는 것에 3, 그 다음으로 동의하는 것에 2, 가장 동의하지 않는 것에 1점을 부여한다. 이와 같은 방식으로 Q 블록 4까지 수행한다. 그 이후 이 점수를 합산하여 일반인의 유형을 결정하게 된다. 각 요인을 특징짓는 진술문에 부여된 점수를 합산하여 점수의 크기에 따라 일반인의 유형을 결정하게 된다.

〈표 4-1〉 Q Block1

요인	Q 진술문			
1	1.1 고령화 사회에 대비하여 교육, 노동, 복지의 연계정책이 필요하다.	3	2	1
2	1.2 고령화 사회의 예산은 고령자복지시설의 질 강화보다 개인에게 돌아가는 연금액을 높이는 데 써야 한다.	3	2	1
3	1.3 고령화 사회에 따라 고령자의 정년 연한을 늘리는 것이 바람직하다.	3	2	1

<표 4-2> Q Block2

요인	Q 진술문			
1	2.1 고령자들을 위한 도시 인프라 확충은 불필요한 정책이다.	3	2	1
2	2.2 현재의 젊은 세대가 고령자세대를 위해 너무 많은 부담을 지는 것 같다.	3	2	1
3	2.3 현재의 연금납부액은 과도한 수준으로 불합리하다.	3	2	1

<표 4-3> Q Block3

요인	Q 진술문			
1	3.1 현재의 고령자 복지정책을 통해 내가 수혜받을 수 있는 범위는 제한되어 있다.	3	2	1
2	3.2 고령자를 위한 여가시설 확충에 예산을 들이는 것보다 학비지원이나 보육지원 등 교육에 예산을 쓰는 것이 효율적이다.	3	2	1
3	3.3 기초노령연금은 고령자빈곤 완화에 효과적이며 공적연금의 사각지대를 대상으로 선별적 복지를 실현할 수 있다.	3	2	1

<표 4-4> Q Block4

요인	Q 진술문			
1	4.1 고령화는 저축률을 높여 오히려 경제성장에 기여할 수 있다.	3	2	1
2	4.2 노년에는 지금 살고 있는 도시가 아닌 다른 곳에서 살고 싶다.	3	2	1
3	4.3 현재의 연금납부액은 과도한 수준으로 불합리하다.	3	2	1

6) Q 블록의 활용

(1) 사례 1

아래 <표 5-1>에서 보는 바와 같이 Q 블록의 설문지를 점수화한 것을 분석하면 설문지의 응답자를 유형화할 수 있다. 요인 1의 특성을 지닌 진술문에 부여한 점수의 합은 7점, 요인 2의 특성을 지닌 진술문의 합은 8점, 요인 3의 진술문에 부여한 점수는 9점이기 때문에 응답자는 요인 3의 유형에 보다 가깝다고 판정한다.

〈표 5-1〉 Q 블록의 점수화

블록	Q 진술문		선정			점수		
			3	2	1	요인 1	요인 2	요인 3
1	요인 1	1-1. 고령화 사회에 대비하여 교육, 노동, 복지의 연계 정책이 필요하다.	3	2	1	3		
	요인 2	1-2. 고령화 사회의 예산은 고령자복지시설의 질 강화보다 개인에게 돌아가는 연금액을 높이는 데 써야 한다.	3	2	1		2	
	요인 3	1-3. 고령화 사회에 따라 고령자의 정년 연한을 늘리는 것이 바람직하다.	3	2	1			1
2	요인 1	2-1. 고령자들을 위한 도시 인프라 확충은 불필요한 정책이다.	3	2	1	1		
	요인 2	2-2. 현재의 젊은 세대가 고령자세대를 위해 너무 많은 부담을 지는 것 같다.	3	2	1		3	
	요인 3	2-3. 현재의 연금납부액은 과도한 수준으로 불합리하다.	3	2	1			2
3	요인 1	3-1. 현재의 고령자 복지정책을 통해 내가 수혜받을 수 있는 범위는 제한되어 있다.	3	2	1	2		
	요인 2	3-2. 고령자를 위한 여가시설 확충에 예산을 들이는 것보다 학비지원이나 보육지원 등 교육에 예산을 쓰는 것이 효율적이다.	3	2	1		1	
	요인 3	3-3. 기초노령연금은 고령자빈곤 완화에 효과적이며 공적연금의 사각지대를 대상으로 선별적 복지를 실현할 수 있다.	3	2	1			3
4	요인 1	4-1. 고령화는 저축률을 높여 오히려 경제성장에 기여할 수 있다	3	2	1	1		
	요인 2	4-2. 노년에는 지금 살고 있는 도시가 아닌 다른 곳에서 살고 싶다.	3	2	1		2	
	요인 3	4-3. 현재의 평생교육프로그램은 직접적으로 고령자의 취업에 연결된다.	3	2	1			3
합계						7	8	9

(2) 사례 2

아래 <표 5-2>는 새로운 응답자의 설문지를 분석한 사례이다. 사례 2의 경우 요인 1의 점수가 11점, 요인 2의 점수가 5점, 요인 3의 점수가 8점이기 때문에 사례 2는 유형 1로 판정하게 된다.

<표 5-2> Q 블록의 점수화

<table>
<tr><th rowspan="2">블록</th><th rowspan="2" colspan="2">Q 진술문</th><th colspan="3">선정</th><th colspan="3">점수</th></tr>
<tr><th>3</th><th>2</th><th>1</th><th>요인 1</th><th>요인 2</th><th>요인 3</th></tr>
<tr><td rowspan="3">1</td><td>요인 1</td><td>1-1. 고령화 사회에 대비하여 교육, 노동, 복지의 연계 정책이 필요하다.</td><td>3</td><td>2</td><td>1</td><td>3</td><td></td><td></td></tr>
<tr><td>요인 2</td><td>1-2. 고령화 사회의 예산은 고령자복지시설의 질 강화보다 개인에게 돌아가는 연금액을 높이는 데 써야 한다.</td><td>3</td><td>2</td><td>1</td><td></td><td>2</td><td></td></tr>
<tr><td>요인 3</td><td>1-3. 고령화 사회에 따라 고령자의 정년 연한을 늘리는 것이 바람직하다.</td><td>3</td><td>2</td><td>1</td><td></td><td></td><td>1</td></tr>
<tr><td rowspan="3">2</td><td>요인 1</td><td>2-1. 고령자들을 위한 도시 인프라 확충은 불필요한 정책이다.</td><td>3</td><td>2</td><td>1</td><td>3</td><td></td><td></td></tr>
<tr><td>요인 2</td><td>2-2. 현재의 젊은 세대가 고령자세대를 위해 너무 많은 부담을 지는 것 같다.</td><td>3</td><td>2</td><td>1</td><td></td><td>1</td><td></td></tr>
<tr><td>요인 3</td><td>2-3. 현재의 연금납부액은 과도한 수준으로 불합리하다.</td><td>3</td><td>2</td><td>1</td><td></td><td></td><td>2</td></tr>
<tr><td rowspan="3">3</td><td>요인 1</td><td>3-1. 현재의 고령자 복지정책을 통해 내가 수혜받을 수 있는 범위는 제한되어 있다.</td><td>3</td><td>2</td><td>1</td><td>2</td><td></td><td></td></tr>
<tr><td>요인 2</td><td>3-2. 고령자를 위한 여가시설 확충에 예산을 들이는 것보다 학비지원이나 보육지원 등 교육에 예산을 쓰는 것이 효율적이다.</td><td>3</td><td>2</td><td>1</td><td></td><td>1</td><td></td></tr>
<tr><td>요인 3</td><td>3-3. 기초노령연금은 고령자빈곤 완화에 효과적이며 공적연금의 사각지대를 대상으로 선별적 복지를 실현할 수 있다.</td><td>3</td><td>2</td><td>1</td><td></td><td></td><td>3</td></tr>
<tr><td rowspan="3">4</td><td>요인 1</td><td>4-1. 고령화는 저축률을 높여 오히려 경제성장에 기여할 수 있다</td><td>3</td><td>2</td><td>1</td><td>3</td><td></td><td></td></tr>
<tr><td>요인 2</td><td>4-2. 노년에는 지금 살고 있는 도시가 아닌 다른 곳에서 살고 싶다.</td><td>3</td><td>2</td><td>1</td><td></td><td>1</td><td></td></tr>
<tr><td>요인 3</td><td>4-3. 현재의 평생교육프로그램은 직접적으로 고령자의 취업에 연결된다.</td><td>3</td><td>2</td><td>1</td><td></td><td></td><td>2</td></tr>
<tr><td>합계</td><td></td><td></td><td></td><td></td><td></td><td>11</td><td>5</td><td>8</td></tr>
</table>

7) Q 블록의 방법론적 이슈

탈보트가 제안한 Q 블록은 Q 방법론의 정석을 한 단계 발전시켜 새로운 활용 영역을 확대하는 공헌을 하였다. 그런데 앞의 활용사례에서 보았듯이 탈보트의 Q 블록은 몇 가지의 방법론적 이슈를 안고 있다(Baker et., 2010). 첫 번째 이슈는 Q 진술문으로부터 추출되어 Q 블록을 형성하는 진술문의 추출기준에 관한 것이다. 각 진술문은 요인가를 보여주는 도표에서 보았듯이 어느 정도 각 요인에 영향을 미치고 있다. 물론 높은 수의 요인가가 요인에 미치는 영향이 크기 때문에 높은 요인가를 갖는 진술문을 추출하게 된다. 따라서 Q 블록의 진술문이 요인을 상징하는 대표성을 갖기 위해서는 Q 진술문이 해당 연구주제를 적절히 대표할 수 있는 것이어야 한다. 이는 Q를 이용하는 연구의 경우 진술문의 작성이 중요한 부분을 차지하는 이유이다.

두 번째는 방법론상의 이슈로 Q 블록을 구성하는 진술문의 형태이다. 긍정적, 부정적 진술문은 종종 연구대상자에게 사전의 편견을 줄 수 있다. 질문의 형식이 진술문에 대한 동의의 정도를 묻는 것이기 때문에 연구대상자를 사전에 프레임하는 오류를 예상할 수 있다. 이러한 방법론상의 오류를 통제하기 위하여 부정적 진술문의 경우 긍정으로 전환하고 요인가도 반대의 부호를 부여하기도 한다.

또한, Q 블록은 점수를 임의로 부여하고 단순한 점수의 합계로 일반인을 유형화한다. 이 경우 다른 요인과도 어느 정도의 상관성을 갖는데, 이를 배제하거나 무시하는 결과가 되어 Q 연구의 결과와는 종종 다른 결과를 낳을 수도 있다. Q 연구를 하면 연구 대상자 중 일부는 2개 이상의 요인에 속하는 경우가 있는데, 이런 경우를 Q 블록은 간과하게 된다.

2. 표준화 요인지수(Standardized Factor Index Score)

1) 표준화 요인지수의 탄생배경

사회과학 분야에 있어서 새로운 지식을 창출하기 위해서 다수를 연구의 대상으로 하여야 한다는 것이 일반적 관행이다. 다수의 무작위 추출이 사회과학 방법론이 강조하는 불변의 원칙이다.

이러한 관점에서 Q 방법론은 그 효용성에도 불구하고 항상 비판의 대상이 되었다. 소수의 작위추출에 의한 연구 대상자의 선정이 이슈가 되기 때문이다. 비록 연구의 신뢰성을 높이기 위하여 P 표본의 신중하게 선정한다고 하더라도 P 표본의 수는 전통적인 연구에 비하여 작은 것이 보통이다.

Q 방법론의 응용에 많은 학자들이 관심을 가지는 것은 이러한 비판을 극복하

고 Q 방법론의 활용영역을 확대해 보려는 의도가 깔려 있다. Q 블록과 더불어 표준화 요인지수는 스티펜슨(Stephenson) 이후 이 분야의 최고 권위자인 켄트 주립대학(Kent State University)의 브라운(Brown) 교수가 제안한 방법이다. 새로운 제안임에도 불구하고 브라운 교수의 본래 취지는 새로운 활용방안을 강조하기보다는 Q 방법론이 지니는 고유한 특성, 즉 연구 대상의 새로운 측면에 대한 이해라는 점을 특별히 강조하였음을 잊어서는 안 된다(Brown, 2002).

2) 표준화 요인지수의 목적

Q 방법론을 구성하는 각 진술문은 모두 중요한 의미를 지닌다. 연구자들이 Q 진술문을 구성할 때 각 진술문의 중요성과 비중을 동등하게 부여하기 때문이다. 이를 스티펜슨과 브라운 교수는 Q 진술문의 사전등가성(*equipotential and equipossible a priori*)이라고 칭하였다(Brown, 2002).

그런데 Q 분류(sorting)가 이루어지면 진술문의 비중이 변경된다. 연구 대상자의 관점에 따라 상이한 비중을 부여하였기 때문이다. 사후적으로 나타난 상대적 비중이 높은 진술문을 추출하여 이를 토대로 설문지를 구성하는 것이 표준화 요인지수의 목적이다. 이는 Q 결과를 토대로 설문지를 구성한다는 점에서 Q 블록과 동일하다.

3) 표준화 요인지수의 내용

표준화 요인지수는 진술문 지수(statement index)와 요인지수(factor index)로 구성된다. Q 블록과 동일하게 표준화 요인지수 방식도 Q 연구를 토대로 설문지를 구성하게 되는데, 이때 Q 연구로부터 추출되는 진술문은 각 요인을 특징짓는 진술문이라는 점에서 Q 블록의 사례와 유사하다.

Q 진술문으로 추출한 것을 토대로 설문지가 작성되면, 설문지에 대한 동의의 정도를 묻는 형식의 리커트 척도를 이용하여 측정을 하게 된다. 이때 Q 진술문의 각 해당 요인의 요인가가 매우 중요하다. 진술문 지수(statement index) 점수는 진술문의 요인가와 설문지의 값을 곱한 값이 되기 때문이다. Q 연구가 생산한 진술문의 요인가와 진술문을 설문지로 전환하여 얻은 값을 곱한 값이 진술문

지수가 된다. 이들 진술문 지수의 값(statement index score)을 진술문이 추출된 요인별로 합산한 값이 요인지수값(factor index score)이 된다.

4) 표준화 요인지수의 작성절차와 활용

요인지수는 Q 연구의 요인을 구성하는 진술문들이 얻은 값을 더한 것이다. Q 연구의 결과 4개의 요인이 생산되었다면 각 요인으로부터 2개의 진술문을 추출하여 8개의 질문으로 구성된 설문지를 작성한다. 각 요인을 대표하는 2개의 진술문의 지수를 합한 값이 요인지수가 되는 것이다.

<표 6>에서 보는 바와 같이 1-8까지의 진술문은 Q 연구에서 추출된 진술문으로서 표준화 요인지수의 설문문항이 된다. 이 중 1-2문항은 요인1, 3-4문항은 요인2, 5-6문항은 요인3, 7-8문항은 요인4의 특징을 대변하는 진술문이다. 각 진술문의 요인가를 3, 4, -3, -4 중에서 선택한다.

8개의 설문문항에 대하여 일반응답자는 1-5점의 리커트 척도에 의하여 응답을 표시한다. 이때의 값이 *R*행의 값이다. 이 중에서 진술문의 요인가가 음의 부호를 받고 요인지수 설문지에 높거나 낮은 점수를 부여하였을 경우 *R‘* 같이 점수를 전환한다.

진술문의 요인가와 설문문항의 값(*R‘*)을 곱한 값이 진술문 지수값으로서 /X/항이며, 각 요인의 진술문 지수값(/X/)을 더한 값이 요인지수값이다. 이 값이 바로 /X/(R’)항이다. A 요인의 지수값이 20+15인 35, B 요인의 지수값이 4+12인 16, C 요인의 지수값이 4+9인 13, D 요인의 지수값이 3+3인 6이 된다. 이들 각 요인의 지수값을 표준화한 값이 표준화 요인지수값이다. 표준화 요인지수값은 요인 간의 요인지수값을 비교하기 위하여 조작된 값이다.

표준화 요인지수값을 상호간에 비교하기 위하여 2차로 표준화 요인지수값의 표준화 과정을 거친다. 즉, 평균(M=50), 표준편차(∂=10)이라는 임의값을 기준으로 T= 50 + z(10)이라는 공식으로 최종 표준화 요인지수값으로 전환한다. 이때 평균(M=50), 표준편차(∂=10)를 통하여 T값을 구하는 것은 상호비교를 위한 목적이다. 대표적인 예가 Graduate Record Examination(GRE)이다. 실제로 시험을 통해 얻은 점수를 m=800, ∂=200으로 전환하여 표준화된 점수로 전환한다.

만약 시험 응시자가 1,000점을 얻었다면 이 점수는 평균보다 표준편차만큼 높은 점수이기 때문에 상위 84%에 해당하는 점수라는 것을 알 수 있다.

z 값은 Q 연구의 분석에서 얻어지는 값으로서 Q 진술문의 요인가 -4, +4 등은 z 값을 전환한 수치이다. z 값의 순위대로 +4에서 -4까지 배열된다. 표준화 요인지수값의 차이를 비교하여 Q 블록과 같이 일반대상자의 유형을 판단할 수 있다.

〈표 6〉 요인지수 for Respondent 09.4

	Factor Scores (X)				*Q'tionnaire Scores*		*Indices (T scores)*		
Items	*A*	*B*	*C*	*D*	*R*	*R'*	*/X/*	*/X/(R')*	*T*
(a)	4	1	2	0	5	5	20	A Index 35	71.71
(b)	-3	1	0	2	1	5	15		
(c)	-1	4	-1	1	1	1	4	B Index 16	33.38
(d)	1	-4	1	0	3	3	12		
-(e)	-2	-1	4	-3	1	1	4	C Index 13	44.74
(f)	0	3	-3	0	3	3	9		
(g)	1	-3	-2	3	1	1	3	D Index 6	31.39
(h)	-2	0	0	-3	5	1	3		

자료: Brown(2002), Q Technique and Questionnaires, p. 122

5) 표준화 요인지수의 방법론적 이슈

표준화 요인지수의 값을 이용한 유형화 단계에서 발생하는 방법론상의 이슈는 Q 블록의 경우와 유사하다. 상기의 예에서 보는 바와 같이 각 요인으로부터 2개씩의 진술문을 추출하는데 이때 추출기준에 관한 것이 논란이 될 수 있다. 각 요인의 특징을 보이는 진술문과 다른 요인과의 차별을 보여주는 진술문이 항상 일치하지는 않기 때문이다.

3. 요인의 자기 유형화(Self-Categorization)

1) 요인의 자기 유형화의 배경

Q 연구를 바탕으로 다수의 일반인에 대한 적용을 시도한 세 번째의 방법이 자기 유형화이다. 1963년 Q 블록, 2002년 표준화 요인지수값이 제안된 데 비하

여 자기 유형화는 상대적으로 최근에 논의되는 방법이다(Van Exel et al., 2006).

2) 요인의 자기 유형화의 절차

Q 연구는 일반적으로 차별되는 요인을 생산한다. Q 연구는 요인들의 특징을 서술하는 것으로 연구를 마치는 경우가 많이 있는데, 그 자체로 탐색적 연구의 가치를 지니고 있다. 이때 Q 방법론이 생산한 요인을 간략하게 요약하여 서술하고 이를 일반 대상자에게 전달한 후 일반 대상자로 하여금 간략하게 서술한 요인 유형 중에 대상자가 어느 유형에 속하는지를 묻는 방식이 바로 자기 유형화이다.

Q 블록이나 표준화 요인지수값을 계산하는 방법보다 비교적 직설적이라고 할 수 있다. 그런데 자기 유형화의 경우 일반 대상자가 어느 유형에도 속하지 않을 가능성이 있다.

3) 요인의 자기 유형화의 사례

Q 블록에서 예시한 "고령화 사회에 대한 인식유형과 정책적 시사점"(최선미 외2, 2014)의 사례를 여기에 적용해 보자. 이 연구는 고령화 사회에 대하여 3가지 관점을 제시하였다. 예시한 연구는 자유주의 관점, 자립적 복지의 관점, 제도적 관점에서 고령화 사회를 인식하는 차별성을 보였다. 이때 자유주의 관점, 자립적 복지의 관점, 제도적 관점 각각의 특징을 간략하게 서술하고 일반 응답자에게 '귀하는 어느 관점에 속하십니까?'라고 물어보았다.

자유주의 관점을 지닌 그룹은 "고령화 사회를 정부보다는 고령자 자신이 준비하여야 한다는 인식이 강한 집단이다. 가능하면 스스로의 책임과 노력으로 삶의 행복을 추구하여야 한다는 자유주의의 이념이 두드러진 집단"(최선미 외2, 2014, p. 241)으로 서술된다.

자립적 복지의 관점을 지닌 집단은 "주로 노인복지의 관점에서 고령화 사회를 인식하고 있다. 그럼에도 불구하고 개인적인 차원에서 고령화 사회를 대비하되 정부의 지원은 소득에 비례하여 지원하여야 할 뿐만 아니라 미래 세대에 대한 배려를 염두에 두고 있다는 점을 강조"하는 집단이다(최선미 외2, 2014, p.

243).

제도적 관점의 집단은 "고령화 사회에 대한 문제와 대응을 주로 정부의 제도적인 사항에 초점을 두고 있기 때문에 제도적 관점이라고 명명하였다. 이들은 고령자들이 적극적인 사회참여 의지와 경제력이 있다는 점과 고령자의 노후는 가족의 책임이라는 점에 크게 반대한다. 이들은 경제력을 갖추지 못한 고령자의 노후는 가족이 아니라 국가 및 지방정부가 책임져야 한다"고 보고 있다(최선미 외, 2014, p. 245). 앞에서 예시한 바와 같이 간략하게 요약한 설문지를 제시하고 응답자로 하여금 유형을 선택하게 한다.

Q방법론과
사회과학

02 Q 방법론 소프트웨어 사용방법

PQMethod Manual

PQMethod Manual*

목차

* 본 매뉴얼은 저자의 허락에 의하여 PQMethod 프로그램을 운영하는 데에 필요한 최소한 내용을 번역하여 정리한 것이다.

제1장

서 론

PQMethod는 Q 연구의 요건에 맞추어 제작된 통계 프로그램이다. 연구자는 PQMethod를 통해 Q 요건에 맞추어 수집한 Q 분류의 자료를 통상적인 사다리꼴로 용이하게 입력할 수 있다. 자료를 입력하면 먼저 P 표본 사이의 상관관계를 계산하게 된다. 이후, 상관관계에 대한 자료를 토대로 센트로이드(Centroid) 또는 주성분(Principal Component) 방식에 따라 요인을 추출하게 된다.

요인이 추출되면 확정적인 방식인 베리맥스(Varimax) 또는 비결정적인 방식인 임의적 방식(judgemental method)에 의하여 요인 간의 구별성을 높이기 위한 로테이션이 이어진다. 로테이션에 의하여 요인의 수가 결정되고 나면, 각 요인과 유의미한 상관관계를 갖고 있는 P 표본의 확인 작업(flagging)이 이어서 마무리된다.

Q 요인의 수와 P 표본의 확인 작업이 끝나면 연구의 최종 산출물인 요인분석표, 진술문의 요인가, 각 요인을 차별화시키는 진술문, 각 요인들의 공통된 진술문 등 최종 보고서가 생산된다.

PQMethod는 피터 쉬먹(Peter Schmolck) 교수에 의하여 작성되어 계속적으로 수정되고 있으며, 본 번역문은 그의 허락하에, 한국어로 번역되었다. 최초의 프로그램은 켄트 주립대학(Kent State University)의 브라운(Brown) 교수의 도움을 받아 존 앳킨슨(John Atkinson)이 포트란 코드(Fortran code)로 작성하였고, 이를 발전시킨 것이 동 프로그램이다. 가장 최근의 버전은 Q 방법론 공식 홈페이지(www.qmethod.org)의 PQMethod Page에서 무료로 다운로드 받을 수 있다[1].

본 매뉴얼에서 최소요건으로서 PQMethod은 모든 윈도우(Window) 버전에서 이용할 수 있다고 명시되어 있으며, 제한사항은 다음과 같이 기술되어 있다. 우선, PQMethod는 프로그램의 한계상 P 표본의 최대 수는 299개까지이며 진술문의 최대 숫자는 200개이다. 또한, 추출될 수 있는 최대 요인의 수는 8개이다. Q 분류를 설계할 때 부여하는 최대 파일의 수(Q 사다리의 기둥 수)는 13개이며, 최대 파이 사이즈(Q 사다리의 줄의 수)는 50개이다. 마지막으로 입력할 수 있는 Q 진술문의 알파벳 숫자는 60자임을 유념해야 한다.

---

1) 무료로 다운로드를 받으려면 사이트의 회원으로 우선 가입하여야 하며, 가입 후 로그인(log-in)하면 화면의 왼쪽 하단에 PQMethod 다운로드 칸이 나타난다.

제2장

PQMethod의 설치 및 시작

매뉴얼의 표준설치(Standard Installation)에서는 PQMethod 프로그램은 설치와 동시에 자동적으로 실행할 수 있는 상태로 설치된다고 명기하고 있다. 설치는 다음과 같은 과정을 거친다.

· 지정된 폴더에 모든 파일을 지정하여 복사한다.
  (C 드라이브보다는 휴대용 드라이브에 저장하는 것이 편리함)
· PQMethod의 아이콘(Shortcut)을 화면에 복사하여 간편하게 실행할 수 있다. 컴퓨터에 따라 작동하지 않을 수 있다.
· PQMethod 매뉴얼을 사용자의 컴퓨터 브라우저에 복사한다.

이런 과정을 거쳐 간편하게 PQMethod 프로그램의 설치가 완료되는 바, 프로그램의 해지 과정은 불필요하다. 만약 업그레이드를 할 때에도 구 버전은 삭제할 필요가 없다. 새로운 버전이 앞의 버전을 중복기재(overwrite)하기 때문이다. 다만 이 경우에도 Q 아이콘은 수동으로 삭제하여야 한다.

제3장

PQMethod 프로그램의 운영

1. 운영개요

PQMethod 프로그램은 일정한 절차를 통하여 진행된다. 동 절차는 P 표본으로부터 Q 분류를 구득하여 이를 PQMethod 프로그램을 활용하여 분석자료를 산출하는 일련을 과정을 의미한다.

첫 번째의 작업은 Q 진술문을 입력하는 과정이다. Q 진술문을 입력할 때 PQMethod 프로그램의 첫 번째의 선택인 STATES를 선택하게 된다. 이 선택지는 일단 Q 진술문이 입력되고 나면 마지막의 과정인 QANALYZE 작업이 끝날 때까지 사용되지 않는다.

두 번째의 작업은 Q분류를 입력하는 과정(QENTER)이다. Q 분류의 입력이 끝나면 P 표본 간의 상관관계가 산출된다. P 표본 간의 상관관계는 자동적으로 생산되며, 연구자의 선택이 요구되지 않는다. P 표본 간의 상관관계가 생산되면 이를 토대로 요인의 추출과 로테이션 작업이 이어지는데, 여기서부터는 연구자의 선택이 요구된다. 연구자는 요인의 추출을 위해 Centroid 방식(QCENT)과 Principal Component(QPCA) 방식 중 하나를 선택해야 한다.

요인이 추출되면 요인을 로테이션을 해야 하며, 여기에는 임의적 방식(QROTATE)과 베리맥스(QVARIMAX) 방식이 있다. 그리고 요인의 로테이션 자료를 근거로 최종 진술문의 요인가를 산출하게 된다(QANALYZE). 이러한 일련의 과정을 구체적으로 아래에서 기술한다.

어떠한 연구가 되었든 우선 연구 파일의 제목을 설정하여야 한다. 작업파일의 이름은 연구가 끝날 때까지 해당 Q 연구의 파일제목으로 등록되고, 이는 관련 절차의 데이터를 불러오는 데에 사용된다. 이때 파일은 MS-DOS 형태로 파일명은 8자 이내의 알파벳이어야 한다. 예를 들면 “mystudy” 등과 같은 파일명을 설정할 수 있다.

PQMethod 프로그램을 작동시키면 우선 작업파일의 이름을 묻는다. 그리고 작업화일의 이름(예, mystudy)을 입력하면 다음의 <Screen 1>과 같은 화면이 뜬다.

〈Screen 1〉

```
Enter [path and] Project Name:
mystudy

Current Project is ...  c:/pqmethod/projects/mystudy
Choose the number of the routine you want to run and enter it

1. STATES   - Enter (or edit) the file of statements (q 진술문의 입력)
2. QENTER - Enter q sorts (new or continues) (q 분류의 입력)
3. QCENT   - Perform a Centroid factor analysis (센트로이드에 의한
             요인분석)
4. QPCA - Perform a Principal Component factor analysis (PCA에 의
          한 요인분석)
5. QROTATE - Perform a manual rotation of the factors (임의 로테이션)
6. QVARIMAX - Perform an varimax rotation of the factors
              (Varimax 로테이션)
7. QANALYZE - Perform the final Q analysis of the rotated factors
              (최종보고)
8. View project files of mystudy (결과물을 봄)
X - Exit from Method (프로그램 종료)

Last Routine Run Successfully - (Initial)
```

2. 세부 절차

1) Q 진술문(Q statements)의 입력: STATES

① PQMethod 프로그램을 작동시키고 <Screen 1>에서 #1 STATES를 선택하

면 Q 진술문을 입력할 수 있다. Q 진술문의 작업을 개시 후, 한꺼번에 Q 진술문 모두를 입력할 필요가 없다. 즉, Q 진술문 중 일부를 입력하고 프로그램을 마친 후 재차 Q 진술문의 작업을 계속할 수 있다. 주의할 점은 PQMethod 프로그램은 영어만을 인식하기 때문에 한글로 된 진술문은 영어로 코드화하여 입력하여야 한다는 것이다.

② 이때 Q 진술문이 반드시 주어진 순서에 의하여 입력되어야 한다는 점을 유의해야 한다. Q 진술문의 작성 시 부여된 번호와 동일한 순서로 입력하여야 하는 것이다(예, 진술문, 1, 2, 3 등의 순서로 입력). 다만 Q 진술문의 번호를 입력할 필요는 없다. 왜냐하면, 최종 작업(QANALYZE)이 끝나면 산출물에서 자동적으로 번호가 부여되기 때문이다. 정확한 순서에 의하여 입력되어야 한다는 점만 명심하면 된다.

③ 모든 진술문은 한 줄에 작성되어야한다(줄 간의 공백이 있어서도 안 됨). 모든 진술문은 PQMethod 프로그램의 한계상 영어 알파벳 기준 60자를 초과하여서도 안 된다. 60자를 넘게 입력하는 경우에는 PQMethod 프로그램이 자동적으로 60자가 넘는 부분을 삭제한다. 따라서 연구자가 진술문의 주제를 압축하는 단어로 축약하여 입력할 것이 권장된다.

④ PQMethod 프로그램 2.09 버전 사용 시, 진술문들을 입력할 때 외부 사용자 선택 프로그램을 사용한다. 진술문의 작업 중 종료 시에는 반드시 마지막 진술문을 입력한 이후에 HARD RETURN을 해야 함을 기억하고, 그 후 프로그램을 종료하여야 한다. 만약 X를 치면 프로그램을 종료될 수 있다.

⑤ 만약 Q 진술문을 모두 입력한 파일이 있는 경우, 진술문을 새롭게 입력할 필요가 없다. 처음으로 STATES를 작동하였을 경우 TEXT 파일로 작성된 진술문이 있느냐는 질문이 뜬다.

⑥ 만약 TEXT 파일로 작성된 파일이 있는 경우에는 새롭게 진술문을 입력하

지 않고 TEXT 파일로 불러오면 된다. 워드로 작업한 파일일 경우 반드시 파일의 모드가 .TXT 이어야 한다. 그뿐만 아니라 모든 진술문은 1줄로 작성되어야 한다. 줄 사이에 빈 줄이 있어서도 안 된다.

⑦ TEXT 파일이 없이 진술문을 입력할 경우에는 화면에서 단순히<enter>를 친다. <enter>를 입력할 진술문의 순서를 묻는 화면이 나온다. 처음으로 입력할 경우에는 1을 입력한 후 <enter>를 친다. 다음 화면 하단에 진술문 1의 내용을 입력한 후 <enter>를 친다. 진술문의 작업이 끝날 때까지 같은 작업을 반복한다.

⑧ 모든 진술문을 입력한 후에는 quit를 치고 <enter>를 친다.

⑨ 진술문의 작업이 끝난 후에는 연구자가 정한 진술문이 모두 입력되었는시 반드시 확인하여야 한다. 확인하는 방법은 <Screen 1>에서 #1을 친다. #1을 치면 화면 상단에 입력한 진술문의 숫자가 나타난다. 그 숫자와 연구자가 작성한 진술문의 수가 일치하여야 한다.

2) Q 분류(Q sort)의 입력: QENTER

① QENTER는 연구자가 구득한 Q 분류를 입력하는 과정이다. QENTER에 의한 파일은 PQMethod에 적합한 형태를 띠고 있어야 한다.

② QENTER를 작동시킬 경우 연구자가 구득한 모든 Q 분류를 동시에 입력할 필요가 없다. Q 분류를 입력하는 동안 어느 때도 이 과정을 중단할 수 있다. 이 점이 자주 질문되는 내용 중 하나이다.

③ 처음으로 Q 분류를 입력하는 경우에는 68알파벳 이내의 연구이름을 부여한다.

④ 처음으로 보는 화면은 <SCREEN 2>와 같다. 연구자는 데이터 입력을 하지 않고 연구파일의 이름만 부여해도 된다.

〈Screen 2〉

```
Last Routine Run Successfully - (Initial)

    2

    Checking old input data file ...
    Enter the title of your study to a max of 68 characters

    Mystudy My First attempt to do a Q analysis
```

⑤ <Screen2>의 구체적인 절차는 다음과 같다.

○분류된 Q 진술문의 수를 입력한다.

- ㅇ 분류의 좌측 극단값을 입력한다. PQMethod 프로그램은 좌측 극단값이 우측 극단값보다 작다고 가정하고 있다. 예를 들면 -4에서 +4, 또는 1에서 9 등이다. PQMethod의 최대 허용 기둥의 수가 13이므로 -6에서 6 또는 1에서 13 안으로 배치되어야 한다.
- ㅇ 우측 극단값의 값을 입력한다.
- ㅇ 각 기둥의 줄의 수를 왼쪽부터 오른쪽의 순서로 입력한다. 이것은 Q 설계에 따라 이루어져야 한다. Q 설계는 좌우가 대칭이어야 하며 사다리의 모양은 중앙으로 올 때 줄의 수가 감소되어서는 안 된다.
- ㅇ <Screen 3>은 이러한 과정을 보여주는 화면이다. 이 화면은 Q 분류의 입력 시 작동하는 최초의 화면이며 이미 Q 분류 파일이 이미 생성되어 있는 경우 이를 불러와서 추가로 입력하거나 편집 등의 작업을 할 수 있다.

〈Screen 3〉

```
How many q statements are there?
 33

Enter the leftmost column value (e.g. -5):
 -4

Enter the rightmost column value (e.g. 5):
(주의 : +5로 입력해서는 안 됨)
 4

Enter the Number of Row for each Column from -4 to 4.
2 3 4 5 5 5 4 3 2
```

⑥ 이제는 본격적으로 Q 분류를 입력할 단계이다. 메인 메뉴의 처음 보는 화면에서 수정, 삭제 또는 다른 Q 분류를 볼 수 있으며, 현재의 Q 디자인을 열람할 수 있다. 처음에는 새로운 Q 분류를 입력하기 위하여 add를 선택한다(<Screen 4> 참조). 여기서 작업 옵션을 선택할 때는 소문자를 입력해야 함을 유념해야 한다.

⑦ 다음과 같은 화면에서 다양한 prompts에 자료를 입력하라는 요구를 받는다. 어떤 화면에서도 작업을 중단할 수 있다. 이 경우에는 반드시 QUIT OR STOP을 입력하여야 한다.

〈Screen 4〉

```
Ready to process another sort
 Enter one of the following codes:

 A - to add a new sort (새롭게 입력하는 경우)
 C - to change a previous sort (입력된 자료를 수정하는 경우)
 D - to delete a sort (입력된 자료를 삭제하는 경우)
 S - to show a previous (앞의 자료를 보는 경우)
 Q - to query status of this study (연구의 상태를 보는 경우)
 X - to exit QENTER (과정을 종료하는 경우: stop entering/changing sorts)
 a
```

<Screen 5>

```
Enter identification code for subject no. 1
 (A Case label consisting of max. 8 characters: 8자 이내의 인식표)
Myst01F
 Enter the Sort Values for Subject q myst01f
Enter the statement numbers, Separated by spaces, for column -4
(column -4의 진술문 번호를 입력함):
16 20
Enter the statement numbers, Separated by spaces, for column -3:
18 17 30
Enter the statement numbers, Separated by spaces, for column -2:
3 5 31 32
Enter the statement numbers, Separated by spaces, for column -1:
1 15 19 8 10
Enter the statement numbers, Separated by spaces, for column 0:
26 2 4 7 9
Enter the statement numbers, Separated by spaces, for column 1:
11 6 12 25 24
Enter the statement numbers, Separated by spaces, for column 2:
13 22 28 29
Enter the statement numbers, Separated by spaces, for column 3:
14 21 23
Enter the statement numbers, Separated by spaces, for column 4:
27 33
```

⑧ Q 분류를 입력하기 시작하면 처음으로 Q 분류의 인식코드(예, 분류의 번호 등)를 기입한다. 보통 번호를 붙이는 것이 편리하다.

⑨ 다음은 왼쪽 기둥부터 각 기둥의 난에 기입할 진술문의 번호를 입력하라는 지시를 받는다. Q 설계는 좌우 대칭일 것으로 가정하지만 P 표본이 Q 설계와 달리 기입한 경우(예, 2개의 진술문이 들어갈 기둥에 3개의 진술문을 배치한 경우)도 실제의 숫자를 기입할 수 있다.

⑩ 기입하는 진술문의 번호는 반드시 순서에 따를 필요는 없다(예를 들면 높은 숫자를 낮은 숫자보다 먼저 기입하는 것이 가능하다). 그러나 숫자 간에는 반드시 한 칸의 스페이스를 유지하여야 한다. 상기의 <Screen 5>가 그 예이다.

⑪ 한 개의 Q 분류를 모두 입력하면 실제 Q 분류의 형태를 볼 수 있다. 만약 입력과정에 실수가 있으면, 예를 들어 중복으로 입력되었거나 누락된 번호가 발생할 경우 프로그램이 잘못된 부분을 알려주는바, 이를 수정할 수 있다. 또한, 프로그램이 적절히 입력되었다는 신호를 보내더라도 연구자는 데이터를 수정할 수 있다. 그 예시는 아래와 같다(<Screen 6> 참조)

〈Screen 6〉

```
  -4   -3   -2   -1    0    1    2    3    4
 ---------------------------------------------
  16   18    3    1   26   11   13   14   27
  20   17    5   15    2    6   22   21   33
       30   31   19    4   12   28   23
            32    8    7   25   29
                 10    9   24

SubjNo: 1 ID: MySt01F
The Sum is 0.00, and the Mean is 0.00, for Subject 1 MySt01F
The Sort is OK, Do You Want to Change It Anyway? (y/N):
```

⑫ 상기의 질문에 enter 키를 치면 default 답은 No(no change)가 된다. 이어서 Yes를 입력하면 새로운 Q 분류를 입력하는 순서로 이어진다. 만약 입력한 자료를 수정하고 싶거나 실수가 발생했을 때에는 수정 과정을 거치면 된다[2].

⑬ 만약 상기의 분류에서 13과 14를 교환하고자 하면 작업자는 13과 14가 속해 있는 기둥의 번호 즉 2 또는 3을 지정한다. 이때 2를 치면 작업자는 14 22 28 29를, 3을 치면 13 21 23 모두를 새로이 입력하여야 한다. 다른 경우에도 동일한 방법으로 수행한다.

⑭ <Screen 6>에서 sum = 0, mean = 0가 나타나면 정확하게 입력된 것을 보

2) 자유배분 방식이 혼합되어 있을 경우 설계된 진술문의 숫자와 무관하게 실제로 얻어진 진술문의 숫자를 그대로 입력하면 됨.

여주는 것이다. 그 외는 입력과정에 실수가 있는 경우를 보여준다. ⑬의 설명대로 잘못된 부분을 수정하여야 한다.

⑮ Q 분류의 입력이 완료되고 작업자가 N을 치면 다음과 같은 질문이 이어진다.

- Do you want to enter another sort? (Y/n)

- 반드시 n을 입력해야 한다.

만약 n 대신에 무심결에 default Y를 치는 경우 다음 질문이 나올 때까지 허위 Q 분류를 입력하여야 한다. 왜냐하면, Y로 인해 프로그램은 사용자가 새로운 Q 분류를 입력할 것으로 기대하고 있기 때문이다(향후 yes or no의 질문 중 대문자로 표시된(Y or N) 자가 default임)[3).

n을 치면 Q 분류의 입력이 중단되고 QENTER의 메뉴로 이동하여 다음 작업을 준비한다. 메인 메뉴에서 X를 치면 이제까지 작업은 자동적으로 저장되며 다음 메인 메뉴로 이동한다.

3) 센트로이드(Centroid) 분석: QCENT 및 주성분(Principal Component) 분석 : QPCA

① 센트로이드(Centroid) 분석과 주성분(Principal component) 분석은 요인을 추출할 때 사용되는 선택사항이다. Q 연구자들 외에는 센트로이드(Centroid) 방식을 거의 사용하지 않기 때문에, SPSS와 같은 통계 패키지에서는 주성분(Principal component) 방식이 기본(Default)으로 되어 있다.

② 센트로이드(Centroid) 방식과 주성분(Principal component) 방식은 앞에서

---

3) enter키를 치면 대문자의 의미로 입력된다는 의미임.

생성한 기본데이터를 활용하여 .cor 가 붙은 파일을 생성한다. 이어서 앞의 방식 중의 하나로 .unr 가 붙은 로테이션 이전의 요인가를 생산한다.

③ 센트로이드(Centroid) 방식은 7개, 주성분(Principal component) 방식은 8개까지의 요소를 처리할 수 있다. 실제로 7개보다 적은 수의 요소를 선택할 이유는 적다. 왜냐하면 로테이션 과정에서 요소의 수를 결정하기 때문이다. 또한, 주성분(Principal component) 방식이 8개의 요인을 생성하더라도 8개 모두를 로테이션할 필요는 없다.

④ 주성분(Principal component) 방식은 화면에 비순환 요소파일(unrotated factors)과 아이겐밸류(eigenvalues)를 생산한다. 아이겐밸류의 값은 로테이션을 위한 요소의 수를 결정하는 자료가 된다.
(이때 QPCA를 선택하기 위하여 #4를 치면 입력된 Q 분류의 아이겐밸류 표를 보여준다. 여기에서 <enter>를 치면 unrotated file이 생성된다.)

⑤ 여기에서 메인 메뉴의 #8을 선택해서 .unr 의 파일을 검색하는 것도 가능하다. 다만 주의사항은 절대로 파일을 변경하지 말라는 점이다.

4) 임의적 방식(Judgemental method) 로테이션: QROTATE

① 요인이 추출되면 로테이션을 할 차례이다. 여기에는 임의적 로테이션과 배리멕스(Varimax) 로테이션의 두 가지 옵션이 있다. 이 둘의 분석 차이를 비교하는 것이 연구의 목적이 아닌 한, 양자를 모두 할 필요는 없다.

② 만약 QROTATE를 선택하면 자동적으로 작업을 계속할 것이냐를 묻는데 여기에서 "no"라고 응답하면 앞에서 생성된 unrotated factor가 입력자료가 된다.

③ 만약 “yes"라고 응답하면 바로 이전의 작업물인 파일(.hro)을 사용하게 된

다. 어느 선택이든 필자가 자의적으로 로테이션을 하게 되므로 언제든지 로테이션을 할 수 있다.

⑤ 로테이션은 연구자가 회전 각도를 입력하면 된다.
※ 초보자의 경우 다음의 QVARIMAX를 선택할 것을 권장한다.

5) 베리맥스(Varimax) 로테이션: QVARIMAX

① 연구자가 QVARIMAX 로테이션을 선택하면 QCENT나 QPCA가 생성한 unrotated 파일을 선택하며, 몇 개의 요인을 로테이션할 것인지를 묻는다. 여기에서 연구자는 입력된 Q 분류의 수에 따라 다양하게 요소의 수를 지정할 수 있다. 연구의 결과를 비교하기 위하여 2-8개의 요소를 지정하여 비교할 수 있다.

② 연구자가 로테이션 할 요인의 수를 입력하면 자동적으로 베리맥스(varimax) 기준에 의하여 로테이션이 이루어진다.

③ 로테이션이 끝나면 재차 연구자에게 임의적 로테이션의 의향을 묻는다. 즉, 로테이션이 끝나면 PQROT의 여부를 묻는데 여기에서는 no를 의미하는 n을 치고 <enter>를 친다. n을 입력하고 <enter>를 치면 추가 로테이션 여부를 묻는다. 이때에도 n을 입력하고 <enter>를 친다.

④ n을 입력한 후 <enter>를 치면 각 요인의 확인작업(flagging) 여부를 묻는데, 이 경우에는 program-generated factor flagging을 의미하는 p를 입력한 후 <enter>를 친다.

⑤ ④의 작업이 끝나면 지정된 요인과 Q 분류에 대한 확인작업(flagging)결과가 나타난다. 여기에서는 단순히 <enter>만 친다.

⑥ 다음 화면에서는 마지막 작업 후 얻게 될 보고서의 요소를 지정하는 질문

이 나오는데, 요소를 2개를 지정하는 경우 1 2를 쳐야 하며 3개의 요소를 지정하는 경우 1 2 3을 입력한 후 <enter>를 친다. 여기서 1 2, 1 2 3 등의 숫자 사이에 one space가 있어야 함에 유의하여야 한다.

〈Screen 7〉

```
Last Routine Run Successfully -QPCA

    6
    Performing VARIMAX rotation...
    How many factors do you wish to rotate?
    (로테이션 할 요인의 수를 물음)
    (Press 〈Enter〉 to rotate all 8 unrotated factors)
    (8개 모두 로테이션하려면 단순히 〈enter〉를 침)
    3
    3 Varimax factors will be output to file
      (지정된 디렉토리에 저장됨)

   Next, varimax factors will be displayed for additional rotations
  [optional] and for adding flags[required] - Do you wish to use the
  new PQROT for that (Y/n)?
  (이어서, varimax 요인이 추가 로테이션(선택)이나 확인작업
  (flagging)을 위해 생성됨. 이때 새로운 로테이션의 여부 질문)
```

6) Q 분석자료: QANALYZE

① 마지막 작업이 QANALYZE이다. 연구자가 #7을 선택하면 연구자가 수집한 자료의 완전한 분석자료를 얻게 된다.

〈Screen 8〉

```
7 PQMethod is going to write the report into the file
  c:/pqmethod/projects/
  with max.132 chars/line and 52 lines/page
  Do you want to change no. lines/page (y/N)?
```

② 이 순간에 연구자가 단순히 <enter>를 치면 기본값(default)인 52 lines/pages의 보고서를 생산한다. 최종보고서의 출력에 대해서는 뒤에서

설명한다. <Screen 8>에서 n을 입력한 후 <enter>를 친다. 단순히 <enter>를 치면 Screen 1이 나타난다.

③ QANALYZE는 이제까지 생성된 모든 파일을 이용한다. 즉, 진술문 파일(.sta)을 비롯하여 QENTER에서 작성한 기초자료 파일(.dat), 임의방식이나 베리맥스(varimax)에 의한 회전된(rotated) 파일(.rot) 등을 이용하여 최종 보고서를 생산한다.

④ 기존의 파일 중에 에러(error)가 있으면 작업이 중단된다.

⑤ 이 작업이 성공적으로 진행되면 최종보고서인 파일(.lis)이 생성된다. 여타의 파일과 마찬가지로 지정된 디렉토리로 자동저장된다. 이때 정상적으로 exit되어야 .lis 파일이 저장된다. 따라서 최종보고서를 보기 위해서는 <Screen 1>에서 X를 치고 나와야 한다.

⑥ 최종보고서를 보는 방식은 PQMethod의 메인 메뉴에서 #8을 작동시키는 방안과 한글이나 워드 등 워드프로세서를 선택하는 방안이 있으며 후자가 권장된다. 왜냐하면 보고서의 형태를 자유롭게 편집할 수 있기 때문이다.

⑦ 한글 프로그램을 작동시킨 후 불러오기에서 모든 파일 형식을 지정하여 .lis 파일을 볼 수 있다. 이 경우 명조체, 8포인트로 전환하면 편리하게 .lis 파일을 편집 또는 열람할 수 있다.

⑧ 상기 작업을 끝내면 간단하게 최종보고서를 출력할 수 있다. 출력된 보고서를 중심으로 연구를 진행하면 된다.

Q방법론과
사회과학

03 사례분석 및 참고논문

Case Analysis & Reference

제1부_ 사례분석: Q 방법론에 대한 인식분석

제2부_ 참고논문

제1장

응용사례: Q 방법론에 대한 인식분석

본 장에서는 앞서 기술한 Q 방법론 절차에 따라 응용사례를 제시하고 있다. 본 장에서 예시하고 있는 사례는 앞에서 설명한, Q 방법론 워크숍의 참여자를 대상으로 Q 방법론에 대한 인식구조를 분석한 사례이다. 비교적 가벼운 주제이므로 독자들이 본 사례를 통해 이론적인 절차들을 좀 더 쉽게 이해할 수 있기를 기대한다.

1. Q 진술문의 작성

하기의 Q 진술문은 비구조형의 대표적인 사례로서 Q 워크숍에 참석하였던 교수, 대학원생, 실무가들의 Q 방법론에 대한 인식을 토대로 작성되었다. Q 워크숍이 끝난 후 Q 방법론에 대한 이해와 인식을 표현하라고 주문하여 받은 진술문을 정리하였다.

<표 7-1> 진술문의 요인가 (Factor Q Sort Values for Each Statement)

진술문	Factors	A	B
1. Q 방법론을 활용하기 위해서는 연구하고자 하는 관심분야에 대한 해박한 지식이 필요한 것 같다.		+4	-2
2. Q 방법론의 결과는 일반화하기 어려운 것 같다.		-3	+3
3. Q 방법론은 여러 계층 간의 사고유형을 알아보는 데 유용하다고 생각된다.		+2	+1

4. 태도나 생각에 치우치다 보면 과학적 사실 자체를 간과할 오류가 있는 것 같다.	-2	+3
5. Q 방법론은 연구방법의 새로운 한 면 같다.(사고의 전환)	0	+1
6. Q 방법론은 기존의 지식체계(상식)를 다시 생각해 볼 수 있는 연구방법이라 생각된다.	-1	0
7. Q 방법론에 따른 연구분석에서는 연구자의 오류 통제하기 어려운 것 같다.	+3	+2
8. Q 방법론에 의한 연구결과는 연구자의 해석에 따라 오용될 우려가 있는 것 같다.	+2	+3
9. Q 방법론의 적용가능영역이 광범위하다고 생각된다.	-3	+2
10. Q 방법론은 간호대상자의 특성을 파악하는 데 유용한 것 같다.	+2	+2
11. Q 방법론은 이론적 배경이 확실할 때 적용할 수 있는 것 같다.	+2	+1
12. Q 방법론은 간호연구의 영역에서 질적연구의 약점을 보완하고 비교적 설명력을 증가시킬 수 있는 연구방법이라 생각된다.	0	-3
13. Q 방법론은 인간의 내면을 통찰하는 방법 같다.	-1	-3
14. Q 방법론은 인간의 변화성을 인정하는 방법 같다.	0	-4
15. Q 방법론은 양적 연구방법의 약점을 보완할 수 있는 좋은 방법이라 생각된다.	+1	-3
16. Q 방법론은 인간의 개별성을 고려한 방법으로 보인다.	+1	-2
17. Q 방법론을 위한 진보된 통계프로그램의 개발이 필요한 것 같다.	-2	0
18. 사전의 충분한 준비가 없이 Q 방법론을 사용할 경우에는 낭패를 볼 수 있다.	-1	+4
19. Q 방법론의 이론적 기초는 복잡하나 통계적 절차는 간단한 것 같다.	+1	0
20. Q 방법론은 내적, 주관적 차이를 찾아내는 적절한 방법인 것 같다.	+3	0
21. Q 방법론은 간호연구 방법으로 유용한 것 같다.	0	-1
22. Q 방법론은 개인별 간호를 모색하기 위한 방법으로 유용한 것 같다.	+3	-1

23. Q 방법론은 올바른 사전지식이 요구되는 것 같다.	0	-2
24. Q 방법론은 간호대상자의 특성을 분류하는 데 유용한 방법으로 생각된다.	+1	0
25. Q 방법론은 여러 부류의 사람들에 대한 태도(가치관)를 알 수 있을 것 같다.	+1	-4
26. PCQ 프로그램은 동일숫자가 재입력될 때 경고음이 발생되는 부분에서 높은 유용성을 지닌다.	-3	-1
27. PCQ 프로그램에서 사용되지 않은 숫자가 자막으로 안내되는 항목이 좋게 평가되는 것 같다.	-2	-1
28. Q 방법론은 인간의 심리상태에 관한 연구에 용이한 것 같다.	-1	-1
29. Q 방법론의 컴퓨터 입력방법이 다른 연구 방법에 비해 복잡하다.	-4	+4
30. 일단 Q 방법론을 이용한 연구를 해봐야 알 것 같다.	-1	0
31. Q 방법론은 흥미롭다.	0	+1
32. Q 방법론은 요인구분 변별력에 대한 설명력이 높다고 생각한다.	-4	+2
33. Q 방법론에 약점이 있다고 생각된다.	-2	+1
34. Q 방법론을 적용해서 연구를 하고자 할 때는 이론적 근거를 얻기 위해 많은 문헌을 읽어서 Q 진술문을 잘 만들어야 할 것 같다.	+4	-2

2. 연구 대상자 (P sample)의 결정

상술한 바와 같이 연구의 목적에 따라 심층적 연구와 포괄적 연구로 구별되며, 이에 따라 P 샘플의 수가 다르다. Q 방법론을 이용한 포괄적 연구는 P 표본의 수가 30명에서 50명 수준임을 의미한다. 이론적으로 30-50명의 표본도 무작위로 추출할 필요가 없다. 다만 P 표본들이 연구 주제와 관련하여 대표적, 포괄적이면 연구의 질을 제고하는 데 도움이 된다. 본 연구에서는 Q 워크숍에 참석하였던 16명의 교수, 대학원생, 실무가들을 연구 대상자로 선정하였다 (<표 7-2> 참조).

<표 7-2> 요인 분석표

factor		A	B	h^2	
응답자	1	55*	-55*	60	교수
	2	52*	-26	34	대학원생
	3	-9	69*	48	교수
	4	-14	-30	11	간호사
	5	22	-55*	35	교수
	6	28	-52*	35	대학원생
	7	61*	0	37	교수
	8	53*	-11	29	간호사
	9	59*	-15	37	대학원생
	10	68*	-34	58	교수
	11	74*	-2	55	교수
	12	23	-48*	28	조산사
	13	73*	-19	57	교수
	14	-5	-32	10	대학원생
	15	52*	-62*	65	교수
	16	37	5	14	교수

eigens 3.73 2.41 6.15
% var. 23 15 38%
* p<.01 유의수준
** 상기 수치는 소수점 이하만 표기

3. Q 분류 (Sort)

Q 진술문과 연구 대상자가 결정되면 연구자는 연구 대상자의 인식, 견해, 가치관, 또는 태도를 측정할 수 있는 준비를 완료한다. 연구자는 연구설계에 따라 작성된 지침을 연구 대상자에게 제시하고, 연구 지침에 따라 Q 진술문을 분류해 줄 것을 요청한다.

상술한 바를 요약하면 다음과 같다. Q 진술문을 분류하는 방법은 강제분포 (forced-distribution)와 자유분포 (unforced- distribution)로 대분된다. 전자는 연구자의 연구 설계에 따라 연구 대상자에게 Q 진술문을 일정한 숫자대로 강제로 배분하는 방법이며, 후자는 연구 대상자가 자유의사에 따라 Q 진술문을 분류하는 방법이다. 전자는 정규 분포의 커브로 설계되어 있기 때문에 전자를 권유 한다(Brown, 1980; McKeown and Thomas, 1988).

본 연구에서는 <그림 2>에서 보는 바와 같이 Q 방법론에 관한 진술문 중 가장 동의하는 진술문(+4) 2개, 그다음으로 동의하는 진술문(+3)은 3개, 가장 반대하는 진술문(-4) 2개, 그다음으로 반대하는 진술문(-3)은 3개 등으로 분류하도록 하는 강제분포의 방법을 채택하였다.

〈그림 2〉 Q sort 분류지

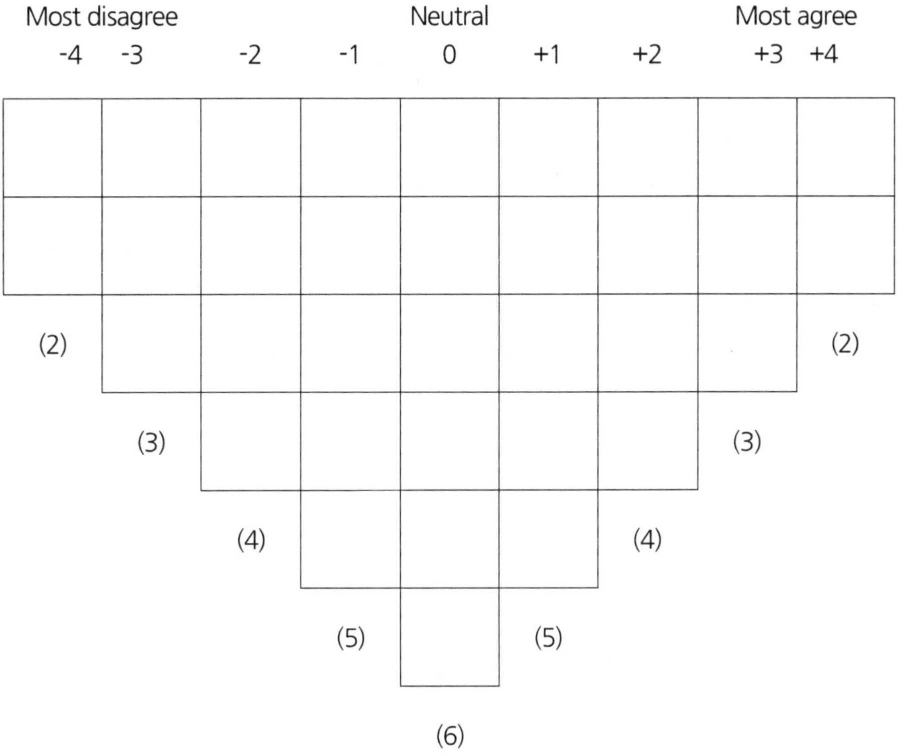

4. 통계학적 분석

연구대상자로부터 Q 자료를 구득(求得)하면 자료를 입력하여 분석단계에 들어간다. P 표본 간의 상관관계를 토대로 요인분석이 이루어진다. Q 방법론에 인식분석에 관한 연구는 크게 3가지 요인으로 분류되었다(<표 7-2> 참조). 외견상으로는 2개의 요인으로 보이지만 요인 B가 양극요인 (Bipolar Factor)으로 나타났기 때문에 3개 요인으로 해석하였다(MeKeown and Thomas, 1988).

5. Q 요인의 해석

Q 연구에 있어서 중요한 부분 중의 하나가 Q 요인의 해석이다. 연구의 결과 산출된 Q 요인은 특정 주제에 관하여 유사하게 판단 또는 생각하는 사람들의 집단이다(Brown, 1980; 김순은, 1993, 1997). 유사한 생각을 가진 집단을 나타내는 Q 요인은 주로 해당 요인의 진술문 중 극단값, 즉 +4, +3, -4, -3을 가진 진술문 등으로 해석한다. 본 연구에서 나타난 3개의 요인을 해석하면 다음과 같다.

1) 요인 A: Q 방법론에 대한 신중적 긍정론적 시각

Q 방법론의 정당성이나 효용성에 대해서는 스티펜슨이 Q 방법론의 개발하였던 시점부터 찬반양론이 존재하였다. 이에 대해서는 다음 장에서 심층적으로 논의하겠으나, 본 연구의 결과도 이를 경험적으로 입증하고 있다.

무엇보다도 첫 번째 요인은 Q 방법론의 유용성을 인식하는 연구 대상자의 집단이다. 16명의 연구 대상자 중 9명이 요인 A에 속하며, 그들은 7명의 교수, 1명의 대학원생, 1명의 간호실무사로 나타났다.

이들은 Q 방법론은 "내적, 주관적 차이를 찾아내는 적절한 방법인 것 같다" (진술문 20), "Q 방법론은 개인별 간호를 모색하기 위한 방법으로 유용한 것 같다" (진술문 22)는 의견에 각각 +3을 부여함으로써 Q 방법론의 유용성을 인식하고 있다.

같은 맥락에서 Q 방법론의 효용성을 비판하는 진술문에 대해서는 부정적으로 응답하고 있다. "Q 방법론의 결과는 일반화하기 어렵다" (진술문 2), "Q 방법론의 컴퓨터 입력방법이 다른 연구 방법에 비해 복잡하다" (진술문 29)는 의견에 각각 -3, -4를 부여하였다.

요인 A는 Q 방법론의 유용성에 동의하면서 Q 방법론의 활용에는 신중한 태도를 보이고 있다. 무엇보다도 Q 방법론을 활용하기에 앞서 관련 실체적 지식이나 절차에 충분한 준비가 있어야 한다는 신중함을 보이고 있다. "Q 방법론은 연구하고자 하는 관심분야에 대한 해박한 지식이 필요한 것 같다" (진술문 1), "Q 방법론을 적용해서 연구를 하고자 할 때는 이론적 근거를 얻기 위해 많은 문헌을 읽어서 Q 진술문을 잘 만들어야 할 것 같다" (진술문 34)에 각각 +4의 높은 점수를 부여하였다. 또한, “Q 방법론에 따른 연구분석에서는 연구자의 오류를 통제하기 어려운 것 같다"(진술문 7), ”Q 방법론은 요인 구분 변별력에 대한 설명력이 높다고 생각한다“ (진술문 32)에 각각 +3, -4 점수를 부여함으로써 신중한 태도의 근거를 보여주고 있다.

2) 요인 B: Q 방법론에 대한 부정적 견해

요인 B는 양극 요인 (Bipolar Factor)으로 6명의 연구대상자로 구성되었다. 6명의 연구대상자 중 교수는 4명, 대학원생은 2명으로 나타났다. 특히 6명 중 5명은 부(負)의 요인으로 분석되었다.

요인 B의 특징은 진술문 2, 진술문 4, 진술문 8, 진술문 12, 진술문 13, 진술문 14, 진술문 15, 진술문 18, 진술문 25, 진술문 29 등에서 잘 나타나고 있다. 그동안 Q 방법론에 관하여 제기된 논의 중 긍정적 주장을 나타내는 진술문에는 부의 높은 점수를, 부정적 주장을 표시하는 진술문에서 양의 높은 점수를 부여함으로써 Q 방법론에 대하여 부정적 견해를 강력하게 표시하고 있는 것으로 나타났다.

Q 방법론에 관하여 부정적 주장을 나타내는 진술문들, “Q 방법론의 결과는 일반화하기 어렵다” (진술문 2), “태도나 생각에 치우치다 보면 과학적 사실 자체를 간과할 오류가 있는 것 같다” (진술문 4), “Q 방법론에 의한 연구결과는 연구자의 해석에 따라 오용될 우려가 있는 것 같다” (진술문 8)는 주장에 각각 +3을, “사전의 충분한 준비가 없이 사용한 경우에는 낭패를 당할 수 있다” (진술문 18), “Q 방법론의 컴퓨터 입력방법이 다른 연구방법에 비해 복잡하다” (진술문 29)는 진술문에 +4를 부여하였다.

아울러 Q 방법론의 긍정적 진술문들, “Q 방법론은 간호연구의 영역에서 질적 연구의 약점을 보완하고 비교적 설명력을 증가시킬 수 있는 연구방법이라고 생각한다” (진술문 12), “Q 방법론은 인간의 내면을 통찰하는 방법 같다” (진술문 13), “Q 방법론은 양적 연구방법의 약점을 보완할 수 있는 좋은 방법이라 생각한다” (진술문 15)는 각각 -3을 부여하였다.

아울러 “Q 방법론은 인간의 변화성을 인정하는 방법 같다” (진술문 14), “Q

는 여러 부류의 사람들에 대한 태도(가치관)를 알 수 있을 것 같다" (진술문 25)는 진술문에는 각각 -4를 부여함으로써 Q 방법론에 대한 부정적 태도를 명확히 표시하고 있다.

반면 요인 B와 대칭적인 견해를 가진 요인 B'는 긍정적인 견해로 해석할 수 있다. 요인 B'의 긍정적 견해는 요인 A와는 대상에 따라 차이가 많은 것으로 분석되었다. 부연하면 요인 A가 방법론적 관점에서 Q 방법론의 유용성을 파악하면서, 충분한 연구와 지식이 필요하다는 점을 동의하고 있는 반면, 요인 B'는 실체적 연구 대상의 관점에서 Q의 효용성에 동의하고 있다. 요인 B'의 특징적 진술문은 요인 B의 특징을 나타나는 진술문 값의 반대이다. 요인 B가 부정적 진술문에 높은 점수를 준 반면 요인 B'는 이를 반대로 해석하고 있다.

6. Q 방법론에 대한 비판적 분석

상기의 Q 방법론과 관련된 논쟁은 50년 이상 끊임없이 계속되었다. 일반적으로 논쟁의 대상이 되었던 부분은 앞장의 인식분석 사례에서 적절히 입증되었다. 정리하자면 Q 방법론의 효용성에 비판적이었던 주장을 요약하면 통계학적 관점에서 Q 연구 결과의 일반화, Q 분류의 방법, 통계학적 분석방법 등으로 요약할 수 있다. 이를 상론하면 다음과 같다.

1) Q 연구 결과의 일반화

Q 방법론에 대하여 가장 비판적인 부분은 연구 대상자의 추출방법과 규모와 관련되어 있다. 전통적인 R 방법론에서는 다수의 표본을 무작위로 추출할 것이 요구된다. 반면 Q 방법론에서는 20-50명의 적은 규모, 심지어는 1인의 연구 대상자를 상대로 연구를 수행할 수 있다는 점을 앞장에서 논의하였다.

무작위 추출에 의하지 않고 적은 수의 연구 대상자를 토대로 산출된 Q 연구의 결과는 일반화할 수 없다는 것이 일반적 비판이었다. Q 방법론을 "가설발견의 논리"라고 명명하는 것도 Q 방법론의 이러한 특징에 기인하고 있다. 따라서 Q 연구의 결과를 일반화하기 위해서는 무작위 추출에 의한 다수의 표본에 적용하여야 한다고 본다(Kerlinger, 1973).

이러한 비판에 대하여 연구 대상자의 규모는 연구의 목적과 밀접하게 관련되어 있음에 주목할 필요가 있다. 연구의 목적을 달성하기 위해서 다수의 연구 대상자가 필요한 연구라면 경제적인 측면과 물리적인 측면에서 무작위 추출에 의한 표본을 선택하여야 한다. 그러나 연구의 목적이 소수의 대상자와 관련된 경우라면 처음부터 일반화의 문제가 발생하지 않는다. 예를 들면, 특정 조직 내의 문제점을 연구하는 경우에는 모집단의 규모가 특정 조직 내의 구성원에 한정하기 때문에 조직 외부의 대상자를 연구의 범위에 포함시킬 필요가 발생하지 않는다.

또한, 연구의 결과가 일반화되기 위해서는 2가지 요건을 충족하여야 한다(Brown and Ungs, 1970). 하나는 자료를 제공하여야 하는 연구 대상자의 대표성이며, 또 하나는 연구의 결과가 적용될 수 있는 상황의 대표성이다. Q 방법론에 대한 비판은 주로 전자에 기인한다.

그런데 Q 방법론은 오히려 전통적인 R 방법론에 비하여 후자의 대표성이 매우 높다(Brown et al., 1999). 다수의 Q 진술문을 통하여 연구 대상자는 다양한 상황에 직면하기 때문에 R 방법론이 결여하고 있는 상황의 대표성이 높다. 특히 상황적 변이가 사람에 따른 변이보다 중요하다는 점을 감안할 때, Q 방법론의 대표성은 매우 높다고 할 수 있다.

아울러 Q 방법론에 의한 연구 결과인 Q 요인들은 비슷한 견해, 관점, 가치를 가진 사람들의 집단이므로 Q 방법론을 통해 그러한 집단의 일반적 견해를 알 수 있다. 따라서 비록 연구 대상자의 수가 적다고 하더라도 그러한 집단의 대표적 견해가 도출되는 셈이다.

2) Q 분류의 방법

앞장에서 논의한 바와 같이 Q 진술문은 연구자의 지침에 따라 연구 대상자가 스스로 분류할 수 있다. 그러나 Q 진술문의 분류가 정규분포의 형태를 이루도록 강제배분을 하는 것이 연구자들에게 일반적으로 권장하고 있다(<그림 2> 참조). 이러한 분류방법에 대하여 다양한 비판이 제기되고 있다.

비판의 주장을 정리하면 다음과 같다. 우선, 연구 대상자가 30개 이상이 되는 Q 진술문을 연구자의 지침에 따라 분류할 인식능력을 갖추고 있지 않다는 것이다. 아울러 전통적인 R 방법론에서는 질문 간에 독립성이 중요한데, Q 연구에서는 진술문 상호 간에 영향력이 매우 크게 작용하고 있다. 또한, 정규분포의 형태를 띠기 위해서 필요한 극단값을 가지는 진술문의 수가 너무 적다.

이러한 비판에 대한 Q 방법론자의 방어는 다음과 같다. Q 연구에 있어서는 진술문 간 값의 차이가 연구 대상자의 내면적인 서열을 의미하기 때문에, 이는 절대적 의미의 차이를 분석하는 R 방법론과는 다르다. 또한, 연구의 상황적 변이를 중시하는 Q 연구에 있어서는 Q 진술문 간의 상호작용이 중시된다. 오류의 법칙 (law of error)에 따르면, 의미를 갖는 적은 수의 진술문이 의미가 없는 또는 의미가 적은 많은 수의 진술문보다 중요하다. 따라서 극단값을 갖는 적은 수의 진술문을 선택한 것은 연구의 편의를 위한 것이며, 이는 통계학적인 가정에 위배되지 않는다(Brown, 1999).

3) 통계학적 분석방법

연구대상자 간에 상관관계가 분석되면 이를 토대로 요인분석의 단계로 나아간다. 요인이 추출되면 요인 간에 로테이션이 이루어진다. 로테이션에는 객관적인 방법으로 베리맥스 (Varimax), 쿼타맥스 (Quartimax), 이퀴맥스 (Equimax) 등의 방법이 있고, 주관적인 방법으로는 센트로이드 (Centroid) 방식이 있다. 전자 중에서는 베리맥스 방법이 자주 활용되고 있다. 베리맥스는 추출된 요인 속에 가능한 한 다수의 Q 분류 (연구 대상자)를 포함시키는 방식이다. Q 연구에 있어서도 이 방식이 자주 이용되고 있다.

그러나 스티펜슨이나 브라운 교수는 주관적이고 판단적인 센트로이드 방식을 연구자들에게 권장하고 있다. 이러한 권장에 대하여 연구의 비결정성 (in-determinancy)만을 높인다는 비판이 제기되고 있다.

비결정성에 대한 비판에도 불구하고, 상황적 변이가 강조되는 Q 연구에 있어서는 특정 연구 대상자에 초점을 맞출 수 있는 센트로이드 방식이 상황적 적실성을 높이는 데 효용이 높다. 이러한 주장에 근거할 때 아이겐값이 1 미만인 경우의 요인도 의미 있는 요인으로 해석할 수 있다. Q 연구에 있어서 통계학적 근거뿐만 아니라 상황적 근거에 의하여 요인추출을 하는 것도 이러한 근거에 기초하고 있다(Brown, 1980; McKeown and Thomas, 1988).

7. 결론

상기에서 Q 방법론에 대한 이론적 배경과 Q 방법론에 대한 인식을 구체적인 사례를 통하여 분석하였다. 사례분석은 기존의 Q 방법론에 대한 이론적 논쟁을 경험적으로 입증하고 있다.

Q 방법론을 둘러싼 이론적 논쟁은 물론 구체적인 사례분석에서 보았듯이 Q 방법론은 장점과 단점을 함께 지니고 있다. 적은 수의 연구 대상자를 상대로 연구가 진행되기 때문에 연구 대상자의 배경적 변수와 Q 요인 간의 관계를 일반화하는 데에는 이론(異論)이 있을 수 있다.

그럼에도 불구하고, Q 방법론은 주관성을 과학적으로 측정하는 데 효용이 있다. 인간의 주관성은 입증하기 쉽지 않지만, 주관성은 일정한 구조와 형태를 띠고 있다. 이러한 점에서 연구를 위한 주관성의 구조와 형태를 측정하는 데에 Q 방법론이 효용성을 가진다(Brown, 1980).

"Q 방법론은 주관성의 과학화에 기초를 제공한 일종의 철학적, 심리적, 통계적, 그리고 계량심리적 도구이다. Q 방법론의 우수한 장점은 인간행위의 주관적인 면-인간의 주관성-의 관찰과 측정에 있다. 주관성이라 함은 동적인 상황 속에서 자작적(Operantly)으로 정의되는 개인의 관점 및 관념을 말한다"(김순은, 1997, p. 6). 특히 정치, 행정분야에 있어서 정책과정에 참여하는 참가자들의 주관성이 정책결과에 미치는 영향이 매우 큰 점을 감안하면, 주관성을 과학적으로 측정할 수 있는 Q 방법론의 효용성이 크다고 할 수 있다.

종합하면, Q 방법론의 장·단점을 감안할 때 Q 방법론으로 처리할 수 없는 부분은 R 방법론에 의하여 보완하고, R 방법론으로 해결할 수 없는 영역은 Q 방법론으로 해결할 수 있다. 따라서 Q 방법론과 R 방법론은 상호보완적으로 활용된다면 사회과학의 발전에 기여할 수 있을 것이다.

제2장

참고논문

1. 참고논문 #1

지방자치의 발전을 저해하는 요인분석: Q 방법론의 적용*

김순은(동의대학교)

본 연구는 지방자치의 발전을 저해하는 요인에 대하여 정책관계자 및 시민대표들이 어떠한 인식을 갖고 있는가에 대한 분석이다. 연구의 결과 시민적 관점, 행·재정적 관점, 지방정부적 관점 등이 확인되었다.

시민적 관점은 지방자치의 성공적 발전을 위해서 시민의 역할에 초점을 맞추고 있으며 행·재정적 관점은 중앙정부와 지방정부 간의 행·재정적 관계와 지방자치의 발전을 연계하고 있는 것으로 나타났다. 지방정부의 관점은 중앙정부와의 관계에서는 내무부의 위상저하를, 지방의회와의 관계에 있어서는 사무처(국)의 인사권 독립을, 주민과의 관계에 있어서는 행정정보의 적극적 공개가 지방자치의 발전에 중요한 요인임을 확인하였다.

* 본 논문은 1997년「정책분석평가학회보」제7권 1호, pp. 5-25에 게재된 논문임.

1. 서론

가. 문제제기

1991년 지방의회가 구성되어 부분적인 지방자치가 실시되었다. 부분적인 실시에도 불구하고 지방자치에 대한 주민의 기대는 매우 컸다(동의대학교 지방자치연구소, 1992). 그리고 4년 뒤인 1995년 제2기 지방의회와 지방자치단체 단체장의 선거가 동시에 실시되어 외형적으로는 민주적인 지방정부가 구성되었다. 이로 인하여 지방정부에 거는 지역주민의 관심과 기대는 더욱 점증되었다.

그러나, 주민의 지방정부에 거는 기대와 비례하여 지역주민의 실망도 점증하고 있는 것으로 각종 설문조사에 나타나고 있다(김순은 외2, 1993; 이재웅, 1996). 지방자치에 대한 실망으로 말미암아 매년 지방자치의 정착과 발전을 위하여 많은 연구가 진행되어 왔다. 특히 지방자치법 개정을 앞두고 지방자치법 개정방향에 대한 설문조사의 내용은 주로 지방자치의 정착을 저해한다고 주장의 근거를 담고 있다(한국지방자치학회, 1992; 한양대학교 지방자치연구소, 1992; 전국시·도 의장단협의회, 1993; 동의대학교 지방자치연구소, 1994; 김순은 외1, 1994; 송광태, 1995; 김순은 외2, 1996). 이들 연구는 대부분 실증주의적 관점에서 다수의 표본을 대상으로 빈도분석에 기초한 연구들이다.

본 연구는 상기에서 언급한 다수의 설문조사에서 나타난 지방자치의 저해요인을 추출하여 다수의 표본보다는 지방자치와 밀접하게 관련된 소수의 표본을 대상으로 지방자치를 저해하는 요인에 대한 주관적 인식을 파악하는 데 목적이 있다. 왜냐하면, 정책은 정책담당자들의 주관적 판단과 인식에 의하여 영향을 받는 경우가 많기 때문이다.

나. 연구범위 및 방법

앞 절에서 논의한 다수의 설문조사와 지방자치 및 지방정부에 관련된 논문들을 분석하면 지방자치의 발전을 저해하는 요소는 크게 세 가지 관점에서 분류할 수 있다. 첫째, 정부 간 관계의 관점에서 지방자치의 발전을 저해하는 요인을 분석할 수 있다. 중앙정부와 지방정부, 광역지방정부와 기초지방정부 간의 정치적, 행정적, 재정적 관계에서 현재 지방자치의 문제점을 발견할 수 있다.

둘째의 관점은 지방정부 내에 초점을 맞춘다. 지방정부 내의 집행부서와 지방의회와의 역학관계, 단체장과 집행부 공무원과의 관계, 지방의회의 구성 및 운영에 관련하여 지방자치의 저해요인을 분석하고 있다. 지방의정의 활성화를 저해하는 요인이 이 범주에 속한다.

셋째의 관점에서는 지방정부와 지역주민과의 관계에 분석의 초점이 있다. 지역주민과 집행부서와의 관계, 지방의회와 지역주민과의 관계에서 문제점을 도출하는 시각이다.

본 연구에서는 상기의 3가지 관점에서 분석되는 문제점을 38가지를 도출하여 Q 언명 (Statements)을 만든다. 이를 토대로 Q 표본으로부터 자료를 수집하여 지방자치를 저해하는 요인에 대한 Q 표본의 주관적 판단을 분석하는 것을 논문의 목적으로 한다.

앞 절에서 논의한 각종 여론조사가 빈도분석이라는 가장 초보적인 통계기법에 의거하고 있음을 언급한 바 있다. 빈도분석에 의거하고 있기 때문에 변수 간의 관계에 대한 해석을 도출할 수 없는 약점이 있다.

따라서 본 연구에서는 새로운 연구방법을 사용하려고 한다. 앞 절에서 언급한 바와 같이 정책과정에 있어서의 주관적 가치 및 판단성의 중요성과 빈도분석이라는 통계기법의 단순성을 극복하기 위하여 Q 방법론을 사용하고자 한다. Q 방법론은 주관적 변수를 과학적으로 측정할 수 있는 통계적 도구로서 일찍이 심리학자이며 물리학자인 스티펜슨(W. Stephenson)이 개발하여 캐트(Catte), 아이세크(Eysenck), 더스톤(Thurstone), 버트(Burt)에 의하여 발전되어 오다가 브라운 교수에 의하여 완성되었다. 브라운 교수는 「Political Subjectivity」라는 저서에서 정치·행정학에서 Q 방법론의 영역을 확보하는 성과를 거두었다.

본 연구는 Q 방법론을 사용하여 지방자치의 정착과 발전을 저해하는 요인을 분석하는 데 목적이 있다. "Q 방법론은 주관성의 과학화에 기초를 제공한 일종의 철학적, 심리적, 통계적, 그리고 계량심리적 도구이다. Q 방법론의 우수한 장점은 인간행위의 주관적인 면—인간의 주관성—의 관찰과 측정에 있다. 주관성이라 함은 동적인 상황 속에서 자결적으로 (Operantly) 정의되는 개인의 관점 및 관념을 말한다"(김순은, 1993c).

2. 지방자치의 저해요인

1991년 이후 발표된 각종 연구에 따르면 다양한 시각에서 지방자치의 활성화를 저해하는 요인들이 분석되었다(한국지방자치학회, 1992; 한양대학교 지방자치연구소, 1992; 전국시·도의장단협의회, 1993; 동의대학교 지방자치연구소, 1994; 김순은 외1, 1994; 김순은 외2, 1996; 송광태, 1995; 경제정의실천연합회, 1997). 상기의 연구들에 따르면 다양한 요인들이 지방자치의 정착과 활성화를 저해하고 있는 것으로 분석되고 있다. 다양한 요인들을 유형화하면 중앙정부와 지방정부 간의 정부 간 측면의 요인, 지방정부 내에 존재하는 요인, 지방정부와 지역주민 간에 존재하는 요인 등으로 구분 된다(김순은, 1995a).

중앙정부와 지방정부 간에 존재하는 정부 간 요인은 정치적, 행정적, 재정적 요인으로 대별된다. 지방정부 내에 존재하는 문제는 상위 지방정부와 하위 지방정부 간의 관계에 존재하는 문제, 단체장과 지방의회 사이에 존재하는 문제로 대분할 수 있다. 본 절에서는 이러한 순서에 따라 논의하고자 한다.

가. 정부 간 관계의 측면

지방자치의 정착을 저해하는 요인을 논의함에 있어서 가장 먼저 언급되는 부분이 정부 간 관계의 관점에서 분석되는 요인들이다. "지방정부 또는 지방자치를 논함에 있어서 정부 간 관계를 논하기 시작한 것은 오랜 전통을 갖고 있다. 영국은 19세기 말 20세기 초에 중앙정부와 지방정부 간의 권한과 기능배분에 관하여 많은 논의를 전개하였다. 미국에서 정부 간 관계라는 용어는 1960년에 본격적으로 사용되었지만 일찍부터 연방제하에서의 연방정부와 주정부, 주정부와 지방정부, 연방정부와 지방정부와의 관계에 대하여 많은 관심을 쏟았다. 일본에서는 기관 및 단체위임사무와 관련하여 정부 간 관계가 논의되어 왔다" (김순은, 1997b, p. 90). 우리나라에서도 지방자치의 저해요인을 분석할 때 정부 간 관계에서 그 요인을 찾는 것이 일반적이다.

정부 간 관계의 관점에서 분석할 때, 정치적, 행정적, 재정적 요인이 혼합하여 현재 지방자치의 정착과 발전을 저해하고 있다는 주장이 일반적이다(이기우, 1997; 김순은, 1997a). 정치적 요인은 정치적 권한이 중앙정부에 집중되어 있고 지방정부의 정치적 권한이 약한 것을 의미한다. 입법권은 국회가 독점적으로 행사하고 있으며 행정권도 중앙정부에 집중되어 있다.

우선 입법권이 국회에 집중되어 있는 관계로 지방정부의 조례제정권의 범위가 매우 제한적이다. 통상 우리의 입법체계는 법률, 명령, 조례 및 규칙으로 형성되어 있는데, 조례의 상위입법에서 조례로 규정하도록 위임하기 전에는 지방정부가 조례를 규정할 수 없다는 것이 일반적 해석이다(박원영, 1992; 이기우, 1993). 이러한 논리에 따르면 지방자치법 제15조 "지방자치단체는 법령의 범위 안에서 그 사무에 관하여 조례를 제정할 수 있다"의 "법령의 범위 안에서"를 "상위 법령의 구체적인 위임하에서"라고 해석하여야 한다.

이러한 실증법적 법 해석에 대하여 "입법권은 국회가 행사하도록 하되 국회 입법권 중에서 전국적인 통합이 반드시 요구되지 아니하는 부분은 조례에 위임하도록 함으로써 지방의 입법권을 활성화"(이기우, 1997, p. 3)하여 지방정부의 정치적 권한을 강화하여야 한다는 것이 지방자치에 관심을 갖는 대부분 학자의 일반적 의견이다. 따라서 "법령의 범위 안에서"라는 법규를 "상위 법령에 위반되지 않는 한"으로 확대해석하는 것이 바람직하다(박원영, 1992; 이기우, 1993).

이러한 법논리에 따라 지방정부가 추진하였던 사례가 정보공개에 관한 조례, 유급보좌관제에 관한 조례 및 증언·감정에 관한 조례의 제정이었다(김순은, 1995a). 정보공개에 관한 조례는 상위입법이 없다는 이유로 집행부와 내무부가 강력하게 반대하였으나, 대법원의 적극적 법해석으로 지방정부의 권한으로 제정할 수 있었다. 증언·감정에 관한 조례제정을 위한 지방정부의 노력이 1994년 지방자치법 개정에 반영되어 제36조 5항이 삽입되었다. 유급보좌관제에 관한 조례제정은 많은 광역의회에서 추진하였으나 집행부의 반대에 직면하게 되었다.[1] 이는 결국 대법원에 제소되어 1996년 12월 대법원의 위법판결로 확정되어 상위법에서 구체적으로 명시하기 전에는 조례제정이 불가능하게 되었다.

1) 부산광역시장은 "지방자치법 제32조가 의정활동비, 여비 및 회의수당 등의 지방의원 처우를 규정함과 아울러 지방의원을 명예직으로 천명하고 있는 기본정신과 유급보좌관제는 상충된다는 점" 동시에 "대통령령인 지방자치단체의 행정기구와 정원기준에 관한 규정 제14조와 제16조에 위배된다는 논거와 유급보좌관제를 규정하는 상위법령의 부재를 근거"로 재의를 요청하였다(김순은, 1997, p. 19).

일본의 경우 지방자치법 제14조가 "법령에 위반되지 않는 한"으로 성문화하고 있다. 영국의 정부 간 관계의 특징은 "상위입법 위반행위 무효의 원칙 (Ultra Vires)"으로 요약할 수 있다. 중앙정부가 구체적으로 위임한 것 이외의 지방정부의 월권행위는 무효라는 원칙을 의미한다. 그러나 월권행위 무효의 원칙은 지방정부를 중앙정부에 종속시키기보다는 오히려 위임된 범위 안에서 지방정부의 폭넓은 조례제정권을 인정하고 있다.

최근에 조사된 설문조사에서도 이 같은 법률해석이 타당하다는 결론이 도출되었다(김순은 외2, 1996). "법령에 위반되지 않는 범위"로 해석할 경우의 효과를 묻는 질문에 응답자들은 다음과 같이 응답하였다. 지나친 분권화를 우려한 응답자는 31%에 그친 반면, 지역의 자율성을 제고할 것이라는 응답은 64%에 달하였다.

나아가 지방정부의 정치적 권한과 관련하여 논의되어야 될 과제가 지방정부의 벌칙부과권과 과세권이다. 지방정부의 벌치부과권과 관련된 조항이 지방자치법 제15조와 제20조이다. 지방자치법 제20조에 따르면 지방정부는 조례로써 조례위반 행위에 대하여 1천만 원 이하의 벌칙을 부과할 수 있도록 규정하고 있다. 동시에 지방자치법 제15조는 "주민의 권리제한 또는 의무부과에 관한 사항이나 벌칙을 정할 때에는 법률의 위임이 있어야 한다"고 규정하고 있다. 지방자치법 제20조의 취지를 살리기 위해서는 제15조 단서의 조항을 삭제하여야 한다는 주장이 강하다. 아울러 종전처럼 지방정부도 "자치단체의 조례로써 3개월 이하의 징역 또는 금고, 10만 원 이하의 벌금, 구류 또는 50만 원 이하의 과태료의 벌칙"을 부과하여야 한다는 견해가 지배적이다. 1996년 10월에 실시된 설문조사에서도(김순은 외2, 1996) 응답자의 59.4%가 벌칙부과권의 필요성을 인정하였다(김순은, 1995a).

우리나라 지방정부의 정치적 권한이 제한되는 대표적 영역 중의 하나가 바로 과세제도이다(이재성, 1993; 김순은, 1995c). 이 영역에 대해서는 학계에서도 비교적 소홀히 취급되고 있는 실정이다. 과세제도는 우리나라 헌법 제59조의 "조세의 종목과 세율은 법률로 정한다"는 규정에서 조세의 범위 속에 국세와 지방세를 포함하는 엄격한 해석에 근거하고 있기 때문이다.

조세법률주의에 대한 이러한 해석은 "지방세법 제3조 1항「지방자치단체는 지방세의 세목, 과세객체, 과세표준, 세율 기타 부과징수에 관하여 필요한 사항을 정함에 있어서는 조례로 하여야 한다」는 규정이 위헌적 조항으로 해석될 소지를 낳았다. 그뿐만 아니라 조세법률주의에 대한 엄격한 해석은 지방의회가 자치단체의 예산을 심의함에 있어 세입예산을 통제하는 데 한계로 작용하고 있기 때문에 지방의회 예산심의 실효성을 떨어뜨리고 있다"(김순은, 1997b, p. 289). 1996년도 설문조사에서도 응답자의 59.4%가 지방정부에게 부분적인 과세권이 주어져야 한다고 판단하고 있다(김순은 외2, 1996).

상기에서는 지방정부의 제한적 정치적 권한이 지방자치의 발전에 저해가 되고 있음을 논의하였다. 그뿐만 아니라 행정적 권한이 미약하다는 점이 지방자치의 활성화를 저해하고 있다는 데에 이론이 없다(김순은, 1995a; 이기우, 1997). 지방정부 자주행정권의 확보는 지방자치의 발전을 위해서 매우 긴요한 사안이다(김병국, 1992; 문창수, 1992). 인사, 조직, 재정, 지방정부의 행정사무 등이 중앙정부에 집중되어 있을 뿐만 아니라 행정업무에 따라서는 중앙정부의 특별지방행정기관이 지방에 설치되어 지방정부가 종합적인 행정을 수행하는 데 어려움이 많다.

지방자치법 제102조에 따르면 지방정부는 행정사무를 분장하기 위하여 시·도에 있어서는 대통령령의 범위 안에서 조례로 행정기구를 둘 수 있고, 하위 지방정부에 있어서는 대통령령이 정하는 바에 따라 상위 지방정부의 승인을 얻어 조례로 행정기구를 규정하도록 되어 있다. 지방정부의 조직권이 실질적으로 중앙정부 및 상위정부에 귀속하기 때문에 지방정부가 지역사정에 따라 행정기구를 탄력적으로 운영하는 것이 매우 어려웠다. "그뿐만 아니라 상위정부에 정치력을 발휘하여 지역의 기구를 확장함으로써 지역 공무원들의 승진기회를 늘렸던 임명직 단체장이 공무원 사이에는 유능한 단체장으로 평가를 받기도 하였다"(김순은, 1997, p. 56).

지방자치법 제101조와 제103조에 따르면 지방정부는 지방정부의 경비로 부담하는 지방공무원 외에, 법률이 정하는 바에 따라 임명되는 중앙공무원으로 구성된다. 중앙정부의 공무원에 대한 인사권은 중앙정부에 귀속되어 있고 통상 상위직 공무원들이 주로 중앙공무원으로 보임되는 경우가 많다. 그뿐만 아니라 지방공무원의 규모도 대통령령이 정하는 기준에 따라 조례로서 정하도록 되어 있어 지방정부의 인사권이 크게 제약받고 있다. 지방정부에 중앙공무원이 배속됨으로써 인사관리의 법적권한이 중앙에 귀속되는 현상이 발생하고, 지방공무원법과 중앙공무원법이 동시에 적용됨으로써 법적용상의 혼란이 발생하는 폐단이 발생하고 있다. 그뿐만 아니라 중앙정부의 위임사무가 많은 현실과 더불어 중앙정부의 지방정부에 대한 통제요인이 항상 존재하고 있다(김병국, 1992).

중앙정부가 지방정부의 인사권을 제약하는 또 하나의 영역이 지방정부 부단체장에 대한 인사권이다. 지방자치법 제101조에 다르면 상위 지방정부에 일반직 국가공무원으로 부단체장을 임명하도록 되어 있다. 1995년 6월 지방정부의 단체장 직선을 앞두고, 행정경험이 없는 단체장의 출현으로 인한 행정의 정치화를 예방하고 행정전문가인 부단체장으로 하여금 정치적 성향이 강한 단체장을 효과적으로 보좌할 수 있도록 부단체장의 권한을 강화하여야 한다는 주장이 있었다(임경호, 1989). 그러나 부단체장에 대한 중앙정부의 권한이 지방정부의 자율권을 제약하고 있다는 데에는 이론이 없다. 이에 대하여 부단체장 임명 시에 지방의회의 동의를 얻어야 한다는 여론조사 결과도 있다(김순은, 1994). 1996년 10월에 발표된 설문조사에(김순은 외2, 1996) 따르면 지방정부의 행정기구와 공무원 정원에 대한 권한은 지방정부가 행사하여야 한다고 인식하는 응답자가 72.3%에 달하였다. 같은 맥락에서 지방정부에 배속된 중앙공무원의 전보권도 지방정부에 귀속하는 것이 마땅하다고 보는 응답자가 61.3%에 달하였다.

지방정부의 활동을 제약하는 요인 중에는 열악한 지방정부의 재정력과 재정권한의 미흡함이 포함된다는 데에 많은 학자들이 동감하고 있다(이상용, 1992; 손희준, 1997). 이에 따라 지방정부의 재정력 강화를 위하여 지방세원의 확대, 세외수입의 증대 및 지방재정조정 제도의 개선 등이 논의되고 있다.

지방세원을 확대하는 방안으로는 국세와 지방세목의 조정 및 새로운 세원의 도입이 논의될 수 있다. 새로운 세원으로는 환경세, 자원세, 광고세, 지방소비세 및 소득세 등을 검토할 수 있다(손희준, 1997). 세외수입 관련해서는 지방정부 지방채 발행의 자율성을 제고하는 방향에서 제도 개선이 요망된다. 예를 들면 시·도에 위임하거나 지방정부 단체장에게 위임하는 방안이 검토될 수 있다. 지방공기업의 대상사업과 적정영역에 대한 재검토와 제3섹타 방식을 취할 경우 내무부의 승인제도 재검토가 요망된다.

지방재정조정 제도의 개선을 위하여 지방교부세, 국고보조금, 지방양여금에 대한 개선방안이 요구된다(손희준, 1997). 지방교부세와 관련해서는 법정교부율의 조정, 인구 기준에만 의존한 교부방식의 개선 등이 논의될 수 있으며, 국고보조금과 관련해서는 포괄보조금제도와 차등보조율의 활성화가 요구된다. 지방양여금제도의 개선을 위하여 지방양여금 재원의 조정방안과 대상사업의 조정이 요망된다.

지방정부의 재정운영 권한과 관련해서는 내무부가 지방정부에게 하달하는 예산편성지침의 폐지 등이 논란이 되고 있다. 최근에 실시된 설문조사에서도 응답자의 58.8%가 예산편성지침의 폐지에 찬성하는 것으로 분석되었다(김순은 외2, 1996).

지방정부의 자주행정권의 강화를 위하여 논의되는 부분이 행정사무의 지방화이다. 현재 중앙정부와 지방정부 간의 사무배분의 기준이 타당하지 않을 뿐만 아니라 사무배분이 모호하여 중앙정부와 지방정부 간에 갈등의 소지가 많다. 그뿐만 아니라 지방자치법 제9조 2항의 규정으로 인하여 지방정부 사무범위가 매우 제한적이었다. 이를 개선하기 위하여 지방자치법 제9조 2항의 단서규정을 폐지하고 자치사무와 위임사무의 구분을 폐지하여야 한다는 주장이 대두되었다. 향후 "도시경제의 생산성 향상을 위한 기능, 도시계획 및 토지이용을 위한 기능, 주민과의 접촉업무가 높은 행정업무기능 등은 지방정부의 기능으로 배분하여 지방자치의 제도적 정착을 도모"하거나(이성복, 1993, p.970) 지방정부가 처리하는 사무는 자치사무로 규정하고 중앙정부는 법적 감독기능만을 수행하는 방안을 제안하기도 한다(이기우, 1997).

지방정부의 사무범위와 관련하여 중앙정부와 지방정부 사이에 발생하는 갈등이 감사문제이다. 상기에서와 같이 지방정부의 사무범위가 확대된다면 지방의회 사무감사의 범위가 확대되는 것은 당연한 논리의 귀결이다. 지방정부의 사무범위가 확대되지 않더라도 지방의회의 사무감사가 위임사무에까지 확대되어야 지방자치의 활성화가 이루어질 수 있다. "지방정부의 집행부서는 그동안 국회의 국정감사, 지방의회의 행정감사 및 결산감사, 감사원의 감사, 상위 기관의 내무감사 및 내무부 감사 등 이중, 삼중의 감사를 받아 왔다. 이에 대하여 지방의회는 지방의회의 감사범위를 확대하고 그에 갈음하여 중앙정부가 담당하던 지방정부에 대한 감사권의 범위를 축소할 것을 주장하여 왔다"(김순은, 1997, p. 58). 한국지방자치학회 회원의 65%가 감사의 수를 축소하고 지방의회의 감사를 기관위임사무까지 확대하여야 한다는 주장에 찬성하고 있다.

끝으로 중앙정부와 지방정부 간의 정부 간 관계에서 논의될 수 있는 이슈가 내무부의 기능과 지방선거에 있어서 중앙정부의 역할이다. 비대화된 내무부의 지방행정에 대한 통제로 인하여 지방정부의 자치권이 크게 제약을 받고 있다는 데에는 이론이 없다. 이를 위하여 내무부가 지방행정의 통제자로서가 아니라 후원자 또는 조언자로서의 역할을 수행하여야 한다는 의견이 학자들 간에 확산되고 있다. 만약 이 같은 역할을 수행하지 못할 경우에는 내무부를 폐지하는 방안도 적극적으로 검토하여야 한다는 의견이 제시되었다(이기우, 1997).

지방정부와 중앙정부 사이의 직접적인 행정업무 관계는 아니지만, 중앙정부가 지방선거에 관한 제도를 직접적으로 제정하기 때문에 지방선거에 관련된 이슈를 본 절에서 다루었다. 지방선거에 있어 그동안 가장 논란이 되었던 부분이 지방선거에 있어서 정당공천 문제였다. 미국 등과 같이 선거후보자가 지구당에서 예비선거를 통하여 정해지는 경우는 굳이 논의할 필요가 없다. 그러나 우리나라는 현실적으로 단체장 및 광역의회 의원의 후보자를 중앙당에서 공천하고 있기 때문에 결과적으로 중앙정부와 지방정부 간의 정부 간 관계의 이슈가 발생한다. 지방정치인들은 실질적으로 공천권을 행사는 국회의원이나 당총재에게 종속될 수밖에 없다. 이는 중앙정치가 지방정치에 깊이 관여하는 결과를 낳았다(김순은, 1997a).

정당 간 경쟁률이 의정활동에 미치는 영향력이 미미하고 지역할거주의에 입각한 중앙 및 지역정치가 진행되는 현실을 감안할 때 지방선거에 있어서 정당공천이 시기적으로 타당하지 않다고 판단된다(김순은, 1993b). 이와 아울러 지방정부에서 정당비례대표제 실시가 타당한 것인가에 대한 의문이 제기된다. 지방선거 시 공천배제가 타당하다는 것이 최근의 설문조사에서 확인되었다. 응답자의 72.3%가 정당공천의 불필요성에 동감하였다. 같은 취지로 응답자의 61.5%가 정당비례대표제의 폐지를 찬성하였다(김순은 외2, 1996).

나. 지방정부내의 측면

1) 단체장과 지방의회와의 관계

지방자치의 활성화를 저해하는 요인은 지방정부 내부에서도 찾을 수 있다. 단체장을 중심으로 한 집행부와 지방의회와의 관계, 집행부처의 내부 행정운영의 측면, 지방의회의 운영실태 등에서 각각 문제점을 논의할 수 있다.

단체장을 중심으로 한 집행부서와 지방의회 사이에는 임명직 단체장 시대는 물론 1995년 6월 선출직 단체장이 선출된 이후에도 많은 갈등이 발생하고 있다(김순은, 1993a, 1997a; 김진복, 1994). 우리나라와 같이 주민의 선거에 의해 단체장과 지방의회를 구성하는 2중대표제의 기관대립형 체제하에서는 단체장을 중심으로 한 집행부서와 지방의회의 갈등이 다소는 자연스러운 현상이라 할 수 있다. 왜냐하면, 단체장과 지방의회 사이에는 견제와 균형이라는 정치원리가 적용되기 때문이다. 최근에 실시된 설문조사에서도 응답자의 53.6%가 양자와의 관계를 견제와 균형으로 특징짓고 있다(김순은 외2, 1996).

이외에도 "지방의회와 단체장과의 마찰은 역할에 대한 상호 간의 인식 부족, 자원배분 측면에서의 경쟁, 이용 가능한 정보의 불균형, 역할자의 행태 및 가치관의 차이"(김순은, 1997b, p. 61) 등에 의해 발생하고 있다(김진복, 1994). 단체장과 지방의회 사이에 존재하는 권한의 불균형도 갈등의 근본적 원인이라는 것이 많은 연구에서 확인되었다(김순은, 1992, 1993a; 김순은 외2, 1996). 지방의회와의 관계에서 단체장에게 주어진 지방의결에 대한 재의요구와 제소권, 예산상 집행불가능한 의결의 재의요구, 선결처분권 등에서 우리나라 지방정부 제도가 강시장-약의회 (Strong mayor-weak council)의 형태를 띠고 있다는 데에 이론이 없다.

지방의회의 구성은 명예직에 입각하여 이루어지기 때문에 활동 기반을 다양화하는 데에 커다란 제약이 되고 있다. 지방의회에는 예산심의·의결권, 행정사무 감사 및 조사권 등의 권한이 주어졌으나, 지방의회의 전문성 부족으로 집행기관에 대한 통제기능 및 선도기능이 매우 미미한 편이다(이기우, 1997). 아울러 지방의회 사무처(국)의 인사권이 단체장에게 귀속되어 있어 지방의회의 활동이 크게 제약받고 있다.

상기와 같은 권한을 갖는 단체장과 지방의회 사이에 집행부가 우위에 있다고 믿는 응답자가 37.6%, 지방의회가 정치적으로 우위에 있다고 인식한 응답자가 13.8%인 반면, 균형관계에 있다고 믿는 응답자는 21.4%였다. 정치적 권한은 단체장이 강하다고 믿는 응답자가 다수인 가운데 단체장과 지방의회 사이의 갈등원인 제공자를 묻는 질문에 대해서는 오히려 지방의회가 갈등원인을 제공하고 있다는 응답자가 많았다. 응답자의 38.7%가 지방의회가 갈등원인을 제공하고 있다고 대답한 반면, 단체장이 갈등원인을 제공하고 있다고 대답한 응답자는 33.5%에 불과하였다. 따라서 응답자의 35.6%는 지방의회가 갈등을 해결하기 위하여 노력하여야 한다고 대답한 반면, 단체장이 노력해야 한다고 응답한 수는 21.8%에 불과하였다(김순은 외2, 1996). 사무처(국)의 독립 필요성을 묻는 질문에는 응답자의 44.1%가 독립의 필요성을, 응답자의 43.2%가 현행제도를 지지하였다.

2) 집행부의 행정행태

단체장을 중심으로 집행부의 행정행태가 자치시대에 부응하지 못한다는 지적과 비판이 여기에 속한다. 기존의 권위주의적 행정행태가 자치시대에도 계속되고 있다는 비판이 지속적으로 제기되고 있다.

행정정보에 대한 소극적 태도, 밀실·탁상행정의 지속, 상위 공무원에 대한 권한 집중, "전문성 부족과 낮은 행정능력, 지역의 행정수요에 맞지 않는 행정조직, 무사안일과 부조리, 그리고 비능률"(김병준, 1997, p. 7) 등이 행정의 민주화에 걸림돌이 되고 있다. 이를 개선하기 위하여 열린행정, 경영행정, 서비스 행정을 추진하여야 한다(김병준, 1997).

무엇보다도 자치시대의 열린 행정을 구현하기 위하여 행정조직내의 분권추진, 행정정보의 실질적 확대운영, 지방행정의 시민참여 등이 활성화되어야 할 것이다.

3) 지방의회의 구성 및 운영

그동안 지방의회에 관한 많은 연구들이 지적한 문제점은 입법전문성과 주민대표성의 결여에 있다(김순은, 1992, 1993a; 김순은 외1, 1993). 지방행정이 지방자치가 실시되기 전부터 발전을 거듭하여 온 반면, 지방의회는 1991년 구성이 된 후에야 입법전문성과 주민대표성의 확보를 위한 제도개선을 거듭하여 왔다.

각종 여론조사에 따르면 지방의회의 활성화를 위하여 증언·감정에 관한 조례 제정의 필요성, 지방의회 감사권의 확대, 유급보좌관제의 도입, 의정활동비의 지급, 회기 연장, 앞 절에서 논의한 의회 사무처(국)의 독립 등을 주장하였다(김순은, 1995a). 이 같은 주장들은 1994년 지방자치법 개정을 통하여 부분적으로 반영되었다. 의정활동비의 지급, 회기연장 등이 달성되었다.

그럼에도 불구하고 근본적인 문제점이 해결되지 못하고 있다. 근본적인 문제점으로는 지방의원의 유급직화, 유급보좌관제, 사무처(국)의 독립 등이 논의될 수 있다. 지방의원의 유급화는 현재 유산계층으로 구성된 지방의회의 주민대표성을 제고하는 데 크게 기여할 것이다. 다만 유급화와 유급보좌관제를 추진할 경우 지방의회의 크기를 재고하여야 할 것이다(김순은 외2, 1996; 이기우, 1997). 최근 실시된 설문조사에서도 응답자의 68%가 지방의회의 규모를 축소하여야 한다고 응답하였다. 이러한 관점에서 정당비례대표제도 폐지하는 것이 마땅할 것이다.

지방의회의 입법전문성 제고를 위하여 가장 논란이 되고 있는 부분이 유급보좌관제의 도입이다(김순은, 1996, 1997a). 우리의 경우 정치행정분권과 민주적 시민의사결정이라는 2가지 관점에서 유급보좌관제의 정당성을 논의할 수 있다.

> 첫째, 정치행정분권 차원에서의 논의라 함은 중앙정부와 지방정부의 권한배분 및 기능배분과 관련하여 유급보좌관제를 논의하는 차원이다. 지방정부의 활성화와 권한의 증가가 세계적인 현상일 뿐 아니라 지방정부가 세계화시대의 경쟁력을 확보하는 차원에서 필수적 사안이다. 정치행정분권과 관련하여 분권추진의 핵심적 주체로서 지방의회가 단체장을 중심으로 한 집행부서보다 유리한 입장에 있음을 상기할 필요가 있다. 지방정부에 중앙정부가 임명하는 중앙공무원이 혼재되어 있는 상황하에서는 집행부서가 분권을 추진하는 데에는 한계가 있을 수밖에 없다고 할 수 있다. 반면, 지방의회는 지역주민의 신임을 바탕으로 시대의 요청에 부응하는 지방분권을 추진할 수 있을 것으로 사료된다.

> 둘째, 단체장을 중심으로 한 집행부서는 관료적 전문성에 입각하여 정책을 입안하고, 정책을 집행할 것이 요구된다. 즉 관료적 전문성에 입각한 효율성의 확보가 무엇보다도 중요하다. 반면 지방의회에는 주민의 견해와 의사가 중시되는 민주적 정책과정이 확보되어야 한다. 따라서 상황에 따라서는 집행부처가 제시한 정책안에 대하여 비판적 대안을 제시할 능력이 요구되는 것이다. 부연하면 지방의회가 종래와 같이 집행부처의 지방행정을 감시하고 통제하는 역할에 머물지 않고 민주적인 정책대안을 적극적으로 제시하기 위해서는 이를 보좌할 전문인력의 확보가 무엇보다도 필요하다. 이러한 관점에서 볼 때 현재 논의가 되고 있는 지방의원의 의원보좌관제가 정당성을 갖고 있다고 판단된다(김순은, 1997, p. 406).

지방의회의 입법전문성 제고와 관련하여 이슈가 되고 있는 또 하나의 영역이 전문위원의 신분이다. 의회사무처(국)가 독립되면 전문위원의 신분문제도 부분적으로 해결될 것이다. 현행처럼 의회사무처의 인사권을 단체장이 행사하는 경우에 전문위원의 자질향상을 위하여 전문위원을 별정직으로 임명하여야 한다는 주장이 제기되었다. 물론 이 경우에도 일정한 자격을 갖춘 실질적인 전문가가 임명될 수 있는 제도적 장치가 마련되어야 할 것이다.

4) 지방정부 간 관계

지방정부 내에서 지방자치의 정착을 저해하는 요인은 지방정부 사이에 발생하는 정부 간 관계에서도 논의할 수 있다. 지방정부의 사무 및 재원배분과 관련된 지방자치법, 지방자치에 관련된 법규들이 상위 지방정부인 시·도를 중심으로 이루어져 하위 지방정부인 시·군·구의 권한이 매우 미미하다. 특히 대도시의 자치구는 대도시 행정의 특수성을 고려하여 시·군보다도 기능이 매우 제한적이다(김순은, 1997c).

상위 지방정부인 도의 경우는 시·군에 대한 감독 및 조정기능에 중점을 두고 기타 행정업무는 하위 지방정부로 이전하는 것이 타당하다(이기우, 1997). 대도시지역에서는 시구(市區)일체성에 입각하여 광역지방정부를 중심으로 정치와 행정이 이루어졌으나, 시구(市區)독자성에 근거한 정치와 행정제도의 개선이 요구된다. 부연하면 시구에 대한 사무 및 재원의 재조정이 바람직하다(이영호 외1, 1994).

다. 지방정부와 지역주민과의 관계

지방자치의 정착을 위하여 자치에 대한 주민의 관심이 매우 중요하다는 데에는 이론이 없다. 바꾸어 표현하면 1991년 이후 지방자치가 실시되었지만 지역주민의 지방자치에 대한 무관심이 가장 큰 문제점이라는 것이 많은 연구에서 주장되었다. 지역주민이 지방의회를 방청하는 횟수가 매우 저조하다. 그뿐만 아니라 지방의원들의 활동에 대하여 관심을 갖는 경우가 매우 적은 것으로 분석되고 있다(김순은, 1995a).

이 같은 현상을 개선하는 것이 지방자치의 활성화를 도모하는 일일 것이다. 지역주민이 지방정부에 참여하는 방법은 다양하다. 지방정부의 정책을 저지하기 위한 저지형 집단행동에서부터 단순한 의견을 제시하는 등 다양한 형태가 있다. 이 같은 지역주민의 지방정부 참여를 활성화하기 위해서는 제도적, 행태적 측면에서 논의가 이루어져야 한다(김순은, 1997).

제도적 측면의 논의라 함은 주민참여를 촉진시키기 위한 정치·행정환경 정비 및 보완을 의미한다. 그간 지방자치법, 도시계획법 등에서 규정하고 있는 주민참여 제도는 정책의 정당성을 확보하기 위한 수단적 성격이 강했다고 한다면, 향후에는 실질적으로 주민참여가 활성화될 수 있는 제도개선이 이루어져야 한다.

“지방정부의 정치, 행정에 주민들의 적극적인 참여는 주민발안제와 주민소환제의 마련으로도 가능하다고 판단된다. 대의민주주의에 대한 실망과 한계성이 지적되고 있다. 이것은 곧 직접민주제의 장치가 필요하다는 반증이고 우리도 주민발안제와 주민소환제에 대하여 적극적으로 검토하여야 할 상황인 듯하다. 이 같은 제도는 비록 상위법의 근거가 없다고 하더라도 주민감사청구와 함께 지방정부의 조례로 추진하는 방법도 신중히 검토할 만하다”(김순은, 1997b, p. 497).

주민참여의 활성화를 위하여 논의되어야 할 것은 앞 절에서 논의한 행정정보 공개 제도이다. 지역주민이 행정 및 의정에 대한 정보와 지식이 없는 한 지방정부에 관심이 생길 수 없다. 이러한 관점에서 부산광역시에서 마련한 재정운영상황 공개조례는 부산광역시의 재정운영상황을 공개한다는 데에서 시민의 관심을 유발할 것으로 보인다. 이외에도 지방의회의 주요 의정활동, 집행부서의 주요 행정현안, 논점들을 주민들이 쉽게 접근할 수 있는 매체를 통하여 공표하는 제도의 마련도 필요할 것이다(이기우, 1997). 동일한 맥락에서 옴부즈만제도의 도입을 검토할 수 있을 것이다.

또한, 행태적인 측면에서의 노력도 병행하여야한다(김순은, 1997a, 1997b). 집행부서와 지방의회는 주민참여가 마치 자신들의 정책적 영역을 침해하는 것으로 오해하여 주민참여에 대하여 매우 소극적인 자세를 취하고 있다. 전자의 입장에서는 관료적 전문성이 주민참여로 크게 훼손되어 전문적 행정수행이 어렵다고 보고 있는 듯하다. 후자의 입장에서는 지방의회가 주민의 대표기관인 만큼 지방의회에 주민참여는 불필요하다는 입장을 보이고 있다.

간혹 행정의 전문성과 주민참여 사이에 양립할 수 없는 갈등이 발생하는 경우가 있긴 하지만, 향후 행정의 민주성과 정당성을 확보하기 위해서는 주민참여를 배제하기 어렵다. 최근 부산광역시에서 추진한 정책들 중에는 시민의 협조가 없었다면 성공을 거두기 어려웠을 것들이 다수이다. 대표적인 예로 낙동강특별법 제정을 위한 정책을 들 수 있다.

지방의회와의 관계에서는 대의민주제를 보완하는 차원에서 주민참여가 이루어져야 한다. 최근 시민감사청구조례 제정을 둘러싸고 시민단체와 부산광역시의회 간에 갈등이 발생하였으나 시의회의 양보로 갈등이 해결된 사례가 발생하였다. 이와 같이 지방의회도 주민참여에 대하여 적극적인 태도를 보일 것이 요망된다(김순은, 1997a).

끝으로 지방자치에 대한 주민들의 관심과 태도가 중요하다. 그동안 지방정부에 대하여 보인 주민들의 태도는 비선호 시설에 대한 강력한 주민저항, 재개발사업을 둘러싼 지역이기주의, 환경보호를 위한 환경운동이 대표적 사례라고 할 수 있다. 이러한 이유로 종종 주민참여와 지역이기주의가 혼동되기도 하였다. 이러한 현실을 감안할 때 시민단체의 역할이 매우 중요하다. 지방정부에 있어서 단체장, 지방의회 및 시민 간에 자치시대에 부응하는 생산적인 정치적 관계를 정립함에 있어서 시민단체의 역할이 기대된다.

"향후 전개되는 지방정부의 정치, 행정에는 지역주민의 협조가 매우 긴요하다. 시민은 조세부담의 감소와 양질의 행정서비스를 기대하고 있다. 이 같은 지방시대에는 지역주민의 협조 없이는 불가능하다. 최근에 실시되는 쓰레기 종량제에서 보는 바와 같이 지역주민의 공생산 (Coproduction) 없이는 정책의 성공을 담보할 수 없다"(김순은, 1997b, p. 499). 아울러 행정의 많은 부문에 대한 주민의 봉사활동도 자치시대에는 매우 중요한 영역을 차지하고 있다. 이런 것들에 대한 주민들의 적극적인 태도와 자세가 요구된다.

3. 자료의 분석

가. Q 진술문 및 P 표본

앞 절에서 분석한 지방자치에 영향을 미치는 요인을 중심으로 38개의 Q 진술문을 작성하였다. 부연하면 38개의 Q 진술문은 정부 간 관계, 단체장과 지방의회의 관계를 포함한 지방정부 내의 요인, 지방정부와 주민과의 관계에 관한 것으로 지방자치에 관련된 많은 학자, 정치인 및 행정가들에 의해 계속적으로 문제점으로 지적된 것들이다.

P 표본은 지방자치와 밀접하게 관련되어 있는 인사들이다. 지방자치와 관련된 연구를 하는 대학교수 5명, 광역의원 3명, 기초의원 3명, 지방공무원 3명, 중앙공무원 3명, 그리고 시민단체 대표 5명 등 총 22명으로 구성되었다. 본 연구에 참여한 광역의원과 기초의원은 부산광역시 내에 소속된 분들로 의정활동을 매우 적극적으로 수행하고 있다는 평가를 받는 의원들이다.

나. 자료의 분석

본 연구의 지방자치 발전을 저해하는 요소에 대한 요인분석의 결과 3가지 요인 (factor)이 산출되었다. 본 연구의 결과 나타난 요인은 동일한 견해를 갖는 응답자의 집단을 의미한다. 따라서 지방자치의 정착을 저해하는 요인에 대한 응답자의 견해는 크게 3가지가 있음을 의미한다. 이에 대한 결과는 <표 1-1>과 같다.

<표 1-1> 요인분석표

factor		A	B	C	배경적 변수
응답자	1	58*	47*	13	교수
	2	65*	19	17	중앙공무원
	3	5	-11	60*	지방공무원
	4	23	35	46*	기초의회 의원
	5	35	13	38	지방공무원
	6	50*	28	32	시민단체 대표
	7	40	54*	11	교수
	8	71*	21	40	시민단체 대표
	9	5	47*	-3	중앙공무원
	10	-38	11	13	시민단체 대표
	11	1	49*	3	광역의회 의원
	12	69*	17	-10	광역의회 의원
	13	23	78*	17	기초의회 의원
	14	5	39	34	시민단체 대표
	15	4	-3	29	교수
	16	53*	-17	21	시민단체 대표
	17	-13	29	37	지방공무원
	18	-1	36	62*	교수
	18	-28	-1	5	중앙공무원
	20	-27	23	48*	기초의회 의원
	21	41	7	51*	교수
	22	84*	-8	8	광역의회 의원

eigens 3.85 2.39 2.35
% var. 18 11 11
* p < 0.05 유의수준
** 상기의 수치는 소수점 이하만 표기

상기의 <표 1-1>에서 보는 바와 같이 첫 번째의 견해(요인 1)는 22명의 P 표본 중 7명이 속하는 것으로 분석되었다. 7명의 응답자는 교수 1명, 광역의회 의원 2명, 중앙공무원 1명, 시민단체 대표가 3명으로 구성되었다.

두 번째의 견해를 대변하는 요인 2는 5명의 공통된 견해이다. 요인 2에 속하는 5명은 교수 2명, 중앙공무원 1명, 광역의원 1명과 기초의원 1명으로 구성되었다.

세 번째의 견해를 나타내는 요인 3은 5명으로 구성되었다. 지방의회 의원 2명, 교수 2명, 그리고 지방공무원 1명이 여기에 속하는 것으로 분석되었다. 요인별 분석 내용은 다음과 같다.

진술문 각각의 요인가는 <표 1-2>와 같다. 각 진술문의 요인가는 Q 방법론을 사용하는 연구에 있어서 요인들을 분석하는 데 매우 중요하다(Brown, 1986). 진술문 중에서 +4, +3, -4, -3의 요인가를 갖는 진술문이 요인을 설명하는 데 중요하다.

〈표 1-2〉 진술문의 요인가 (Factor Q Sort Values for Each Statement)

진술문	요인배열	F1	F2	F3
1. 지방자치법 제15조의 내용 중 "법령의 범위안에서"는 "상위 법령의 구체적인 위임하에서"라고 해석하기보다는 "상위법령에 위반하지 않는 한"으로 확대해석하여 지방정부의 조례제정권의 범위를 확대하여야 한다.		2	-1	3
2. 지방정부에게 일정한 범위내에서 징역,금고,벌금 등의 형벌부과권을 부여하지 않는 것은 자치정신에 어긋난다.		-3	1	-3
3. 지방재정의 확충을 위하여 지방정부도 자체적으로 세목과 세율을 규정할 수 있는 과세권이 필요하다.		-1	4	-3
4. 행정의 전문성을 확보하기 위하여 지방정부에 중앙공무원의 파견이 필요하다.		-4	-3	-4
5. 지방정부의 부단체장은 지방공무원으로 임명하여야 한다.		2	-3	0
6. 지방공무원의 총정원은 지방정부의 조례로 규정하여 탄력적으로 인사행정을 펼쳐야 한다.		2	2	3
7. 행정전문가인 행정부단체장의 권한이 강화되어야 한다.		-1	-4	-4
8. 정무부단체장이 수석부단체장이 되어야 한다.		-2	-4	3
9. 지방정부는 독자적으로 행정기구를 조정할 수 있는 조직권이 필요하다.		3	3	1
10. 지방공기업 및 제3섹타 방식의 민관합동기업의 운영에서 지방정부의 재량권이 강화되어야 한다.		2	0	1
11. 지방정부의 지방채발행에 있어서 지방정부의 재량권이 강화되어야 한다.		-1	3	1

12. 지방교부세는 교부세율의 인상과 교부방식의 개선이 요구된다.	0	0	0
13. 국고보조금은 포괄보조금으로 전환하여 지방정부의 재량을 확대하여야 한다.	0	4	0
14. 지방양여금에 있어서 재원의 조달방식과 대상사업의 조정이 요구된다.	-1	1	0
15. 내무부가 지방정부에 하달하는 예산편성지침의 폐지가 요구된다.	-2	4	2
16. 지방정부에 있어서 자치사무와 위임사무의 구분을 폐지하고 원칙적으로 지방정부가 수행하는 사무를 자치사무로 규정한다.	-1	1	2
17. 중앙정부가 실시하는 감사의 회수와 요건을 엄격히 규정하여 지방정부의 재량을 강화하여야 한다.	0	1	2
18. 내무부의 권한, 위상과 역할 및 기구 등이 대폭 축소되어야 한다.	0	3	4
19. 지방의회의 권한과 비교하여 단체장의 권한을 축소하여야 한다.	-2	-3	-3
20. 지방의 회의위상을 제고하기 위하여 지방의회 의결에 대한 단체장의 재의요구권은 폐지되어야 한다.	-3	-2	-1
21. 집행부서의 지방의회 및 주민에 대한 권위적 행정행태가 지방자치의 정착에 저해가 된다.	1	0	-1
22. 지방자치의 활성화를 위하여 행정정보의 실질적인 공개가 필요하다.	3	3	4
23. 지방의회의 전문성을 제고하기 위하여 유급보좌관제의 도입이 필요하다.	-3	-2	-4
24. 지방의회 사무처(국)의 인사권은 지방의회에 귀속되어야 한다.	0	-2	4
25. 지방의회 의원을 유급직으로 전환하여 지방의회를 전문직으로 전환하여야 한다.	-3	-1	2

26. 지방의회 사무처(국)의 전문성 제고를 위하여 전문위원의 별정직화가 요구된다.	1	1	-2
27. 광역자치단체와 기초자치단체간에 사무의 재배분이 요구되며, 기초자치단체의 역할과 기능이 강화되어야 한다.	1	-1	-2
28. 광역과 기초자치단체간에 기초자치단체의 재정력을 강화하는 방향으로 재원의 재조정이 필요하다.	0	-2	-1
29. 광역자치단체의 기초자치단체에 대한 권위주의적 행정행태가 기초자치단체의 창의적 행정을 저해한다.	1	-1	0
30. 지역주민의 지방자치에 대한 관심을 제고하기 위하여 주민이 정책안을 제시하는 주민발안제의 도입이 필요하다.	4	0	-2
31. 선출직 공무원에 대한 통제의 수단으로 주민소환제의 도입이 필요하다.	3	2	0
32. 지방자치 및 지방행정의 책임성을 제고하기 위하여 시민옴부즈만제도의 도입이 필요하다.	4	-1	1
33. 지방의정 및 지방행정에 대한 적극적인 시민참여는 지방의원 및 공무원의 인식전환에 달려있다.	1	2	-2
34. 지역주민의 지방자치에 대한 적극적 관심과 참여가 요망된다.	3	2	3
35. 지방선거에 있어서 정당공천이 바람직하다.	-4	-3	-3
36. 광역지방의회에 있어서 정당비례대표제의 존속은 현재의 정치·행정의 환경을 고려할 때 필요하다.	-4	-4	-1
37. 지방공무원의 주민에 대한 책임성을 제고하기 위하여 정책실명제의 도입이 필요하다.	4	0	-1
38. 중앙정부의 특별지방 행정기관이 직접국가의 업무를 지방에서 수행하고 있어 통합적인 지방행정수행이 곤란하므로 불가피한 경우를 제외하고는 폐지하는 것이 타당하다.	-2	0	1

1) 시민적 관점

요인 1이 대변하는 관점과 견해를 시민적 견해라고 명명하였다. 왜냐하면, 요인 1을 특징짓는 진술문들이 주로 시민의 견해를 대변하는 것들이기 때문이다.

시민적 관점 (요인 1)은 지방자치의 활성화 및 발전이 무엇보다도 지역주민의 적극적 참여와 관심에 달려있다는 것을 확인하고 있다. 이와 같은 견해는 진술문 34, 30, 32 등에서 구체적으로 나타나고 있다. 시민적 견해를 갖는 응답자들은 "지역주민의 지방자치에 대한 적극적 관심과 참여가 요망된다"는 진술문 34에 +3을 부여하였다.

지역주민의 적극적 관심과 참여를 위한 방법으로 진술문 30에 +4를 부여하였다. 진술문 30은 "지역주민의 지방자치에 대한 관심을 제고하기 위하여 주민이 정책안을 제시하는 주민발안제의 도입이 필요하다"는 내용이다. 아울러 행정정보공개의 필요성에도 높은 동감을 표시하였다(진술문 22).

한편 시민적 관점을 갖는 응답자들은 지방정부의 책임성에도 깊은 관심을 표시하였다. 이와 관련된 진술문 32와 37에 +4를 부여하였다. 진술문 32는 "지방자치 및 지방행정의 책임성을 제고하기 위하여 시민옴부즈만제도의 도입이 필요하다"는 것이고 진술문 37은 "지방공무원의 주민에 대한 책임성을 제고하기 위하여 정책실명제의 도입이 필요하다"는 내용이다.

같은 맥락에서 지방정부의 책임성을 저하시킬 소지가 있는 제도에 대하여는 강력한 반대견해를 표시하였다. 중앙공무원의 지방정부 파견과 정당비례대표제를 반대하였다. 지방정부에 중앙공무원이 파견되어 근무하는 것은 지방정부의 책임성의 측면에서 부정적이라는 점과 지방선거에 있어서 정당비례대표는 지방정부의 책임성과는 거리가 있음을 보여주는 부분이다(진술문 4와 36). 시민적 견해를 표시한 응답자들은 정당비례대표제는 물론 지방선거에 있어서 정당참여를 매우 부정적인 시각으로 보았다(진술문 35).

시민적 견해를 갖는 응답자들은 지방의회에 대하여 매우 부정적인 판단을 하고 있는 것으로 추론된다. 이러한 견해는 지방의회의 유급제, 유급보좌관제에 대한 반대와 지방의회 의결에 대한 단체장의 거부권에 대한 필요성을 인정함으로써 표출되었다(진술문 25, 23, 20).

2) 행·재정적 관점

5명으로 구성된 요인 2는 지방자치의 성공적인 정착과 발전이 행·재정적 요소에 기인한다는 견해를 피력하였다. 특히 재정적 요소에 높은 점수를 부여하였다.

지방정부가 자치정신에 입각하여 활동하기 위해서는 재정적인 권한이 보장되어야 한다는 점이 특히 강조되었다. 이를 위하여 내무부가 지방정부에 하달하는 예산편성지침의 폐지와 국고보조금의 포괄보조금으로의 전환에 +4을 부여함으로써 높은 동의를 표시하였다(진술문 15, 13). 지방정부의 재정력을 제고한다는 차원에서도 지방정부에게 과세권을 부여하여야 한다는 데에도 +4를 부여하였다(진술문 3). 아울러 지방정부가 지방채를 발행함에 있어서도 높은 재량권이 부여되어야 한다는 점에도 크게 동의하였다(진술문 11).

상기와 같은 재정적 요인 외에도 행정적인 차원에서의 재량권이 부여되어야 한다는 점에도 크게 동의하였다. 지방정부가 독자적으로 행정기구를 조직할 수 있는 조직권의 필요성에 +3을 부여하였다(진술문 9). 행·재정의 종합적인 관점에서 내무부의 위상과 권한이 대폭 축소되어야 한다는 점에도 높은 동의를 표시하였다(진술문 18).

지방정부의 행·재정적 권한의 확대에 동의하면서 행정부시장의 권한을 강화하는 것에는 반대함과 동시에 정무부단체장이 수석부단체장이 되는 것에도 크게 반대하였다(진술문 7과 8). 지방정부의 행·재정적 권한을 확대한다는 관점에서 지방의회에 비하여 단체장의 권한을 축소하는 데에도 반대의사를 분명히 하였다(진술문 19). 동시에 지방정부에 중앙공무원을 파견하는 데에도 크게 반대하였다(진술문 4). 행·재정적 관점을 갖는 응답자들도 지방선거에 정당이 참여하는 제도에 반대하는 것으로 분석되었다(진술문 35, 36).

행·재정적 관점을 유지하고 있는 응답자들이 시민적 관점을 갖는 응답자들과 공통으로 인식하고 있는 점이 발견되었다. 이들도 지방자치의 활성화를 위해서는 행정정보의 실질적 공개가 필요하다는 데에 크게 동의하였다(진술문 22).

3) 지방정부적 관점

필자는 요인 3을 지방정부적 견해라고 명명하였다. 요인 3에 속하는 응답자들이 지방자치의 발전을 저해하는 요인을 지방정부와 중앙정부와의 관계, 지방정부 내에서 단체장과 지방의회와의 관계 및 지방정부와 주민과의 관계에서 종합적으로 파악하고 있기 때문이다.

중앙정부와의 관계에 있어서는 내무부의 권한과 위상이 축소되어야 한다는 점과 지방의회와의 관계에 있어서는 사무처(국)의 인사권을 지방의회에 귀속시켜야 한다는 점, 주민과의 관계에 있어서는 행정정보를 공개하여야 한다는 점에 +4라는 높은 점수를 부여하였다(진술문 18, 24, 22).

지방정부의 효과적인 행정수행을 위하여 인사권이 주어져야 한다는 점과 정무부단체장의 권한이 강화되어야 한다는 점에 동의하였다(진술문 6, 8). 내무부의 위상 저하와 행정부시장의 권한약화, 그리고 중앙공무원의 지방정부에의 파견 반대로 지방정부의 권한을 제고하는 반대효과에 동의하면서도 지방정부가 형벌권을 갖거나 과세권을 갖는 것을 반대함으로써 죄형법정주의와 조세법률주의에 동감하는 것으로 분석되었다 (진술문 7, 2, 3).

지방의회에 사무처(국)의 인사권을 부여함으로써 지방의회의 독자적인 활동이 보장된다는 점에는 동의하면서도 지방의회의 유급보좌관제와 단체장의 권한을 축소하여야 한다는 점에도 크게 반대하였다(진술문 23, 19). 아울러 지방선거에 정당참여에도 반대하는 것으로 나타났다(진술문 35).

4) 각 관점의 공통점과 차이점

Q연구 시 도출되는 분석결과 중 하나가 산출된 요인들의 공통점과 차이점이다. 다시 말하면 각각의 요인들이 공통적인 견해와 각각의 요인을 차별화하는 진술문에 대한 분석을 의미한다.

분석의 결과 각각의 견해가 공통적으로 동의하는 진술문이 7개, 차이를 보이는 진술문이 6개로 나타났다. 공통적으로 동의하는 진술문 중에서 높은 점수를 받은 진술문은 4, 22, 35이다. “행정의 전문성을 확보하기 위하여 지방정부에 중앙공무원의 파견이 필요하다”는 진술문 4는 각각의 요인들이 -4, -3, -4를 부여함으로써 매우 강하게 반대하고 있음이 나타났다. 아울러 “지방선거에 있어서 정당공천이 바람직하다”는 진술문 35에도 -4, -3, -3을 부여함으로써 반대의사를 분명히 하였다.

반면 "지방자치의 활성화를 위하여 행정정보의 실질적인 공개가 필요하다"는 진술문 22에는 +3, +3, +4, "지역주민의 지방자치에 대한 적극적인 관심과 참여가 요망된다"는 진술문 34에는 +3, +2, +3을 부여함으로써 공통점을 보였다.

앞 절에서 논의한 관점 간에 차이를 발생하게 한 진술문의 번호는 7, 15, 18, 30, 32, 37로 나타났다. 이들 진술문은 행정 부단체장의 권한, 내무부의 예산편성지침, 내무부의 위상과 권한, 주민발안제의 도입, 시민옴부즈만제의 도입, 정책실명제의 실시와 관련된 것들이다.

4. 함축적 의미

어떤 사안에 대한 주관적 인식과 판단은 정책과정에 매우 중요한 역할을 한다(Simon, 1985). 이러한 관점에서 볼 때 지방자치의 발전과 정착에 저해하는 요인에 대한 관계 당사자들의 주관적 판단과 인식은 향후 지방자치의 발전에 적지 않은 영향을 미칠 것이다.

앞 절에서의 분석에 따르면 지방자치의 발전을 저해하는 요인에 대해서는 크게 3가지 관점이 있음이 확인되었다. 시민의 역할이 강조되는 시민적 관점, 행·재정적 요인이 강조되는 행·재정적 관점, 통합적인 의미에서 지방정부의 역할이 강조되는 지방정부적 관점이 중요한 요인 (Factor)으로 분석되었다.

시민적 관점은 지방자치의 성공적 발전을 위한 시민의 역할에 초점을 맞추고 있다. 지방자치에 대한 시민의 참여와 관심이 무엇보다도 중요하다고 판단하고 있다. 이를 위하여 시민들이 지방정부 및 지방자치에 참여할 수 있는 제도들이 마련되어야 한다는 점에 크게 동의하고 있다. 주민발안제와 시민감사청구제도 등의 직접참여 방식의 도입을 강조하고 있다. 반면 지방선거에의 정당참여와 중앙공무원의 지방정부 파견은 반대하고 있다.

행·재정적 관점은 중앙정부와 지방정부 간의 행·재정적 관계와 지방자치의 발전을 연계하고 있다. 특히 재정적 관계가 지방자치의 발전에 중요한 요소라고 판단하고 있다. 중앙정부와 지방정부 간의 관계가 지방정부의 재정력을 강화하는 방향으로 발전하여야 한다는 점을 강조하고 있다. 이를 위하여 내무부의 예산편성지침을 폐지하고 국고보조금을 포괄보조금으로 전환하여 지방정부의 재무행정 수행에 재량권을 강화할 것을 동의하였다. 지방채 발행시에도 지방정부의 재량권이 보장되어야 한다는 점에 높은 동감을 표시하였다. 지방정부의 재량권 확보를 위하여 행정부시장의 권한확대와 정당의 지방선거 참여에 반대의사를 분명히 하고 있다.

지방정부적 관점은 중앙정부와의 관계에서는 내무부의 위상저하를, 지방의회와의 관계에 있어서는 사무처(국)의 인사권 독립을, 주민과의 관계에 있어서는 행정정보의 적극적 공개가 지방자치의 발전에 중요한 요인임을 확인하였다. 반대로 법규의 지나친 해석으로 인한 지방정부의 과도한 권한확대에는 반대 입장을 견지하였다. 부연하면 죄형법정주의와 조세법률주의를 엄격하게 해석하는 것으로 판단된다.

3가지의 상이한 관점에도 불구하고 이들은 공통점을 갖고 있다. 이들은 지방자치의 활성화를 위하여 주민의 역할이 매우 중요하다는 점과 이를 위하여 행정정보의 적극적 공개가 무엇보다도 중요하다는 점에는 공히 동감하고 있다. 아울러 지방선거에 있어서 정당의 참여와 중앙공무원의 지방정부에의 파견을 강력하게 반대하고 있는 점에서도 공통점을 보였다.

상기와 같은 자료분석은 향후 지방자치와 관련된 연구와 논의에 있어서 몇 가지 중요한 의의를 지니고 있다. 무엇보다도 지방자치와 관련된 정책담당자들 -공무원, 지방의회 의원 및 교수, 시민대표 등등- 이 자신의 위치한 상황에 따라 상이한 관점에서 사안을 파악하고 있다는 점이다. 특히 제도개선과 관련해서는 합의점의 도출이 쉽지 않음을 시사하는 대목이기도 하다. 지방자치 제도개선은 여타의 정책과 마찬가지로 고도의 정치적 사안일 수밖에 없다는 것이 입증되었다고 할 수 있다. 정책과정에서 주도적 역할을 담당하는 정책담당자의 시각이 제도개선의 방향을 결정하여 줄 것임을 암시하는 대목이기도 하다. 따라서 향후 지방자치 관련 제도개선 과정에는 지방자치의 의지와 분권적 시각을 갖는 정책담당자가 참여하여야 할 것으로 보인다.

끝으로 시민의 역할이 강조되어야 할 것이다. 직접참여보다 대리참여에 만족하는 지금의 상황에 비추어 볼 때 지역주민의 지방자치에 대한 참여와 관심이 매우 중요하다고 할 수 있다. 지방자치의 오랜 역사를 갖는 나라들의 경우 그들의 지방자치가 지역주민의 참여과 관심 속에서 성장하여 왔음을 볼 때 더욱 자명해진다. 바꾸어 표현하면 지역주민의 관심과 참여 없이는 아무리 완벽한 제도를 구비하더라고 소기의 목적을 달성하기란 쉽지 않을 것이다.

참고문헌

경제정의실천연합회, (1997), 『지방자치 개혁과제』, 곧 발행될 간행물임.

김병국, (1992), 국가공무원의 지방자치단체 배치, 「지방자치」, 16: 2-3.

김병준, (1997), 지방자치단체의 경쟁력 강화과제, 경실련지방자치위원회 발표 논문내용.

김순은, (1992), 지방의회의 상임위원회 운영실태 및 개선방안: 부산직할시 광역의회에 관한 연구, 「지방의회연구」, 3: 53-83.

김순은, (1993a), 지방의회 예산심의의 전략에 관한 연구: 부산시 광역의회를 중심으로, 「지방의회연구」, 4: 5-36.

______, (1993b), 정당간 경쟁율과 지방의회의 활동, 「지방자치연구」, 9: 7-20.

______, (1993c), 정치·행정학에 있어서 Q 방법론의 활용, 「언론학보」, 13: 79-106.

______, (1994), 개정 지방자치법의 평가와 의미, 「지방자치연구」, 10: 27-40.

______, (1995a), 개정자치법 하에서의 지방의회의 향후과제, 「지방의회연구」, 5: 5-31.

______, (1995b), 지방의회의 정책결정 보좌기능 개선에 관한 연구: 지방의회 사무처(국)의 기능에 관한 실증분석, 「한국정책학회보」, 4 (1): 111-127.

______, (1995c), 지방정부 과세권의 범위와 한계: 미국과 필리핀 지방정부의 비교연구, 「지방자치연구」, 7(1): 49-72.

______, (1996), 지방의회의 입법전문성 제고방안: 유급보좌관제의 정당성에 관한 논의, 부산광역시의회 주최 세미나 발표논문.

______, (1997a), 부산광역시의 정책결정 과정과 구조, 향후 발표될 논문.

______, (1997b), 「지방자치의 쟁점과 과제」, 부산: 진영문화사.

______, (1997c), 광역시와 자치구간의 제 문제와 개선방안: 부산광역시의 사례를 중심으로, 한국지방자치학회 대전·충남지회 주최 세미나 발표논문.

김순은, 박영강, (1993), 광역의회의 지위에 관한 연구: 광역의회간 전문성 비교를 중심으로, 「한국행정학보」, 27 (3): 863-882.

______, (1994), 지방자치법 개정방향에 관한 설문조사, 「지방의정」, 21: 31-44.

김순은, 이재웅, 박영강, (1996), 지방자치제도 관련 설문조사, 「지방의정」, 37: 20-46.

김진복. (1994), 지방의회와 자치단체장간의 관계정립, 한국지방자치학회 제13회 연구발표회 발표논문.
동의대학교 지방자치연구소, (1992), 「지방의회 1주년 평가보고서」, 부산: 동의대학교 지방자치연구소.
______, (1994), 지방자치법 개정방향에 관한 설문조사, 부산: 동의대학교 지방자치연구소.
문창수, (1992), 국가공무원과 지방공무원의 역할분담, 「지방자치」, 16: 4-6.
박원영, (1992), 조례의 법성질과 그 제정권의 한계, 「지방의회연구」, 3: 29-48.
손희준, (1997), 지방재정의 효율적 운영 및 확충방안, 경실련 지방자치 백서내용.
송광태, (1995), 지방의회의원의 지위와 신분에 관한 실태분석: 서울시의회를 중심으로, 「한국행정학보」, 29 (3): 785-812.
이기우, (1993), 지방자치법 개정안에 대한 평가, 「지방자치」, 24: 9-12.
______, (1997), 지방자치개혁과제, 경실련 지방자치백서 내용.
이상용, (1992), 세입과 세출의 균형, 「지방자치」, 17: 2-4.
이성복, (1993), 지방정부의 발전방향에 관한 연구: 지방의회 구성과 자치단체장의 주민선출을 중심으로, 「한국행정학보」, 27(3): 955-978.
이영희, 이상용, (1994), 광역과 기초자치단체간의 재원조정방안: 도와 시·군을 중심으로, 서울: 한국지방행정연구원.
이재성, (1993), 지방의회 예산심의, 무엇이 문제인가? 「지방자치」, 53: 22-26.
이재웅, (1996), 민선단체장 출범이후 부산의 변화: 공직자 여론조사, 「지방의정」, 34: 5-34.
임경호, (1989), 기관장 직선에 따른 부기관장의 지위 및 권한에 관한 연구, 「한국행정학보」, 23(2): 543-556.
전국시·도의장단협의회, (1993), 여론조사결과, 서울: 전국시·도의장단협의회.
한국지방자치학회, (1992), 지방자치법개정안 및 지방자치 발전방향에 대한 의견조사 결과, 서울: 한국지방자치학회.
한양대학교 지방자치연구소, (1993), 지방자치의 발전을 위한 국민의견조사, 서울: 한양대학교 지방자치연구소.
Simon, H. (1985), Human Nature in Politics: The Dialogue of Psychology with Political Science, *American Political Science Review,* 79: 293-304.
Brown, S. (1986), Q Technique and Method: Principles and Procedures, In W. Berry and M. Lewis-Beck, eds., *New Tools for Social Scientists: Advances and Applications in Research Method.* Beverly Hills: Sage Publications.

2. 참고논문 #2

정보화사업평가 기준의 도출을 위한 Q 방법론 활용방안*

김순은**·윤상오***

본 연구는 공공부문의 정보화사업평가에 있어서 핵심이 되는 평가기준의 도출과 선정을 위한 새로운 시도로서 Q 방법론의 적용을 모색하였다. Q 방법론은 인간의 주관성을 객관화하는 방법으로서, 사업평가기준에 대한 평가관련자들의 주관적인 인식과 태도로부터 주요 평가기준을 선정하고 기준 간의 중요도를 파악할 수 있다. 이를 위하여 본 연구에서는 기존의 정보화사업평가에 관한 이론과 경험적 연구들로부터 주요 평가기준의 모집단을 구성하고 이로부터 36개의 Q 진술문을 작성하여, 정보화사업평가의 주요 관련자로서 정보화사업평가위원, 평가연구자, 정보화사업 실무담당자 25인에 대한 Q-설문조사를 실시하였다. 분석결과 평가관련자들은 평가접근법과 평가기준에 대하여 3가지의 구별되는 관점과 견해를 갖고 있는데, 그것은 포괄적 기준(공식적·비공식적 목표달성도, 고객지향성), 실증적 기준(공식적 목표달성도), 고객지향기준(공식적 목표달성도, 고객지향성)이다. 이 분석결과는 정보화사업평가에 있어 평가기준에 대하여 평가관련자들 사이에 서로 다른 견해와 태도가 있다는 것을 실증하는 것으로서, 향후 사업평가에 있어서는 평가기준에 대한 평가관련자들의 견해를 종합하고 합의를 모색함으로써 공통적으로 인지되고 수용되는 평가기준을 도출하고 적용하도록 해야 할 필요성을 제시해 준다.

Ⅰ. 서론

정책평가에 있어서 평가기준은 평가결과를 결정하는 핵심적 요소이며, 평가의 타당성과 신뢰성에도 중요한 영향을 미친다. 정책자체에 초점을 맞추어 볼 때 평가기준의 선정에 가장 큰 영향을 미치는 것은 정책프로그램의 목표이지만, 평가의 성격을 어떻게 이해하고 어떠한 평가접근법을 쓰느냐에 따라서도 평가기준이 달라지게 된다.

---

* 2002년「지방정부연구」5(4), pp. 207-226에 게재된 논문임.

** 동의대학교 교수
*** 한국전산원

일반적으로 정보화 평가는 정보화의 과정이나 결과를 이해하고 그 가치를 판단하는 객관적·체계적·실증적·회고적인 점검 또는 사정활동으로서(Nachmias, 1979; Scriven, 1991; Vedung, 1997), 주관적인 요소의 배제를 전제하고 있다(이영균·최영훈, 2000). 그러나 정보화 평가는 객관적인 측면에서만 파악할 수 없는 매우 복잡한 현상이자 활동으로서의 성격도 내포하고 있다(Serafeimidis, 2001). 정보화 평가는 주관적인 관점과 인지구조를 가진 평가관련자 및 이해당사자들이 복잡하게 얽혀 활동하는 정치적 활동이며(Gregory and Jackson, 1992), 계량적인 방법을 넘어 질적이고(Cook, 1997) 해석적이며 인식론적인 방법들(Hirschheim and Smithson, 1988; Iivari, 1988; Walsham, 1993; Smithson and Hirschheim, 1998)까지 활용되고 있기 때문이다.

평가의 성격을 객관적·체계적·실증적인 활동으로 파악할 경우 평가기준은 사업의 공식적 목표로부터 자동적으로 도출되는 계량적으로 측정가능한 객관적인 것으로서, 모든 평가관련자들에게 동일하게 인식되고 수용되는 것으로 간주한다. 그러나 평가의 성격을 평가이해관련자(평가자, 평가대상사업자, 평가수요자)들의 평가에 대한 주관적인 인식과 태도, 그리고 이들 간의 정치적·역학적 관계에 따라 이루어지는 복잡하고 미묘한 질적인 속성을 갖고 있다고 파악할 경우, 평가기준은 객관적·실증적인 기준에 더하여 주관적·질적·해석적 기준까지 포함되며, 또한 다양한 평가 이해관련자들에게 각각의 인지구조와 태도와 감정에 따라서 주관적으로 수용되고 이해된다고 본다.

본 연구의 목적은 평가활동 및 평가기준에 대한 평가관련자들 (stakeholders)의 주관적인 인식과 태도를 파악함으로써 평가기준의 선정과 적용의 타당성을 높이고자 하는 데 있다. 그 이유는 평가를 둘러싼 이해관련자들의 주관적인 관점과 가치가 그들의 구체적인 평가활동에 대한 태도나 반응을 설명하는 데에 중요한 요소가 되기 때문이다(Brown, 1980; 김순은, 1993). 이러한 관점에서 첫째, 정보화사업 평가와 관련된 기존이론과 경험적 연구로부터 객관적·실증적 평가기준에 더하여 주관적·해석적인 평가기준을 도출해 보고자 한다. 둘째, 도출된 객관적·주관적 평가기준에 대한 평가관련자들의 주관적인 인식과 해석, 관점과 태도를 파악해 보고자 한다. 셋째, 기존에 획일적으로 도출·적용되어 오던 평가기준에 대하여 평가관련자들 사이의 인식과 견해의 차이를 인정하고, 이들 간의 합의를 모색함으로써 평가활동의 타당성을 높이는 방안을 모색해 보고자 한다.

이러한 조사를 위해서는 Q 방법론을 활용한다. Q 방법론은 인간행위를 과학적으로 연구하고자 개발·발전시킨 과학적 도구로서, 주관성의 과학화에 기초를 제공하는 일종의 철학적·심리적·통계적·계량심리적 도구이다(Brown, 1980; Stephenson, 1980; 김순은, 1993; 한정호, 1993). Q 방법론의 적용은 기존문헌검토를 통하여 도출된 주요 평가기준에 대하여 Q-진술문을 작성하고, 각 이해관련자를 중심으로 추출된 P-sample에 대하여 설문조사를 실시하여, 평가기준에 대한 이해관련자들의 인식과 태도의 구조와 차이를 밝히는 것으로 이루어진다.

Ⅱ. 정보화사업평가 및 기준도출에 관한 이론적 검토

1. 정보화사업평가의 본질 및 평가기준에 대한 이론적 검토

가. 정보화사업평가의 성격

일반적으로 평가란 말에는 좀 더 나은 방향으로 나아가기 위하여 뒤를 돌아본다는 의미가 내포되어 있다. 즉 정부의 활동과 그 결과를 감독하고 체계화하여 평가함으로써 정책담당자들로 하여금 앞으로 일을 해 나가는 데 있어서 가능한 한 책임감 있고 창조적이며 효율적으로 일을 해 나갈 수 있도록 도와주는 체계가 바로 평가인 것이다. 이러한 의미에서 Vedung(1995)는 "평가란 정부개입의 과정과 산출물 및 그 결과의 장점, 유용성, 가치 등을 사후적으로 정밀하게 사정하여 미래의 실제적인 행동에 반영하는 회고적 사정작업"이라고 하고 있다. Weiss(1972)는 "평가란 원래 의도했던 프로그램의 목표에 비추어서 그 프로그램이 가져온 효과를 측정하는 것으로, 진행 중인 프로그램의 의사결정에 도움을 주고 앞으로 도입될 프로그램을 개선하기 위한 활동"으로 이해하고 있다. Chelimsky(1985: 7)는 "평가란 체계적인 연구방법을 이용하여 프로그램의 계획, 집행, 그리고 효과를 사정하는 활동"이라고 보고 있다. Rossi, Freeman, Lipsey(1999)는 "프로그램 평가란 사회적인 간여(intervention) 프로그램의 효과성을 체계적으로 조사하기 위하여 사회적 연구절차를 활용하는 것"이라고 정의하고 있다.

이상의 정의를 통하여 정보화 평가의 기본 성격을 도출해 보면, 첫째 정보화 사업평가의 대상은 주로 사업집행과정과 집행결과(총괄평가, 효과성 평가 등)가 된다(Mohr, 1988; 이윤식, 1987; 정보화평가위원회, 1999, 2000; 박병식, 2000).[1] 이 중에서 집행과정에 대한 평가는 정보화사업 집행과정에서 나타나고 있는 현상이나 상태를 평가하거나 정보화사업 추진과정에서 내재적이거나 외생적인 영향요소에 관한 설명에 초점을 맞춘다. 정보화사업의 성과평가는 정보화사업이 추진된 이후에 나타나는 성과에 대한 평가나 정보화사업의 결과(result, 산출:output+영향:impact)에 대한 분석에 초점을 맞춘다.

둘째, 평가의 목적으로는 집행과정 및 결과에 대한 정보와 지식 제공을 통하여 정책집행에 대한 통제와 감시, 정책담당자의 책임과 몰입의 확보, 조직학습의 촉진 등을 목적으로 한다고 할 수 있다.[2]

셋째, 평가접근법으로서는 주로 합리적·객관적인 평가방법과 기준을 활용한 계량적·실증적인 분석을 지향한다(이윤식·오철호, 2000; 이영균·최영훈, 2000).

위의 견해와는 달리 최근에는 정보화사업평가의 속성에 대하여 새로운 시각들이 등장하고 있다. 이러한 비판적인 접근법으로는 해석학적·현상학적 시각(Hirschheim and Smithson, 1988; Iivari, 1988; Walsham, 1993; Smithson and Hirschheim, 1998), 정치적·사회역학적 시각(Gregory and Jackson, 1992), 진화론적·포스트모더니즘적 시각(Patel, 2001), 제도적·맥락적 시각(Serafeimidis, 2001) 등이 있다. 평가에 대한 새로운 시각들이 등장한 이유는 기존의 공식적·합리적 접근법 또는 객관적·실증적 접근법과 평가를 정보화사업에 대한 외향적 판단으로 보며, 마치 정보화사업이 인간 및 조직 구성요소와 분리되어 있는 것

---

1) 사전평가는 정보화사업 계획의 타당성, 적합성, 사업방안과 대안의 소망성, 실현가능성 등을 평가하는 것으로서 주로 정책분석의 영역에서 다루어진다.

2) 일반적으로 평가는 조직학습을 촉진시키고(Earl, 1989; Hirschheim and Smithson, 1987; Walsham, 1993), 의사결정의 불확실성을 감소시켜주는 환류기능(Angell & Smithson, 1991; Baker, 1995)을 수행한다. 또한, 평가는 조직몰입 (commitment)을 획득하는 메커니즘이 되기도 하고(Gregory and Jackson, 1992; Powell, 1992), 탐구와 발견의 메커니즘이 되기도 한다. 또한, 평가는 자원배분의 합리적 근거를 찾기 위하여, 이미 규정된 목적의 달성을 위하여 사용되기도 하고, 정치적인 측면에서 조직구성원들의 충성을 담보하거나 기존정책에 대한 정당성을 확보하기 위해서 이루어지기도 한다(윤상오·정명주, 2001).

으로 간주하고 있기 때문이다. 또한, 기존의 접근법은 기술적이고 회계적인 측면을 지나치게 강조하여 조직적이고 사회적인 측면을 도외시하고 있으며, 이에 더하여 평가를 어떻게 진행할 것인가에 보다 강조점을 두며, 평가의 역할이나 이해관련자들 간의 상호작용 그리고 파급효과나 영향을 간과하고 있는 문제점이 있다(Serafeimidis, 2001).

정보화사업평가에 대한 해석학적 접근법은 평가활동에 대한 이해관련자들의 이해와 관점에 초점을 맞추어 평가대상의 실제(reality)를 분석하려고 노력한다. 이 접근법은 정보화사업의 성격, 집행과정, 결과가 이해관련자들에게 어떻게 해석되고 어떻게 수용되며 어떠한 의미와 가치를 갖는가를 파악함으로써 정보화사업을 평가하는 것이다.

제도적·맥락적 평가접근법은 평가활동을 둘러싼 조직 내외부적 맥락이 평가활동과 평가결과에 큰 영향을 미치는 것으로 본다. 평가관련 맥락에는 조직특성(문화, 규범), 구조적 한계, 평가에 대한 기대, 외부적 요구조건(학술문헌 등)이 있다.[3] 이러한 모든 요인이 평가의 영향과 기여를 제한하기도 하고 촉진하기도 한다(Serafeimidis, 2001).

정치적·사회역학적 시각은 평가를 인간행위자, 이해관련자(stakeholder) 간의 역학적 상호작용활동으로 본다. 평가와 관련하여 이해관련자들은 자신들의 이해에 따라서 평가영향집단(evaluation party)을 형성하고, 평가과정에 있어서 자신들의 이해와 관점을 피력하여 영향을 미치려고 노력한다(Guba and Lincoln, 1989; Gregory and Jackson, 1992). 이해관련자는 평가에서 핵심적 역

3) 이러한 맥락에는 다음과 같은 것들이 있다. 이를 맥락주의 (contextualism)라고 한다.

〈표〉 맥락주의 (contextualism)의 구성요소(Serafeimidis, 2001)

Context:	맥락은 조직이 위치한 다양한 시스템(사회적, 정치적, 경제적)과 구조(조직 프로세스)에 대한 다양한 수준의 파악 (multi-level identification)과 관련된다. 내외부의 다양한 이해관련자 집단들은 그들이 관련된 구조와 과정으로 파악된다.
Content:	내용은 고려하고 측정해야 할 가치와 기준을 의미한다. 이것은 IT와 관련된 비용과 편익의 계량화라는 협소한 개념을 넘어 IT의 적용에 따른 잠재적 제약과 위험까지를 포괄하는 개념이다. 이것은 조직목표, 집행과정에 대한 고려와도 연계되는 것이다.
Process:	프로세스 층 (layer)은 평가가 진행되는 방식(활용되는 기법과 방법), 더 나아가 IS 기획, 의사결정, 시스템개발, 프로젝트 관리 등의 방법과 기법 등과 관계된다. 관련된 모든 이해관계자들과의 의사소통 수단을 마련하는 것은 조직학습 및 개인학습에 매우 중요하다.
History:	위에서 제시한 개념적 요소들에 대한 역사적 이해는 필수적인데, 왜냐하면 IT 관련 변화와 그것에 대한 평가(실패로부터의 학습을 포함)는 시간의 경과에 따라 진화하고, 특정한 시점에서는 과거의 역사에 의해 형성된 일련의 제약과 기회를 제시해 준다.

할을 하는데 그 이유는 이해관련자들이 정보화사업의 성공적인 개발과 집행에 영향을 미칠 뿐만 아니라 정보화사업이 이해관련자들의 이해를 얼마나 충족시키느냐에 따라서 정보화사업의 성공과 실패가 결정되기 때문이다. 각 이해관련자들과 평가영향집단은 자신들의 과거 경험, 지식, 목표, 감정 등에 따라 평가상황에 대한 개별적인 해석을 하고(Norman, 1980), 이해의 상충으로 인한 갈등과 협상을 유발하기도 한다.

진화론적·포스트모더니즘적 평가접근법은 정보시스템을 진화적 정보시스템(EIS: Evolutionary Information System)으로 파악하고, 정보화사업도 고정적·정적·객관적 관점보다 진화적 관점에서 파악한다.[4] 이 접근법은 정보화사업을 둘러싼 이해관련자들의 관점과 기대가 계속적으로 변화하는 것과 마찬가지로 정보화사업의 내용과 성격도 시간의 경과에 따라 계속적으로 변화하고 발전하고 진화해 나간다고 본다(대표적인 예가, WWW, Internet, Intranet).

따라서 이 접근법은 비용에 근거한 회계방법(cost-based accounting method) 또는 다른 계량적 방법으로는 정보화사업을 평가할 수 없다고 본다. 대신 개인·집단·조직에 대한 정보화사업의 가치나 주관적 효용에 초점을 맞추는 해석적 접근법(interpretative approach)(Walsham, 1995), 후기실증주의자 관점(post-modernist thinking)(Suchman, 1994)을 필요로 한다.

이상의 내용을 종합해보면, 주관적·해석적 접근법은 첫째, 평가대상이 되는 정보화사업·사업목표·평가기준·이해관련자의 욕구(인식, 해석, 기대) 등을 고정된 것이라기보다는 지속적으로 변화하고 진화하는 것으로 본다. 둘째, 평가활동은 객관적·실증적·체계적 활동을 포함하여 해석적·인식적·주관적 활동이라고 본다. 셋째, 평가관련자는 평가에 의해 일방적으로 영향을 받는 수동적 존재라기보다는 주관적 인식과 스키마(schema)에 의해 개인적·집단적으로 평가에 영향을 미치는 능동적·적극적 존재로 간주된다.

---

4) 일반적 정보시스템과 진화적 정보시스템의 차이(Patel, 2001)

	Evolutionary IS	Non-Evolutionary IS
User Requirements	Changing, Ongoing	Established, Fixed
System Functionality	Changeable	Fixed, non-changeable
Adaptability	Yes	No

이상에서 살펴본 평가의 성격에 관한 객관적·실증적 접근법과 주관적·해석적 접근법의 주요 차이점을 살펴보면 다음의 표와 같다.

〈표 1-1〉 객관적·실증적 접근법과 주관적·해석적 접근법의 차이

	객관적·실증적 접근법	주관적·해석적 접근법
평가목적(주요관심)	목표달성도	이해관련자의 욕구충족
평가대상의 성격	고정, 조직요소(사람, 구조, 과정, 문화)와 분리	진화, 조직요소와 통합
평가자	객관적, 중립적	주관적, 해석적
평가관련자	수동적	능동적, 적극적
평가기준	비용(cost), 산출(output), 편익(benefit)	영향(impact), 맥락성(context), 효용성(utility)
평가방법	설문조사, 2차자료조사 양적조사, 가설검증적 조사	심층면접, 관찰, 질적조사 탐색적(가설생성적)조사

나. 정보화사업평가모형과 기준에 대한 이론적 검토

정보화사업평가의 기준은 평가의 접근법이 무엇이고, 각 접근법에서도 어떠한 평가모형을 사용하는가에 따라서 달라지게 된다. 앞서 살펴본 객관적·실증적 접근법과 주관적·해석적 접근법에 대하여 하위의 모형과 그에 따른 평가기준을 살펴보면 다음과 같다.

먼저 객관적·실증적 접근법에서 사업평가모형은 크게 나누어 효과성 모형과 경제성(효율성) 모형으로 볼 수 있다. 효과성 모형은 사업집행으로 나타나는 산출(output), 효과(impact) 또는 결과(outcome), 성과(performance or result) 등에만 초점을 맞춘다. 반면에 효율성 모형은 결과에 더하여 이러한 결과를 도출하는 데 들어간 비용(cost)까지 고려하여 비용과 산출·결과·성과 등의 비율로서 사업을 평가한다.

효과성 모형에서 가장 대표적인 것은 목표달성모형(goal attainment model)이다. 이 모형은 정보화사업의 결과가 정보화사업의 목표를 어느 정도나 충족시키고 있는지가 평가의 주된 초점이다. 이 모형은 정보화사업의 객관적인 내용·산출·결과에만 관심을 가질 뿐 처리의 형평성이나 과정의 적절성 및 기타 사업의 절차에 대해서는 관심을 두지 않는다. 또한, 목표달성모형은 비용이나 의도

하지 않은 효과(unintended effect)를 반영하지 않는다.

목표달성모형의 가장 큰 문제점은 정보화사업에서 공식적으로 설정된 목표에만 관심을 갖는다는 것이다. 이러한 문제점을 극복하기 위해서 등장한 모형이 부수효과모형이다. 이 모형의 평가기준은 공식적인 목표의 달성도에 더해서 의도하지 않았던 다른 결과(역효과, 부작용, 외부효과)가 공식적 목표달성에서 가지는 의미까지도 평가에 포함시켜야 한다고 본다(Vedung, 1995). 공식적인 목표달성도가 높다 하더라도 부작용이나 역효과가 심하다면 그 사업의 가치는 떨어지게 된다.

한 걸음 더 나아가 평가자들이 사전에 결정된 사업의 목표에만 집착하는 데 대한 반발로서, 평가의 출발점은 계획된 것이든 아니든 사업의 결과로부터 시작되어야 한다는 것이 목표배제모형이다. 이 모형에서의 평가기준은 결과를 목표와 비교하는 것이 아니라 결과 그 자체를 평가한다는 것이다. 즉, 산출(output)이 사업대상 집단이나 사업대상물에 대하여 어떠한 영향(impact)을 미치는가를 평가하는 것이다.

이에 더하여 포괄적 모형은 평가가 정보화사업이 달성한 결과만을 대상으로 제한해서는 안 되며 최소한 집행 및 어떤 경우에는 기획단계까지도 포함해야 한다고 본다. 포괄적 평가모형의 주된 특징은 평가대상의 범위, 즉 산출과 결과만이 아닌 다른 구성요소들도 평가의 대상이 된다는 점에서 찾을 수 있다.

효과성 모형과는 달리 경제성 모형은 비용에도 관심을 두는데, 첫 번째 유형은 생산성 모형이다. 생산성이란 비용(cost)에 대한 산출(output)의 비로 정의된다. 좀 더 간단하게 살펴보면 투입 대비 산출의 비가 생산성이 된다. 여기에서 투입과 산출은 금전적 비용으로 전환되어 사용될 수도 있고, 물질적인 기준으로 사용될 수도 있다. 두 번째 모형은 효율성 모형이다. 효율성은 비용-편익과 비용-효과라는 두 가지 방법으로 측정될 수 있다. 비용편익분석에서는 투입과 산출이 모두 금전적인 기준으로 측정된다. 비용효과분석에서는 투입은 금전적 가치로 측정되고 산출은 실제적인 영향의 측면에서 평가된다.

이상에서 살펴본 객관적·실증적 접근법은 주로 객관적·계량적으로 측정가능한 기준과 지표에 주요 관심을 두고 있다. 정보화사업의 평가는 미리 정의된 객관적인 목표에 대하여 사업집행으로 나타나는 측정 가능한 결과(output, outcome, impact)가 어느 정도나 목표를 충족시키고 있는가라는 기준에 따라 이루어진다. 이 모형에서는 주관적인 편익(benefit), 효용(utility), 가치(value) 등은 고려의 대상이 되지 않으며, 평가관련자나 고객의 평가활동 및 평가결과에 대한 주관적인 인지와 해석에 대해서도 고려하지 않는다.

반면에 주관적·해석적 접근법에서 정보화사업평가의 주요 기준은 정보화사업의 고객이나 정보화사업의 이해관련자가 정보화사업에 대하여 가지는 주관적 기대와 욕구에 대하여, 정보화사업이 이를 어느 정도나 충족시켜주고 있는가가 된다. 여기에서 고객이나 이해관련자들은 자신들 나름대로의 평가스키마(evaluation schema)[5]에 따라서 정보화사업의 목표에 대한 주관적인 해석과 인지를 하고, 이에 따라 사업에 대한 기대와 욕구를 형성한다. 또한 평가스키마에 따라 정보화사업의 집행과 결과가 가지는 의미(meaning)와 맥락(context), 그리고 효용(utility)과 가치(value)를 인지하고 해석하고 평가하게 된다.

주관적·해석적 접근법의 가장 대표적인 모형은 고객지향적 모형과 이해관련자 모형이다. 고객지향적 모형은 정보화사업의 대상이 되는 사람들의 목표·기대·관심·필요 등을 평가의 기본원칙 및 판단기준으로 삼아 해당 정보화사업이 고객의 관심, 욕구, 기대를 충족시켜주는가의 여부를 살펴보는 것이다.

이에 더하여 관련자 모형(stakeholder model)은 정보화사업에 관심을 갖거나 그 영향을 받는 사람들의 관심사나 견해가 평가의 기본 구성원리가 된다는 것이다.[6] 관련자 평가는 고객지향모형과 비슷한 점이 많지만 한 가지 다른 점이 바

5) 사람들이 실제 (reality)에 대하여 해석을 하는 메카니즘을 스키마 (schema)라고 한다. 이것은 과거 경험에 근거한 일반적 지식 네트워크로서 이해를 위한 예측적·설명적 힘을 제공해준다. 평가스키마 (evaluation schema)는 개별적 이해관련자들이 평가 및 평가대상 사업에 대하여 가지고 있는 관점이라 할 수 있다(Norman, 1980; Orlikowski & Gash, 1994). 평가관련집단(evaluation party)은 공통의 스키마를 가지고 있는 것이 일반적이며, 개념의 공식적·비공식적 확산을 통하여 커뮤니케이션의 기초가 된다(Giddens, 1979).

6) 예를 들어, 2001년 정보화평가위원회에 의해서 시행된 정보화사업평가에 있어서 평가관련자(stakeholder)는 다음과 같다.
- 평가대상기관의 담당자(실무자, 공무원)
- 사업집행기관의 담당자(실무자, 공무원, 민간사업자)
- 사업집행기관의 정보화책임관(CIO)
- 사업의 고객(내부: 조직구성원, 외부: 국민, 기업, 단체 등)
- 평가집행기관: 한국전산원
- 평가전문위원: 정보화사업평가위원(교수)
- 평가지시기관: 기획예산처, 국무조정실, 정보통신부, 정보화추진위원회

로 대상범위의 문제이다. 고객지향모형은 프로그램의 대상이 되는 고객집단만을 대상으로 하는 것인 반면, 관련자모형은 고객을 포함한 모든 관련자를 대상으로 하는 것이다. 관련자 모형에서의 주요 평가기준은 정보화사업 관련자의 기대·관심·욕구를 어느 정도나 충족시켜주고 있는가가 된다.

주관적·해석적 모형에서 한 가지 주의할 것은 객관적·실증적 평가기준을 무시하고 주관적·해석적 평가기준만을 사용해서 정보화사업을 평가하는 것은 아니라는 점이다. 그보다는 객관적·실증적 기준에 더하여 평가의 타당성을 제고시키기 위하여 주관적·해석적·인지적 기준을 포괄하여 평가를 시행해야 한다는 것이다.

이상의 내용을 표로 정리하면 다음과 같다.

<표 1-2> 평가접근법에 따른 평가모형 및 평가기준

<table>
<tr><th>평가 접근법</th><th>평가방법</th><th>평가 모형</th><th>관심대상</th><th>세부평가 모형</th><th>평가기준</th></tr>
<tr><td rowspan="6">객관적·실증적 접근법</td><td rowspan="6">회계, 계량분석 (양적평가)</td><td rowspan="4">효과성 모형</td><td rowspan="4">산출(output)
결과(outcome)
영향(impact)
성과(performance)</td><td>목표달성 모형</td><td>공식적 목표달성도:
(산출 또는 결과)/목표(계획된 목표)</td></tr>
<tr><td>부수효과 모형</td><td>공식적 목표달성도: (산출 또는 결과)/목표
(부작용, 역효과, 부수효과)/목표</td></tr>
<tr><td>목표배제 모형</td><td>공식적·비공식적 산출, 결과
긍정적·부정적 산출, 결과
의도적·비의도적 산출, 결과</td></tr>
<tr><td>포괄적 모형</td><td>공식적 목표달성도: (산출 또는 결과)/목표
공식적 계획달성도: 집행실적/추진계획</td></tr>
<tr><td rowspan="2">경제성 모형</td><td rowspan="2">산출(output)
편익(benefit)
효과(effect)
비용(cost)</td><td>생산성 모형</td><td>산출/투입</td></tr>
<tr><td>효율성 모형</td><td>편익/비용
효과/비용</td></tr>
<tr><td rowspan="2">주관적·해석적 접근법</td><td rowspan="2">인식, 주관적 해석 (질적평가)</td><td rowspan="2">인식적 모형</td><td rowspan="2">맥락(context)
의미(meaning)
효용(utility)</td><td>고객지향 모형</td><td>고객의 가시적·비가시적 편익
고객의 주관적·객관적 효용
고객의 가치실현</td></tr>
<tr><td>관련자 모형</td><td>관련자의 가시적·비가시적 편익
관련자의 주관적·객관적 효용
관련자의 가치실현</td></tr>
</table>

2. 기존 정보화사업평가에 있어서의 평가기준의 검토

정보화사업 평가는 1990년대 들어서 국가정보화의 필요성과 정보화계획수립 등에 대한 관심이 고조되고, 1994년 정보통신부의 발족과 초고속정보통신망 구축 등의 일련의 정보화사업이 착수된 후 일정기간이 지난 1997년 이후에야 비로소 논의되고 활성화되기 시작하였다. 그 대표적인 예는 해마다 정보화촉진기금의 지원을 받아 진행 중이거나 종료된 정보화 핵심 사업에 대하여 정보화추진위원회 산하의 정보화평가위원회가 정보통신부와 한국전산원의 지원으로 수행하고 있는 정보화사업평가이다. 이 평가는 주로 효과성 또는 능률성 평가와 집행평가로서 실증적인 자료에 기초하여 이루어짐으로써 정보화사업의 영향을 부분적이지만 비교적 심도 있게 다루고 있다. 최근에는 다양한 정보화평가위원회를 비롯하여 국무조정실, 행정자치부, 기획예산처 등의 공공기관과 학계 및 관련분야 연구자들이 지방자치단체, 중앙정부 등에서 실시해 온 각종 정보화사업에 대하여 본격적인 정보화 평가를 실시하고 있다. 지금까지 학계와 공공기관에서 수행된 정보화사업평가에 있어서 어떠한 접근법과 평가기준을 활용하고 있는가를 대략적으로 살펴보면 <표 1-3>과 같으며, 이러한 평가들을 종합적으로 검토해서 평가경향과 평가기준을 살펴보고 문제점을 지적해 보면 다음과 같다.

〈표 1-3〉 기존 정보화사업평가 요약

평가자	평가대상	평가모형	평가방법	평가기준
정보화평가위원회 (2001)	공공부문 정보화사업	효과성 모형 -포괄적모형 -목표달성모형	각종문헌분석 설문조사 면담 현장실사	사업필요성: 목표적합성,유사사업과의 연계성 계획의 적정성:목표수단적합성, 적용기술타당성 추진효율성:추진방식적절성, 추진체계원활성 성과달성도:목표달성도,업무생산성향상도,고객서비스개선도
이윤식·김영미 김현성·정명주 (2000)	서울시 민원처리 온라인공개제도	효과성모형 -목표달성모형	각종문헌분석 설문조사	민원처리의 신속성 시민의 행정접근성 행정절차의 공개성
이종열·박광국 (2000)	대구시정보화사업	효과성모형: -목표달성모형 고객지향모형	공무원 설문조사	이용자 요구충족 내부업무 효율성 조직혁신
황영호·서순복 (2000)	광주시GIS 사업	효과성모형 -포괄적모형	담당자 면담 설문조사	사업목표의 적합성 집행수단의 적절성

		경제성모형 -효율성모형		집행결과의 효과성 집행결과의 능률성
이영균·최영훈 (2000)	경기도 정보화사업 (전자결재사업)	효과성모형 -포괄적 모형 -부수효과모형	설문조사	수요 추진과정 결과(효과) 능률성 애로요인 및 활성화요인
강근복·권선필 (2000)	대전시전자결재시스템도입사업	효과성모형 경제성모형	설문조사	투입-산출 요구-성과
박병식(2000)	울산시정보화사업 평가	효과성모형 -목표달성모형 -포괄적모형	구조화면접	목표달성도 집행의 효과성 사업의활용도(usefulness) 내용의 충실도(accuracy) 대상집단에 대한 대응성
박영미(2000)	전농업정보화 사업평가	효과성모형 고객지향적 모형	면접 홈페이지 실사 자료 및 문헌분석	이용자 요구충족도 내부업무의 효과성 조직혁신
한국전산원 (1999)	공공정보화사업	효과성모형 경제성모형		효과성 집행과정 효율성 경제성 비용절감효과 정보화투자효과

첫째, 기존 평가의 대부분은 평가기준 도출을 위한 평가모형에 대한 관심이 크지 않으며, 사후적인 목표달성 평가를 위주로 하고 있다는 점이다. 이 중 일부는 사업결과와 함께 사업계획과 집행까지 포함하여 평가를 하고 있기도 하고, 일부는 고객의 만족도도 평가에 포함시키고 있어 평가내용과 기준의 다양화를 꾀하고 있지만 실제 평가는 사업이 진행되고 난 이후에 평가하는 것이므로 효과성 평가라 해야 할 것이다.

둘째, 평가기준에 있어서 가장 많은 빈도를 보이는 기준은 효과성 평가의 전형인 목표달성도로서의 효과성과 능률성 기준이다. 그러나 대부분의 평가가 특정한 평가모형을 염두에 두지 않고 이루어져 사업계획, 집행과정, 조직혁신, 사용자 만족, 활용도 등의 다양한 기준이 일관성 없이 복합적으로 사용되고 있다.

셋째, 평가기준의 내용상의 특징을 보면 대부분의 평가기준이 객관적·계량적으로 측정가능한 것이며, 일부 주관적·정성적인 기준의 경우에도 구조화 면접이나 설문을 통하여 다시 객관화, 계량화하고 있다. 따라서 평가대상에 대한 심도 있는 질적평가가 충분히 이루어지지 않고 있다.

넷째, 평가기준의 적용 시 대부분이 관련문헌 및 자료조사, 설문조사 위주로 하고 있으며, 일부 평가의 경우 현장방문실사와 평가대상기관 관련자 면담을 하고 있다. 따라서 다양한 평가이해관련자의 평가에 대한 주관적 인지와 해석, 그리고 평가관련자들 사이의 평가활동을 둘러싼 역학관계, 평가관련자들의 사업내용과 성과에 대한 인식과 태도 등을 충분히 파악하지 못하고 있다.

종합적으로 볼 때 지금까지의 정보화사업평가는 대부분이 객관적·실증적 접근법에 따라서 효과성과 능률성 모형을 적용하여 계량적인 기준에 따라 이루어져 왔다. 또한, 평가대상사업을 객관적 실체로서 고정된 정적인 성격으로 파악하고 있으며, 평가관련자의 주관적 인식과 해석을 전혀 고려하지 않은 상태에서 사업자체의 결과에만 초점을 맞추거나 좀 더 나아가서는 평가대상고객의 주관적인 만족도를 구조화 설문과 면담을 통하여 계량화시키는 수준에 머무르고 있다. 또한, 주로 사업결과의 측정에만 관심을 가질 뿐 사업집행과 결과간의 인과관계 규명에는 상대적으로 소홀하며, 평가를 위한 설문이나 면담의 표본선정에 관한 문제점을 내포하고 있어, 평가결과의 내적타당성과 외적타당성의 문제를 야기할 가능성이 높다.

이러한 문제점을 통해서 볼 때, 앞으로의 평가에서는 효과성과 능률성 모형에 더하여 고객지향모형이나 이해관련자 모형을 고려해야 한다. 또한 이러한 모형에 따라서 평가의 타당성을 높일 수 있는 다양한 평가기준이 도출되어야 한다. 또한, 이렇게 도출된 평가기준에 대하여 다양한 평가관련자들이 어떠한 이해와 해석을 하고 어떠한 태도와 선호도를 가지며 이것이 정보화사업에서 가지는 의미는 무엇인지도 파악해 보아야 할 것이다.

Ⅲ. 정보화사업 평가기준 도출을 위한 Q 방법론 설계

1. Q 방법론의 특성과 정보화사업평가

가. Q 방법론의 특성

앞에서 간략하게 언급하였듯이 Q 방법론은 인간의 주관성(관념과 인식)을 과학적으로 측정할 수 있다. 따라서 Q 방법론을 활용하면 특정 집단의 사람들이 가지고 있는 동기·가치·태도 또는 인지구조는 무엇이고 다른 집단과는 어떠한 유사점과 차이점이 있는가를 파악할 수 있다(최현철, 1993).

이러한 관점에서 Q 방법론을 사용하면 특정한 평가관련자 집단의 사람들이 정보화사업 평가에 대하여 어떠한 주관적 특성을 가지고 있는지 분석할 수 있다. 예를 들면 어떠한 동기구조와 의식구조(태도)를 가지고 있고, 특정 동기들이 어떻게 논리적으로 연결되어 있는지를 쉽게 알 수 있다. 그뿐만 아니라 여러 집단의 사람들이 가지고 있는 유사한 또는 상이한 인식구조를 비교·분석할 수 있다. 특정집단의 사람들이 가지고 있는 특정가치나 태도, 인지구조를 파악하게 되면 이러한 기존가치, 태도, 인지구조가 정보화 평가기준과 어떠한 관계를 유지하고 있는지 파악할 수 있다. 즉 정보화평가 관련집단의 구성원들이 정보화사업평가의 기준들에 대하여 어떠한 태도와 견해를 갖고 있으며 어느 기준을 더 중요시하고 덜 중요시하는가도 파악할 수 있다.

나. 평가기준 도출을 위한 Q 방법론의 적용

앞장의 이론적 논의에서 분석하였듯이 정보화 사업에 대한 평가는 객관적·실증적 접근법과 주관적·해석적 접근법이 있다. 특히 후자는 평가과정의 정치적 성격, 즉 이해관련자들 간의 상호작용이 평가에 중요한 역할을 하고 있음에 착안하고 있다. 평가과정에 참여하는 이해관련자들은 자신들의 주관성 특성에 따라 상이한 평가기준을 적용하려고 한다. 따라서 이해관계자들의 인식, 주관적 가치, 개인적 이해관계에 따라 동일한 사물이 상이하게 평가되는 경향이 강하다.

Q 방법론은 이러한 주관적 특성을 과학적으로 측정하는 도구로 본 연구는 정보화 사업평가와 직·간접적으로 관련되어 있는 이해관련자들의 정보화 사업과 관련된 이슈 특히 평가기준들에 대한 주관적 특성을 과학적으로 분석할 수 있다. 이를 토대로 향후 정보화사업에 대한 평가기준을 재설정할 수 있다.

이를 위하여 본 연구에서는 기존의 정보화 평가시 주요 접근법과 평가기준과 관련된 이슈를 체계적으로 분석하고 이를 토대로 Q 진술문을 작성하였다. Q 진술문은 평가활동 및 평가기준에 대한 것으로 평가 관련자와 이해관계자(stakeholder)의 주관적인 인식과 태도를 분석하는 데 기초가 된다. 이에 대한 분석과 해석은 정보화 평가기준을 도출하는 데에 있어 Q 방법론의 적용가능성을 확인시켜 줄 것이다.

2. 연구설계 및 분석방법

가. Q 표본(Q-sample)의 선정

Q 표본을 선정하는 데에는 구조적 방법과 비구조적 방법이 있다(김순은, 1999). 본 연구에서는 후자의 방법에 따라 Q 표본을 선정하였다.[7)]

정보화사업의 성격을 고려하여 정보화 평가의 기본성격, 평가접근법, 평가모형, 평가방법, 평가기준에 관한 사항을 중심으로 100여개의 Q 진술문을 작성하였다. 이 중에서 36개의 진술문을 선정하여 Q 표본을 완성하였다. 진술문의 내용은 다음의 <표 2-2>에 명시되어 있다.

나. P 표본 (P-sample)의 표집

Q 방법론의 또 하나의 특징은 P 표본의 수가 매우 적다는 것이다. 일반적인 R 방법에 있어서는 분석결과가 통계적 의미를 갖기 위해서는 일정 수 이상의 표본이 필요하나 Q 방법론에 있어서는 P 표본의 수에 대한 제한이 없다. 심지어 1인을 대상으로도 할 수 있다. 보통 25-30명 정도의 수가 적정하다(Brown, 1980; 김순은, 1999).

정보화사업 자체와 정보화 사업에 대한 평가는 고도의 전문성을 띠고 있다. 따라서 일반인을 대상으로 한 설문조사보다는 전문가를 대상으로 한 설문조사에서 연구의 의미가 높다.

따라서 본 연구에 있어서는 한국전산원 정보화사업 평가담당 연구원 7명, 2001년 정보화평가위원회 사업평가위원(교수 등 전문가) 8명, 정보통신부를 비롯한 주요 정부부처 정보화사업 실무담당공무원 10명을 Q 설문조사의 대상으

---

7) 구조화된 Q-sample 방법은 연구자가 연구하고 싶어 하는 기준이나 이론에 따라 배제되는 의견이 없도록 Q 문항을 적절히 안배하여 작성하는 것이다. 비구조화된 Q-sample 방법은 관련분야의 전문가나 연구대상자 및 기존이론과 연구들로부터 Q 진술문의 모집단 (Q-population)을 구성하고, 이로부터 연구자가 연구주제를 가장 잘 대표한다고 생각하는 진술문들을 임의로 선택하는 방법이다.

로 하여 총 25명의 자료를 구득하였다.[8)] 자세한 명단은 다음의 <표 2-1>에 포함되어 있다.

Ⅳ. 분석결과 및 해석

1. 결과분석

상기의 자료를 분석한 결과 3개의 주요 관점(요인)이 확인되었다. 본 연구의 결과 확인된 요인은 유사한 견해를 갖는 응답의 집단을 의미한다. 따라서 정보화사업 평가와 관련된 응답자의 견해는 3가지로 대별되고 있음이 입증되었다.

이에 대한 결과는 <표 2-1>과 같다. 여기에서 보면 정보화사업 평가에 대한 첫 번째의 관점(요인 1)은 25명의 표본 가운데 13명으로 구성되어 있으며, 16, 22번 등 2명의 응답자는 세 번째의 관점과 중첩되어 있는 것으로 나타났다. 13명의 응답자는 한국전산원 정보화사입평가담당 연구원 4명, 정보화사입평가위원 교수 6명, 정부부처 정보화사업담당 공무원 3명으로 구성되었다. 중첩되어 있는 16번과 22번은 공무원이다.

두 번째의 견해는 1명으로 구성되어 있으며 1명의 응답자는 1번 견해와 중첩되어 있다. 2번째의 견해를 대표하는 23번의 응답자는 공무원으로서 문화관광부에 근무하고 있다.

〈표 2-1〉 요인분석표

응답자	요인(factor)			응답자의 배경변수
	A	B	C	
1	53*	20	-35	한국전산원 연구원
2	-3	10	-41	한국전산원 연구원
3	18	-4	-83*	한국전산원 연구원
4	23	3	-73*	한국전산원 연구원

8) 설문의 응답은 강제분류방법 (forced sorting)을 사용하였다. 이것은 연구자가 동의하는 정도에 대한 정규분포에 따라 응답문항수를 미리 정하고, 응답자는 각 동의하는 정도에 대하여 미리 정해진 응답문항수만큼을 응답할 수 있다. 강제분류방법과 비강제분류방법의 상대적인 장단점에 대한 논의는 복잡하다. 한편으로 어떤 학자들(Block, 1956)은 강제분류방법이 비강제분류방법보다 더 좋다고 주장하는 반면 다른 학자들(Jones, 1956)은 강제분류방법이 부자연스럽다는 이유로 비강제분류방법을 더 선호한다(최현철, 1993).

5	62*	6	-23	한국전산원 연구원
6	70*	-26	-3	한국전산원 연구원
7	60*	-1	-15	한국전산원 연구원
8	55*	-27	-40	행정학과 교수
9	56*	10	-42	컴퓨터공학과 교수
10	56*	-22	-2	행정학과 교수
11	64*	-8	14	행정학과 교수
12	59*	28	-31	경영학부 교수
13	39	-3	-22	국제통상학과 교수
14	54*	-27	-43	컴퓨터공학과 교수
15	41	-22	41	정보관리학부 교수
16	47*	-34	-62*	전산사무관
17	59*	40	-17	기계사무관
18	36	-40	-57*	전산사무관
19	2	40	-2	전산사무관
20	62*	-14	-27	관세청 사무관
21	59*	23	-27	관세청 주사
22	63*	-47*	-2	관세청 주사
23	6	62*	-36	문화관광부 전산사무관
24	37	34	-60*	전산공무원
25	14	-40	-12	특허청 서기관
eigens	3.85	2.39	2.35	
% var	18	11	11	

* p<.05 수준
** 상기의 수치는 소수점 이하만 표기

〈표 2-2〉 진술문의 요인가 (Factor Q Sort Values for Each Statement)

Q 진술문	요인 1	요인 2	요인 3
1. 정보화사업평가는 사업집행과정을 평가해야 한다.	+1	-4	+2
2. 정보화사업평가는 주로 사업결과에 대하여 평가해야 한다.	0	+4	+1
3. 정보화사업평가는 주로 객관적·실증적인 방법에 따라야 한다.	+1	+4	+4
4. 정보화사업에 대한 평가는 주관적·해석적 접근방법이 가미되어야 한다.	0	-4	-2
5. 평가의 목적은 사업의 목표달성도이다.	-1	+4	+4
6. 평가의 목적은 이해관계자의 욕구충족도 포함되어야 한다.	+1	-2	-3
7. 평가자는 객관적·가치중립적 입장을 견지해야 한다.	+3	+3	+4
8. 개인·집단·조직에 대한 정보화사업의 가치나 주관적 효용에 맞추어 평가해야 한다.	0	+3	-4
9. 평가는 공식적 목표달성도 외에 부작용, 역효과, 부수효과도 평가해야 한다.	+3	+1	+2
10. 정보화사업평가는 사업결과의 공식적 목표달성도가 아니라 목표달성에 관계없이 공식적·비공식적, 의도적·비의도적, 긍정적·부정적인 모든 결	0	-2	0

	과 자체를 평가해야 한다.			
11.	정보화사업평가는 공식적 목표달성도와 공식적 계획달성도에 따라 이루어져야 한다.	0	+1	0
12.	평가는 산출/투입에 따라 이루어져야 한다.	-3	+2	+2
13.	평가는 편익/비용에 따라 이루어져야 한다.	-2	0	-1
14.	평가는 효과/비용에 따라 이루어져야 한다.	0	+2	+1
15.	평가는 고객의 가시적·비가시적, 고객의 주·객관적 효용, 고객의 가치실현에 따라야 한다.	+1	+1	+3
16.	평가는 이해관련자의 가시적·비가시적, 주관적·객관적 효용, 이해관련자의 가치실현에 따라야 한다.	-1	-1	-3
17.	평가는 정보화사업관련사료 및 문헌분석에 따라 이루어져야한다.	-3	-1	-1
18.	평가는 설문조사에 따라 이루어져야 한다.	-2	+2	-2
19.	평가에는 심층면접과 관찰 등이 추가되어야 한다.	+2	+2	0
20.	평가에는 방문실사가 포함되어야 한다.	+2	+1	0
21.	평가에는 이용편리성, 대민서비스, 이용자만족도 및 활용도와 같은 고객측면이 고려되어야 한다.	+4	+3	+3
22.	평가에는 생산성 향상, 비용절감, 직원만족도 등과 같이 내부업무효율화 측면도 고려되어야 한다.	+3	-2	+2
23.	평가에는 업무혁신 및 구조개혁, 조직문화 변혁, 환경변화 대응능력 등 조직혁신측면이 고려되어야한다.	+4	+1	+1
24.	사업계획, 추진체계, 추진과정, 사업관리, 비용관리 등 사업적 측면도 고려되어야 한다.	+2	-4	+3
25.	평가에는 제도개선, 관계기관과의 협조 등 제도적 측면도 고려되어야 한다.	+1	-3	+1
26.	평가에는 고용효과도 포함되어야 한다.	-4	-1	-2
27.	평가에는 관련산업활성화 효과도 포함되어야 한다	-3	-3	-1
28.	평가에는 정보화기반조성효과도 포함되어야 한다.	-1	0	-2
29.	평가에는 대상집단에 대한 대응성이 평가되어야 한다.	-1	-3	-3
30.	평가에는 행정절차의 공개성이 포함되어야 한다.	-2	0	-1
31.	평가에는 시민의 행정접근성이 평가되어야 한다.	-1	0	0
32.	평가에는 민원처리의 신속성이 포함되어야 한다.	-2	-2	0
33.	평가에는 사업의 활용도와 내용의 충실도가 평가되어야 한다.	+2	0	+1
34.	평가자는 주관적·해석적인 입장을 견지해야 한다.	-4	-1	-4
35.	평가관련자는 평가에 수동적이어야 한다.	-4	-1	-4
36.	평가관련자는 평가에 능동적·적극적인 자세를 보여야 한다.	+4	0	-1

세 번째의 견해를 대변하는 요인 3은 4명으로 구성되었다. 한국전산원 연구원 2명, 교수 1명, 공무원 1명이 요인 3에 속하는 것으로 분석되었다. 요인별 분

석은 다음 절에서 논의하였다. 요인별 분석은 <표 2-2>에서 제시한 진술문의 요인가에 의하여 이루어지는데, 진술문 중에서도 +4, +3, -3, -4 등 극단의 값을 지니는 진술문이 요인별 관점을 해석하는 데에 중요하다(Brown, 1986). 이것은 정보화사업평가의 접근법과 기준에 대하여 각 요인집단의 구성원들이 강하게 동의하거나(+4, +3) 강하게 반대한다(-4, -3)는 것을 의미하기 때문이다.

2. 결과해석

<표 2-3>은 요인분석을 통하여 파악한 3개의 집단이 정보화사업평가 접근법 및 평가기준에 대하여 가지는 태도 중 강하게 동의하는 진술문(+4, +3)과 강하게 반대하는 진술문(-4, -3)을 요약한 것이다. 이를 토대로 각 요인의 관점을 분석하면 다음과 같다.

가. 종합적 관점

요인 1로 대변되는 첫 번째의 관점은 종합적 관점으로 명명하였다. 요인 1을 특징짓는 진술문들이 주로 정보화사업 평가와 관련하여 효과성 모형 중에서도 목표배제모형과 유사하기 때문이다. 즉 정보화사업평가는 공식적인 목표달성도만을 기준으로 평가해서는 안 되며 공식적·비공식적 산출과 결과, 긍정적·부정적 산출과 결과, 의도적·비의도적 산출과 결과를 종합적으로 판단하여 평가해야 한다고 보기 때문이다.

구체적으로 보면 요인 1의 관점은 정보화사업평가가 공식적인 산출/투입분석에 따라 이루어져야 한다거나(진술문 12), 기존자료 및 정보화계획과 같은 문헌분석에 따라야 한다(진술문 17)는 주장에는 강하게 반대의 견해를 피력하고 있다. 그보다는 공식적 목표달성도 이외에 부작용, 역효과, 부수효과도 평가해야 하며(진술문 9), 이용편리성, 대민서비스, 이용자 만족도 및 활용도 등의 고객측면(진술문 21), 생산성 향상, 이용절감, 직원만족도 등의 조직혁신측면(진술문 22), 조직문화변화 및 환경변화 대응능력(진술문 23) 등도 중요한 평가기준으로 포함시켜야 한다고 보고 있다. 그러나 평가의 기준이 지나치게 확대되어 정보화사업이 고용에 미치는 효과(진술문 26)나 관련 산업활성화 효과(진술문

27)까지도 포함해야 한다는 데에 대해서는 강한 반대를 하고 있다.

이와 더불어, 종합적 관점에서는 평가자와 평가대상기관의 담당자를 비롯한 평가관련자들의 입장에 대해서도 명확한 견해를 갖고 있는 것으로 나타났다. 정보화사업의 평가자는 주관적·해석적 입장(진술문 34)보다는 객관적·가치중립적 입장을 견지해야 한다고 보고 있으며(진술문 7), 평가관련자들은 평가에 소극적·수동적·방어적인 자세(진술문 35)보다는 능동적·적극적·개방적인 자세(진술문 36)를 가져야 한다고 보고 있다. 그 이유는 평가의 목적이 책임추궁과 처벌보다는 긍정적 환류와 학습에 있음을 평가관련자들이 인지하고, 평가를 통하여 문제점을 보완하고 보다 바람직한 방향으로 나아가는 계기가 됨을 인지해야 한다는 것을 의미한다고 볼 수 있다.

<표 2-3> 평가관점의 주요 견해 종합

평가관점	Q 진술문	
요인 1: 종합적 관점	동의	7. 평가자는 객관적·가치중립적 입장을 견지해야 한다. 9. 평가는 공식적 목표달성도 이외에 부작용, 역효과, 부수효과도 평가해야 한다. 21. 평가는 이용편리성, 대민서비스, 이용자 만족도 및 활용도 등 고객측면을 고려해야 한다. 22. 평가는 생산성향상, 비용절감, 직원만족도 등 조직혁신측면을 고려해야 한다. 23. 평가는 업무혁신 및 구조개혁, 조직문화변화 및 환경변화 대응능력 등을 고려해야 한다. 36. 평가관련자는 평가에 능동적, 적극적이어야 한다.
	반대	12. 평가는 투입/산출에 따라야 한다. 17. 평가는 자료 및 문헌분석에 따라야 한다. 26. 평가에는 고용효과도 포함되어야 한다. 27. 평가에는 관련산업활성화효과도 포함되어야 한다. 34. 평가자는 주관적·해석적 입장을 견지해야 한다. 35. 평가관련자는 평가에 수동적이어야 한다.
요인 2: 실증적 관점	동의	2. 정보화사업평가는 주로 결과에 대하여 평가해야 한다. 3. 평가는 주로 객관적·실증적인 방법에 따라야 한다. 5. 평가의 목적은 목표달성도이다. 7. 평가자는 객관적·가치중립적인 입장을 견지해야 한다. 21. 평가는 이용편리성, 대민서비스, 이용자 만족도 및 활용도 등 고객측면이 고려되어야 한다.
	반대	1. 정보화사업평가는 집행과정을 평가해야 한다. 4. 평가는 주관적·해석적 접근방법이 가미되어야 한다. 24. 사업계획, 추진체계, 추진과정, 사업관리, 비용관리 등 사업적 측면도 고려되어야 한다. 25. 평가에는 제도개선, 관계기관과의 협조 등 제도적 측면도 고려되어야 한다.

		27. 평가에는 관련산업활성화 효과도 포함되어야 한다. 29. 평가에는 대상집단에 대한 대응성이 평가되어야 한다.
요인 3: 고객지향관점	동의	3. 평가는 주로 객관적·실증적인 방법에 따라야 한다. 5. 평가의 목적은 목표달성도이다. 7. 평가자는 객관적·가치중립적인 입장을 견지해야 한다. 15. 평가는 고객의 가시적·비가시적, 주관적·객관적 효용, 고객의 가치실현에 따라야 한다. 21. 평가는 이용편리성, 대민서비스, 이용자 만족도 및 활용도 등 고객측면이 고려되어야 한다. 24. 사업계획, 추진체계, 추진과정, 사업관리, 비용관리 등 사업적 측면도 고려되어야 한다.
	반대	6. 평가의 목적은 이해관련자의 욕구충족도 포함되어야 한다. 8. 개인, 집단, 조직에 대한 정보산업의 가치나 주관적 효용에 맞추어 평가해야 한다. 16. 평가는 관련자의 가시적·비가시적, 주관적·객관적 효용, 관련자의 가치실현에 따라야 한다. 29. 평가에는 대상집단에 대한 대응성이 평가되어야 한다. 34. 평가자는 주관적·해석적 입장을 견지해야 한다. 35. 평가관련자는 평가에 수동적이어야 한다.
공통관점	동의	7. 평가자는 객관적·가치중립적인 입장을 견지해야 한다. 21. 평가는 이용편리성, 대민서비스, 이용자 만족도 및 활용도 등 고객측면을 고려해야 한다.

나. 실증적 관점

요인 2는 실증적 관점으로 명명하였다. 이것은 요인 2의 관점이 평가는 객관적·실증적인 입장에서 공식적인 결과와 목표달성도를 기준으로 이루어져야 한다고 보기 때문이다. 이 관점은 평가의 목적을 공식적 목표달성도 파악(진술문 5)으로 보고 있으며, 따라서 평가는 주로 객관적·실증적 방법에 의해(진술문 3) 정보화사업결과에 대한 이용자 만족도 및 활용도 등 고객측면을 고려하면서도 (진술문 21) 기본적으로는 정보화사업의 결과에 대한 평가로 이루어져야 한다고 보고 있다(진술문 2).

따라서 실증적 관점에서는 주관적·해석적 방법을 통한 평가에는 강하게 반대하고 있으며(진술문 4), 평가의 기준과 대상에 있어서도 집행과정에 대한 평가(진술문 1), 사업계획, 추진체계 및 추진과정, 사업관리, 비용관리 등의 사업적 측면(진술문 24), 제도개선, 관계기관과의 협조 등 제도적 측면(진술문 25), 관련 산업활성화 효과(진술문 27), 평가대상집단에 대한 대응성(진술문 29) 등이 포함되는 것에도 부정적 견해를 갖고 있는 것으로 나타났다.

이러한 분석결과로 볼 때 실증적 관점에서는 정보화사업평가가 계획과 집행 과정까지로 확대되어 포괄적인 평가가 되는 것을 반대하며, 평가의 대상이 확대되는 것을 반대하여 정보화사업의 공식적 결과에 대해서만 평가해야 한다고 보고 있다. 또한, 계량적이고 가시적이며 객관적인 지표의 설정을 통하여 구체적이고 엄격하게 이루어져야 한다는 견해를 갖고 있다고 할 수 있다.

다. 고객지향관점

요인 3의 견해는 요인 2의 견해와 같이 실증적인 측면을 강조하고 있으면서도 요인 2에 비하여 보다 고객지향적이라고 판단되어, 고객지향적 관점으로 명명하였다. 이 관점은 정보화사업평가에 있어서 평가자는 객관적·가치중립적인 입장(진술문 7)에서 계량적·실증적인 방법에 따라(진술문 3) 공식적 목표달성도를 기준으로 평가해야 한다(진술문 5)고 보고 있다. 그러나 여기에 더하여 정보화사업평가는 고객의 가시적·비가시적 효용, 주관적·객관적 효용, 고객의 가치실현(진술문 15), 고객의 이용편리성, 대민서비스 개선도, 이용자 만족도 및 활용도(진술문 21) 등도 중요한 평가기준으로 선정해야 한다고 보고 있다.

반면에 이 관점은 평가자가 주관적·해석적 입장(진술문 34)에서 평가해서는 안 되며, 평가의 기준도 이해관련자의 욕구충족(진술문 6)이나 평가관련자의 효용이나 가치실현(진술문 16), 개인, 집단, 조직에 대한 주관적 가치나 효용(진술문 8)까지로 확대되는 것에는 반대하고 있다. 따라서 이 관점은 정보화사업의 궁극적인 목표인 고객의 가치실현과 고객지향성을 중요한 평가기준으로 포함시키되 최대한 객관적·실증적인 접근법에 따라 가시적이고 계량적으로 측정 가능한 평가기준과 지표의 설정을 지향하고 있다고 할 수 있다.

라. 공통견해

<표 2-2>와 상기의 분석에서 알 수 있듯이 종합적 관점, 실증적 관점, 고객지향 관점의 공통견해는 크게 2가지로 요약된다. 첫째는 평가자의 자세에 관한 견해이고, 두 번째는 고객에 대한 견해이다. 위의 3가지 관점 모두에서 정보화사

업의 평가자는 주관적·해석적인 입장보다는 객관적·중립적인 입장을 견지해야 한다고 보고 있다. 이것은 정보화사업평가의 수행자가 주관적이고 해석적인 입장을 가질 경우 자칫 자신의 주관이 지나치게 개입하여 평가의 객관성을 잃을 가능성이 크고, 이럴 경우 평가결과에 대한 평가관련자들의 인정과 수용에도 크게 영향을 미치기 때문으로 풀이된다.

무엇보다도 중요한 것은, 평가기준으로의 고객지향성을 들 수 있다. 정보화사업의 궁극적인 목표는 고객의 기대·욕구·가치의 실현이라 할 수 있으며, 따라서 정보화사업평가는 이용편리성, 대민서비스, 이용자 만족도, 활용도와 같은 고객측면의 기준을 중요하게 고려해야 한다는 것이다. 특히 공공기관의 성격상 실패한 사업에 대해서는 반드시 책임추궁이 뒤따르므로 공식적인 목표달성도에서 실패하는 사업은 찾기 드문 것이 현실이다. 그러나 공식적 목표달성도에서 성공한 사업도 사용자의 저평가나 외면으로 무용지물이 되는 경우가 흔하다는 점에 비추어 볼 때 궁극적으로 정보화사업의 성공여부를 평가하기 위해서는 고객의 기대와 가치를 어느 정도 충족시켜주고 있는가를 기준으로 삼아야 한다.

V. 시사점 및 결론

인문사회 현상에 대한 주관적 인식과 판단은 정책과정에서 매우 중요한 위치를 차지한다(Simon, 1985). 정책과정에서 나타나는 주관성의 중요성에 비추어 볼 때 본 연구의 결과는 정보화사업의 평가과정과 이와 관련하여 Q 방법론의 활용에 적지 않은 시사점을 던져주고 있다.

앞장의 분석을 요약하면 정보사업평가와 관련된 관점은 크게 3개로 요약할 수 있다. 정보화사업의 목표배제 모형과 유사한 종합적 관점, 공식적 목표달성도에 대한 객관적 접근을 강조하는 실증적 관점, 고객측면과 실증적 접근을 중요시한 고객지향 관점이 중요한 요인으로 분석되었다.

종합적 관점에서는 평가기준을 마련하는 데에 있어서 고객측면, 내부업무 효율화 측면, 조직 혁신측면 등이 강조되었다. 평가자는 객관적인 입장을 고수하여야 하며 평가관련자는 평가에 매우 능동적·적극적인 자세를 보여야 한다는 데에 높은 점수를 부여하였다.

실증적 관점은 평가의 실증적 접근방법에 초점을 두고 주관적·해석적인 접근방법에 회의적인 태도를 보였다. 사업결과를 중심으로 평가하며 평가의 기준이 광범위하게 확대되는 것에는 반대의사를 표시하였다. 고객지향 관점은 객관적·실증적인 접근에는 동의하면서 고객측면이 강조되는 평가에 초점을 맞추고 있다. 이와 같은 분석을 토대로 본 연구의 시사점을 논의하면 다음과 같다.

첫 번째의 시사점은 우선 앞장의 이론적 논의에서 분석한 정보화사업과 관련하여 논의되고 있는 다양한 견해와 관련되어 있다. 본 연구에서 도출된 3가지 견해는 그러한 다양한 논의가 존재하고 있음을 주관적 관점에서 실증적으로 입증하고 있다. 정책평가자의 주관적 환경 즉 개인의 가치, 인식, 편견 등에 따라 정보화사업평가의 접근법과 기준에 대하여 다양한 견해를 가질 수 있음이 입증되었다.

다양한 견해의 확인은 정책평가와 관련된 정책을 결정하는 데에 매우 큰 의미가 있다. 정책을 결정하는 과정에서 정책관계자 간의 상이한 의견이 존재한다는 사실과 상이한 내용의 확인은 정책의 조정과 타협에 매우 유익하다. 이는 정책과정이 고도의 정치적인 특성을 지니고 있기 때문이다. 특히 정책과정에 핵심적인 1인의 당사자가 본 연구의 요인 2와 같이 다른 집단의 의견과 상이할 때 향후 전개될 정책방향을 쉽게 가늠할 수 있다.

두 번째의 시사점은 Q 방법론에 의하여 정책평가와 관련된 정책이 어느 관점에 의하여 진행되던 각 관점이 중요시하는 평가기준이 명확하게 확인되기 때문에 평가기준의 상대적 중요성을 용이하게 입증할 수 있다는 장점이 있다. 예를 들면 본 연구의 종합적 관점에 따를 경우 정보화사업의 평가기준은 고객측면, 내부업무 효율화 측면, 조직혁신 측면의 기준이 여타의 기준보다 중요하게 처리될 것으로 예상할 수 있다.

아울러 원론적이고 관념적인 측면에서 Q 방법론에 의하여 도출된 공통적 견해는 평가에 대한 연구와 실제의 평가작업을 수행 시 중요하게 고려해야 한다. IV장 4절의 공통견해에서 분석하였듯이 정보화사업 평가 시 평가자는 객관적 자세를 유지하여야 함과 동시에 고객지향적인 평가기준이 마련되어야 한다는 점은 이론의 여지가 없다고 판단된다.

마지막으로 정보화사업평가 시 평가관련자들 간에 평가접근법과 평가기준에 대하여 서로 다른 견해가 있다는 것이 밝혀진 만큼 향후 정보화사업평가에 있어서는 평가기준의 선정에 있어서 평가관련자들의 의견을 수렴하고, 평가관련자들 간에 평가기준에 대한 공통적인 견해와 관점을 이끌어내고 각 기준들의 의미와 상대적 중요성에 대한 합의를 모색하는 과정이 반드시 있어야 할 것이다. 그렇지 않을 경우 동일한 정보화사업평가에 대해서도 서로 다른 시각과 관점을 가지고, 동일한 기준에 대해서도 서로 다른 해석과 적용을 하게 되며, 사업의 결과에 대해서도 역시 서로 다른 해석과 가치부여를 하게 된다. 이로 인해서 정보화사업의 집행과 결과도출 및 평가에 있어서 상당한 갈등과 혼란을 유발할 수 있기 때문이다

참고문헌

김순은(1993). "정치·행정학에서의 Q방법론 활용". 언론학보 제13집. 한양대학교 언론문화연구소.

______(1999). "Q 방법론의 이론적 배경과 비판적 고찰". 정책분석평가학회보, 9(2): 201-216.

김흥규(1993). "Q방법론의 과학정신탐구". 언론학보 제13집. 한양대학교 언론문화연구소.

박병식(2000). "울산시 정보화사업을 통한 평가모형의 구축". 우리나라 광역지방자치단체 정보화사업의 평가와 과제, 한국정책분석평가학회 2000년도 추계학술대회 발표논문집.

박영미(2000). "전라남도 정보화사업 평가". 우리나라 광역지방자치단체 정보화사업의 평가와 과제, 한국정책분석평가학회 2000년도 추계학술대회 발표논문집.

이종열·박광국(2000). "대구광역시 정보화사업의 조직업무 생산성에 미치는 효과평가". 우리나라 광역지방자치단체 정보화사업의 평가와 과제, 한국정책분석평가학회 2000년도 추계학술대회 발표논문집.

이영균·최영훈(2000). "경기도 정보화사업 평가사례." 우리나라 광역지방자치단체 정보화사업의 평가와 과제, 한국정책분석평가학회 2000년도 추계학술대회 발표논문집.

이윤식(2000). 정보화 평가방법론의 개선방안에 관한 연구. 한국정책분석평가학회 동계학술대회 발표논문집: 74-97.

한국전산원(1999). 국가정보화평가 발전방안. 한국전산원 연구보고서.

한정호(1993). "Q방법론과 광고조사". 언론학보 제13집. 한양대학교 언론문화연구소.

황영호·서순복(2000). "광역지방자치단체의 정보화사업평가-광주광역시 GIS 사업을 중심으로-", 우리나라 광역지방자치단체 정보화사업의 평가와 과제, 한국정책분석평가학회 2000년

도 추계학술대회 발표논문집.

정보화평가위원회(2000.3). 국가정보화평가 기본계획

정보화추진위원회(2001). 2001년 국가정보화평가보고서 제1편 정보화사업평가

______(2001). 2001년도 정보화사업평가 시행계획(안)

정보통신부(1997).「정보화사업 평가편람」.

최현철(1993). "Q방법론과 언론학연구". 언론학보 제13집. 한양대학교 언론문화연구소.

Brown, S(1980). *Political Subjectivity: Applications of Q Methodology in Political Science.* New Heaven and London: Yale University Press.

______(1986). Q Technique and Method: Principles and Procedures, In W. Berry and M. Lewis-Beck, eds., *New Tools for Social Scientists: Advances and Applications in Research Method.* Beverly Hills: Sage Publications.

Cook, Thomas(1997). "Lessons Learned in Evaluation Over the Past 25 Years", Chelimsky & Shadish ed. *Evaluation for the 21st Century Handbook.* Sage Publications.

Earl, M.(1989). *Management Strategies for Information Technology*. Prentice Hall, London.

Gregory, A.J. & Jackson, M.C.(1992). Evaluation Methodologies: A System for Use. *Journal of Operational Research Society*, 43(1), 19-28.

Grembergen, W.V. eds.(2001). *Information Technology Evaluation Methods and Management.* IDEA GROUP PUBLISHING.

Government Performance Project(1999.2), Maxwell School of Citizenship and Public Affairs in Syracuse University.

Hirschheim, R. & Smithson, S.(1988). A Critical Analysis of information systems evaluation. In *Information Systems Assessment: Issues and Challenges*, (eds N Bjorn-Andersen and G.B. Davis). North Holland, Amsterdam, 17-37.

Rossi, Freeman & Lipsey(1999). *Evaluation: A Systematic Approach.* Sixth Edition. Sage Publications.

Serafeimidis, Vassilis. (2001). "A Review of Research Issues in Evaluation of Information Systems." *Information Technology Evaluation Methods and Management*. Idea Group Publishing.

Simon, H(1985). Human Nature in Politics: The Dialogue of Psychology wit Political Science, *American Political Science Review*, 79:293-304.

Vedung(1995). *Public Policy & Program Evaluation.* 이경옥 옮김.「정책평가개론」. 한울아카데미.

Walsham, G(1993). *Interpreting Information Systems in Organizations*, John Wiley & Sons, Chichester, England.

Weiss(1972). *Evaluation Research: Methods of Assessing Program Effectiveness*, Englewood Cliff, N.J.: Prentice-Hall.

3. 참고논문 #3

지방분권과 국가균형발전 정책에 관한 인식 분석

김순은 (동의대학교 행정학과)

I. 서론

2003년 출범한 참여정부는 지방분권과 국가균형발전 정책에 역대 어느 정부보다도 국정의 우선순위를 두었다. 이와 같은 정책적 비중은 노무현 대통령이 대통령 후보시절에 발표한 공약집에서도 잘 나타나고 있다. 민주노동당 후보를 제외하고는 대통령 후보 중에서 지방화 정책을 가장 구체적으로 표명하였다.

대통령이 된 이후 공약을 실행하는 차원에서 지방분권 정책의 수립 및 조정을 위하여 정부혁신지방분권위원회를 설치하였으며 국가균형발전 정책의 수립 및 조정을 위하여 국가균형발전위원회를 발족하였다. 지방분권 정책과 국가균형발전 정책을 동일한 비중으로 다룬다는 취지하에 양 위원회가 대통령 산하에 나란히 배치되었다.

대통령 산하에 설치되었던 양 위원회는 지난 4년 동안 나름대로 활발하게 정책을 개발하여 지방분권과 국가균형발전체제의 수립을 위해 노력하였다. 참여정부의 차원에서 두 정책을 패키지로 추진한 점이 특징이다(이승종, 2005). 그러나, 그 성과에 대해서는 현 정부의 인사들과 학자들 사이에 적지 않은 견해의 차이가 있다. 특히 참여정부가 지방분권 정책을 국가균형발전 정책과 패키지로 추진한 정책설계가 근본적인 문제점으로 지적되기도 하였다(김순은, 2005a).

작금의 우리나라 정치·행정 및 지역발전 현황을 고려할 때 차기 정부에서도 지방분권과 국가균형발전 정책은 지속적으로 추진되어야 할 것이다. 국가균형발전은 과거에도 그랬듯이 향후에도 모든 정부가 추진하여야 할 중요한 정책 중의 하나이다. 지방분권 정책은 현재의 국·내외 상황을 고려할 때 전략적인 관점에서 추진되어야 할 정책이다. 다만 두 정책을 어떻게 조화롭게 설계하느냐가 중요한 정책적 과제이다. 이를 위해서는 두 정책의 성격을 정확히 이해하여야 한다.

참여정부의 임기가 종료되는 시점에서 지방분권 정책과 국가균형발전의 성격을 규명하는 것도 향후 지방분권 정책과 국가균형발전 정책의 수립 및 집행에 적절한 자료가 될 것이다. 정책학에서 강조하듯이 정책의 설계에 앞서 정책의 성격을 정확히 과학적으로 파악하는 것은 정책의 성공을 위하여 매우 중요하다.

지방분권과 국가균형발전 정책의 성격과 구조에 대하여 다양한 의견과 인식이 존재하는 것이 사실이다. 특정 정책과 관련된 주관적 변수들이 정책의 수립과 집행에 중요한 변수가 된다는 것도 일반적으로 인정되고 있다(Kim, 1991). 이러한 주관적 사실을 과학적으로 분석하는 것이 Q 방법론이다. 본 연구는 Q 방법론을 활용하여 지방분권 정책과 국가균형발전의 성격과 정책구조를 분석하였다.

Ⅱ. 지방분권과 국가균형발전 정책과 정책구조에 관한 이론적 논의

1. 지방분권과 국가균형발전에 대한 이론적 논의

1) 지방분권 정책과 국가균형발전정책의 정적 구조 (Static Structure)

우선 지방분권 정책과 국가균형발전 정책과의 정책구조에 대해서는 크게 2가지 차원으로 대분하여 논의하는 것이 타당할 것이다. 첫 번째의 논의가 양 정책을 정적인 차원에서 분석하고 논의하는 것이다. 이것은 정책의 정적인 구조(Static Structure)에 관한 논의를 의미한다.

정책의 정적인 구조와 이론적 주장은 주로 경제학에 기초하는 것으로서 최근에 연구를 종료한 국토연구원의 입장이 대표적인 예이다. 종전에도 국가균형발전위원회의 위원장을 비롯해 해당 위원회에 관여하는 인사들도 이러한 견해를 갖고 있는 것으로 나타났다(국토연구원, 2005).

이들 연구에 따르면 국가균형발전 정책은 그랜드 정책으로서 하위 정책군으로 균형발전 전략개발정책, 지역혁신 발전정책, 지방정부 역량강화정책으로 구성되는 정책으로 가정하고 있다. 여기서 지방정부 역량강화정책의 일부분이 지방분권 정책이다.

과세권(Taxing Power)보다 세원(Tax Base)이 중요시되는 최근의 국내·외 상황을 고려하면 타당성을 지닌 이론적 주장이다. 우리나라의 경우 대부분의 세원이 수도권과 대도시에 집중되고 있다. 종합소득세의 경우 2002년의 통계를 보면 서울특별시의 납세의무자가 997,825명이고 서울특별시와 6개 광역시를 합한 납세의무자는 2,181,920명으로 전체 납세의무자의 4,160,795명의 과반수를 상회하고 있다. 경기도의 납세의무자는 809,365명, 인천광역시는 245,991명으로 서울특별시, 인천광역시, 경기도를 합한 수도권의 납세의무자는 2,053,181명으로 전체 납세의무자의 50%를 차지하고 있다.

법인세의 대상이 되고 있는 법인의 수에 있어서도 수도권과 비수도권의 차이가 크게 나고 있으며 대도시 지역에 집중되고 있다. 2002년도를 기준으로 전체 법인의 수 317,154개 가운데 서울특별시를 포함하여 6개의 광역시에 186,231개가 설립되었으며 서울특별시, 인천광역시 및 경기도의 수도권에 192,073개가 설립되어 대도시와 수도권에 집중되어 있음을 알 수 있다.

세원의 집중 현상을 감안하여 세원의 지역적 분산을 위한 분산정책은 어느 때보다 중요하다고 할 수 있다. 이와 더불어 과세권의 확대를 통한 지방분권 정책을 보완하여 국가균형발전을 모색하는 참여정부의 분산·분권정책의 정책구조는 경제학 및 도시계획학의 관점에서 일응 타당하다고 할 수 있다. 이러한 가정에 따라 세 가지 정책군이 차질 없이 집행된다면 소기의 국가균형발전을 이룩할 수 있을 것으로 예상할 수 있다. 특히 지방분권 정책은 지역의 외생적 발전이 아니라 자발적 발전을 추동하는 승수효과를 창출할 수 있다.

정책의 정적 구조에 관한 경제학적 관점의 분산·분권정책은 다음과 같은 단점을 지니고 있다. 참여정부 출범 이후 추진된 국가균형발전 정책의 정책군 가운데 미시적으로 각각 논란이 되었지만 대체적으로 균형발전 전략개발정책과 지역혁신 발전정책이 지방정부 역량강화정책에 비하여 커다란 성과를 보이고 있는 것으로 평가된다(국토연구원, 2005). 그런데 지방정부의 역량강화정책을 대표하는 지방분권 정책이 균형발전 전략개발정책과 지역혁신 발전정책에 비하여 왜 성과가 미미한 지에 대해서는 경제학적 관점의 논의에서는 답을 구할 수 없다.

이러한 해답은 정치·행정학의 관점에서 찾을 수 있을 것이다. 정치·행정학의 관점에 따르면 지방분권 정책을 국가균형발전 정책과 대등한 정책으로 보거나 오히려 상위의 개념으로 파악하고 있다. 이는 지방분권 정책이 국가의 통치구조와 밀접하게 관련되어 있기 때문이다(오재일, 1999; 김순은, 2003a). 국민의 정부가 추진한 중앙행정권한의 지방이양이나 참여정부가 추진하는 지방분권 정책의 성과가 크지 않은 것도 국가의 통치구조의 개혁이 얼마나 어려운 것인가를 가늠하게 하는 부분이기도 하다. 그뿐만 아니라 지방분권 정책의 성과가 미미한 데에는 다음 절에서 논의하는 정책의 동적인 구조를 이해하여야 한다.

2) 정책의 동적 구조(Dynamic Structure)

정책의 동적인 구조(Dynamic Structure)는 주로 정책을 집행하는 과정에서 발생하는 것으로서 정책의 정치적·전략적 측면에 초점을 맞춘다. 따라서 주로 정치·행정학의 연구에서 논의된다.

정치·행정학자들은 지방분권 정책과 국가균형발전 정책, 특히 분산과 분업 정책을 수평적으로 대등한 정책으로 파악하는 것이 대다수이다. 왜냐하면 정책의 동적인 구조의 측면에서 볼 때 두 정책은 여러 면에서 차이점을 지니고 있기 때문이다(김순은, 2005a). 실질적인 내용에 관계없이 국내·외의 모든 국가에서 정부는 국가균형발전을 국정의 중요한 정책과제로 삼고 시공을 초월하여 추진하고 있다. 이런 점에서 국가균형발전은 상시적 정책이라고 할 수 있다. 비록 선택과 집중의 논리가 강조되긴 하지만 이것도 국가균형발전이라는 큰 틀 속에서 진행된다. 어느 정부도 또는 어느 정치 후보자도 국가균형발전을 거부하거나 부정한 예는 없으며 향후에도 없을 것으로 예상한다.

반면 지방분권 정책은 상시적 정책이라기보다는 전략적 정책이다. 집권체제의 부작용을 치유하거나 글로벌 스탠다드의 확립이라는 차원에서 전략적으로 추진하는 정책이라고 할 수 있다. 일본과 우리나라의 지방분권 정책이 전자에 해당한다면 프랑스의 사례가 후자의 예라고 하겠다. 지방분권 정책이 지니는 전략적 특성에 기초하여 지방분권 정책이 국정의 중요한 과제로 채택되면 국가균형발전에 비하여 정책의 우선순위가 높아지게 된다. 이는 일본과 영국의 사례에서 확인할 수 있다(채원호, 2000; 김순은, 2001a, 2001b; 김순은, 2005a).

정책의 동적 구조의 측면에서 보면 지방분권 정책을 국가균형발전 정책의 하위 개념으로 보더라도 지방분권 정책의 성공을 위해서는 집행전략이 필요하다. 즉 전략적인 관점에서 볼 때 지방분권 정책의 효과를 창출하기 위해서는 지방분권 정책을 줌인(Zoom-in)하여야 하며 그 결과 상대적으로 분산정책은 줌아웃(Zoom-out)되는 효과를 낳는다. 즉, 전략적 집행이라는 차원에서는 지방분권 정책이 국가균형발전의 중요한 축인 분산정책에 비하여 정책적 비중이 상승한다. 이러한 정책적 비중의 상승으로 집행과정에서 지방분권 정책과 국가균형발전 정책이 대등하다는 평가도 가능하다.

지방분권 정책과 국토균형발전이 대등하거나 정책집행이라는 동적 구조의 관점에서 볼 때 지방분권 정책과 국가균형발전 정책은 상기에서 논의한 내용 외에도 "정책의 목적 및 목표, 규범적인 추진논리, 정책의 기본성격, 정책의 정치적 구조와 추진전략, 정책의 내용, 정책수단의 필요성, 중앙정부가 선택하는 정책의 선호도, 지방정부의 정책에 대한 태도 및 인식, 정책추진의 우선순위, 주민들의 정책에 대한 인지도, 선거 전략상의 중요도, 성공사례"의 측면에서 상이하다(김순은, 2005a, p. 115).

구체적인 예로 정책의 정치적 구조를 논의할 수 있다. 정책의 정치적 구조라는 측면에서 참여정부의 분산정책은 수도권의 반대에 직면하고 있다고 할 수 있다. 국토균형발전 정책의 정치구조상 수도권과 비수도권의 대립이 발생한다. 따라서 수도권은 국토균형발전 정책의 주요한 하위 정책들, 즉 종전의 행정수도, 지금의 행정중심복합도시의 건설, 공공기관의 이전 등을 반대하는 것이다.

이러한 반대를 극복하기 위해서는 국가균형발전이라는 정책이 수도권의 경쟁력을 떨어뜨리는 결과를 초래해서는 안 되며 수도권과 비수도권의 윈-윈전략으로 이어져야 한다. 이런 점으로 미루어 볼 때 지방분권 정책의 중요성이 부각된다. 세원의 확보가 비교적 용이한 수도권 지역은 과세권의 강화라는 지방분권 정책을 통하여 분산정책에 의한 부작용을 최소화할 수 있기 때문이다.

2. 지방분권과 국가균형발전정책에 관한 다양한 관점

앞의 논의를 종합하면 지방분권과 국가균형발전을 위한 구체적인 정책은 크게 4가지 관점으로 대분된다. 중앙정부와 지방정부의 시각, 지방분권과 국가균형발전의 시각을 의미한다. 이를 표로 정리하면 <표 1-1>과 같다.

〈표 1-1〉 지방분권과 국가균형발전을 위한 4가지 관점

1. 지역관점의 지방분권	3. 지역관점의 국가균형발전
2. 중앙관점의 지방분권	4. 중앙관점의 국가균형발전

이들 관점에 따라 양 정책의 추진논리, 추진방식, 추진전략, 기본성격에 따라 Q 진술문을 작성하면 아래와 같다. 진술문들은 기존 중앙정부의 공무원, 학자들 지방정부의 공무원 및 정책 관련자들의 글과 발언에서 추출하였다.

1) 지역관점의 지방분권

① 지방분권 개혁은 지역의 논리가 철저하게 반영되어야 한다.
② 중앙정부는 지방분권 개혁에 소극적이거나 거부적인 태도를 갖는다.
③ 지방분권은 국내외 상황을 고려하여 강력하게 추진되어야 할 혁신적 정책이다.
④ 지방분권 개혁은 재정분권에 우선순위를 두어야 한다.
⑤ 지방분권 개혁은 중앙집권의 폐해를 해소하기 위한 전략적 과제이다.
⑥ 지방에서 지방분권 개혁의 결과를 체감하기 위해서는 자치경찰제도의 도입이 우선적으로 추진되어야 한다.
⑦ 중앙정부의 정책과정에 지역의 의견을 대표할 수 있는 체제의 수립이 이루어져야 한다.
⑧ 지방분권 개혁은 지역의 참여와 주도하에 이루어져야 한다.

2) 중앙관점의 지방분권

① 지방분권 개혁은 중앙의 논리와 지방의 논리가 조화를 이루어야 한다.
② 지방정부는 지방분권을 담당할 자치능력이 결여되어 있다.
③ 지방분권 개혁은 지방정부의 자치능력을 고려하여 점진적으로 추진되어

야 한다.

④ 지방분권 개혁은 인사·조직권의 이양에 우선순위를 두어야 한다.

⑤ 지방분권 개혁은 지방정부의 자치능력을 제고하기 위한 정책적 과제이다.

⑥ 지방분권 개혁은 지방정부의 책임성을 담보할 수 있는 정책과 병행하여 추진되어야 한다.

⑦ 지방분권 개혁은 국내의 경제상황과 연계하여 추진되어야 한다.

⑧ 우리나라 지방분권의 수준은 이미 상당한 수준으로 더 이상의 지방분권 개혁은 서두를 필요가 없다.

⑨ 지나친 지방분권 개혁은 국가의 통일성을 해쳐 경제발전에 부정적인 효과를 낳는다.

⑩ 지역의 주민들은 지방분권 개혁에 별 관심을 갖지 않는다.

3) 지역관점의 국가균형발전

① 국가균형발전의 성패는 중앙정부의 재정적 지원에 달려있다.

② 중앙정부는 지형균형발전을 구호로만 외치고 있다.

③ 국가균형발전과 지방분권 개혁은 분리하여 추진되어야 정책적 효과를 창출할 수 있다.

④ 국가균형발전은 광역대도시권을 대상으로 한 정책을 중심으로 이루어져 한다.

⑤ 국가균형발전은 수도권의 과밀을 해소 또는 방지하기 위하여 모든 정부가 추진하여할 상시적 과제이다.

⑥ 국가균형발전과 관련하여 지역 간, 지방정부 사이에 견해의 차이 내지는 갈등의 소지가 많다.

⑦ 국가균형발전은 통상 선거 전략으로 악용되는 정책적 과제이다.

⑧ 국가균형발전은 중앙부처 또는 공공기관의 지방이전을 통하여 달성할 수 있다.

⑨ 국가균형발전은 수도권의 규제를 통하여 달성되어야 한다.

4) 중앙관점의 국가균형발전

① 국가균형발전의 성패는 지역의 혁신에 달려있다.
② 지방정부는 국가균형발전을 위하여 재정적 지원만을 요구하고 있다.
③ 국가균형발전과 지방분권 개혁은 패키지로 추진되어야 정책적 효과를 창출할 수 있다.
④ 국가균형발전은 낙후지역을 중심으로 우선적으로 이루어져야 한다.
⑤ 국가균형발전은 중앙정부가 종합적이고 장기적인 관점에 기초한 마스터플랜에 의하여 추진되어야 할 거시적 정책이다.
⑥ 국가균형발전은 각각의 지역의 의견을 중시하기보다 중앙정부의 주도하에 집권적인 방식으로 추진되어야 한다.
⑦ 국가균형발전은 수도이전 또는 행정수도의 건설 등 획기적인 조치를 통하여 이룩될 수 있다.
⑧ 국가균형발전을 위하여 중앙정부의 공무원이 지방정부에 근무할 수 있는 여건을 강화하여야 한다.

Ⅲ. Q 진술문의 작성과 P 표본

1. Q 진술문

상기의 Q 진술문의 샘플 중에서 본 연구를 위한 진술문을 아래와 같다.

〈표 1-2〉 Q 진술문

1. 지방분권 개혁은 지역의 논리가 철저하게 반영되어야 한다.
2. 지방분권 개혁은 중앙의 논리와 지방의 논리가 조화를 이루어야 한다.
3. 국가균형발전의 성패는 중앙정부의 재정적 지원에 달려있다.
4. 국가균형발전의 성패는 지역의 혁신에 달려있다.
5. 중앙정부는 지방분권 개혁에 소극적이거나 거부적인 태도를 갖고 있다.
6. 지방정부는 지방분권을 담당할 자치능력이 결여되어 있다.
7. 중앙정부는 국가균형발전을 구호로만 외치고 있다.
8. 지방정부는 국가균형발전을 위하여 재정적 지원만을 요구하고 있다.
9. 지방분권은 국내외 상황을 고려할 때 강력하게 추진되어야 할 혁신적 정책이다.
10. 지방분권 개혁은 지방정부의 자치능력을 고려하여 점진적으로 추진되어야 한다.
11. 국가균형발전과 지방분권 개혁은 개별적으로 추진되어야 정책적 효과를 창출할 수 있다.

12. 국가균형발전과 지방분권 개혁은 통합적(패키지)으로 추진되어야 정책적 효과를 창출할 수 있다.
13. 지방분권 개혁은 재정분권에 우선순위를 두어야 한다.
14. 지역의 주민들은 지방분권 개혁에 별 관심을 갖지 않는다.
15. 국가균형발전을 위한 정책적 대안은 광역대도시권을 대상으로 한 정책을 중심으로 이루어져 한다.
16. 국가균형발전을 위한 정책적 대안은 낙후지역을 중심으로 우선적으로 이루어져야 한다.
17. 지방분권 개혁은 중앙집권의 폐해를 해소하기 위한 전략적 과제이다.
18. 지방분권 개혁은 지방정부의 자치능력을 제고하기 위한 정책적 과제이다.
19. 국가균형발전은 수도권의 과밀을 해소 또는 방지하기 위하여 모든 정부가 추진하여할 상시적 과제이다.
20. 국가균형발전은 중앙정부가 종합적이고 장기적인 관점에 기초한 종합(마스터) 플랜에 의하여 추진되어야 할 거시적 정책이다.
21. 지방에서 지방분권 개혁의 결과를 체감하기 위해서는 자치경찰제도의 도입이 우선적으로 추진되어야 한다.
22. 지방분권 개혁은 지방정부의 책임성을 담보할 수 있는 정책과 병행하여 추진되어야 한다.
23. 국가균형발전을 위한 정책 과정에 지역 간, 지방정부 사이의 견해의 차이 내지는 갈등의 소지가 많다.
24. 국가균형발전은 각 지역의 의견을 중시하기보다 중앙정부의 주도하에 집권적인 방식으로 추진되어야 한다.
25. 중앙정부의 정책과정에 지역의 의견을 대표할 수 있는 체제의 수립이 이루어져야 한다.
26. 지방분권 개혁은 국내의 경제상황과 연계하여 추진되어야 한다.
27. 국가균형발전은 통상 선거 전략으로 이용되는 정책적 과제이다.
28. 국가균형발전은 수도이전 또는 행정수도의 건설 등 획기적인 조치를 통해서만 이룩될 수 있다.
29. 지방분권 개혁은 지역의 참여와 주도하에 이루어져야 한다.
30. 우리나라 지방분권의 수준은 이미 상당한 수준으로 더 이상의 지방분권 개혁은 서두를 필요가 없다.
31. 국가균형발전은 중앙부처 또는 공공기관의 지방이전을 통하여 달성할 수 있다.
32. 국가균형발전을 위하여 중앙정부의 공무원이 지방정부에서 근무할 수 있는 여건을 강화하여야 한다.
33. 지나친 지방분권 개혁은 국가의 통일성을 해쳐 경제발전에 부정적인 효과를 낳는다.
34. 국가균형발전은 수도권의 규제를 통하여 달성되어야 한다.

2. P 표본

본 연구는 지방분권 및 국가균형발전 정책에 관한 전문적인 내용을 담고 있기 때문에 이 분야의 전문가인 대학교수와 전문 연구인력을 P 표본으로 선정하였다. 전문가들 중에서 대학교수가 17명, 전문연구기관의 연구원이 10명이었다. P 표본 모두는 행정학 중에서 주로 지방자치 및 지방행정을 연구하는 분들이었다.

Ⅳ. Q 요인의 분석과 함축적 의미

1. 요인분석표

본 연구의 결과 중요한 Q 요인은 3개로 나타났으며 Q 요인과 P 표본과의 상관관계를 표시하는 요인분석표는 <표 2-1>과 같다. P 표본에게는 Q 분류와 함께 연구에 참고가 될 만한 질문을 첨부하였다. 연구의 참고로 제시한 질문은 P 표본의 직업을 비롯하여 규범적인 관점에서 지방분권 정책과 국가균형발전 정책 중에서 참여정부가 비중을 두어야 할 분야, 양 정책의 성과, 그리고 기타 평가에 관한 것들이었다. 이 내용을 <표 2-1>로 정리하였다.

본 자료의 분석 결과 유의미한 요인은 3개로 나타났으며 요인 1은 10명의 응답자, 요인 2는 9명의 응답자, 요인 3은 8명의 응답자가 속해 있는 것으로 나타났다. 여기서 흥미로운 것은 P 표본이 Q 요인에 대하여 상호 배타적인 견해를 지니고 있다는 점이다.

보통의 경우 특정 P 표본이 2개의 요인에 걸쳐 있는 경우가 많으며, 어느 요인에도 속하지 않는 경우가 많은데 본 연구에 있어서는 모든 P 표본이 배타적으로 각각의 Q 요인에 속하고 있다. 즉, 각각의 Q 요인에 속한 P 표본들이 유사한 의견을 갖는 비율이 낮다는 의미이며 Q 요인의 설명력이 높다는 것을 시사하고 있다.

요인 1은 교수 7명과 연구원 3명으로 이루어졌으며 요인 2는 교수 4명과 연구원 5명으로 구성된 집단의 견해를 의미한다. 요인 3은 교수 6명과 연구원 2명으로 구성된 집단의 공통된 의견을 나타낸다.

각 Q 요인의 구조, 즉 견해는 진술문의 요인가는 <표 2-2>를 통하여 확인할 수 있다. 다음 절에서 논의하였다.

〈표 2-1〉 응답자의 요인구조표 (Factor Loadings of Respondents)

	요 인 (Factor)			배경적 배수 및 성과 평가			
				배경변수	정책비중	성과	비고
QSORT	1	2	3				
1 s1	-0.0941	0.7062X	0.0966	교수	동시추진	미미	지역민주화
2 s2	0.1872	0.4992X	0.3761	연구원	지방분권	미미	정부간 갈등

3 s3	0.5513X	0.0671	0.4120	교수	동시추진	미미	집행과정미흡
4 s4	0.3462	0.2269	0.5815X	교수	동시추진	미미	정책수단강구
5 s5	0.1653	0.6685X	-0.0804	연구원	동시추진	미미	
6 s6	0.6005X	0.2655	0.0764	연구원	국가균형	미미	
7 s7	0.6466X	0.3524	-0.0401	연구원	지방분권	미미	
8 s8	0.3081	0.5911X	0.4583	교수	지방분권	미미	의지부족
9 s9	-0.0361	-0.0161	0.8185X	연구원	지방분권	미미	전략오류
10 s10	0.5542X	0.0025	0.5442	교수	동시추진	미미	전략대안주재
11 s11	0.2053	0.7310X	0.1649	교수	동시추진	미미	집권식 문제
12 s12	0.4520	0.1396	0.6684X	교수	동시추진	미미	장기계획필요
13 s13	0.6277X	0.1914	0.4658	교수	동시추진	미미	분권에 비중
14 s14	0.7078X	0.1322	0.3382	교수	동시추진	미미	사회적합의요
15 s15	-0.0387	0.6108X	-0.0092	교수	지방분권	미미	
16 s16	0.2939	-0.2061	0.8072X	교수	지방분권	미미	행정수도비중
17 s17	0.3996	0.0030	0.6879X	교수	지방분권	미미	분권에 비중
18 s18	-0.0030	0.3205	0.6731X	연구원	지방분권	미미	
19 s19	0.6912X	0.1204	0.4908	교수	동시추진	미미	결정권자의지
20 s20	0.3523	-0.1500	0.5152X	교수	동시추진	미미	전략부재
21 s21	0.3257	0.6428X	-0.0160	연구원	동시추진	미미	
22 s22	0.2136	0.8322X	0.0952	연구원	지방분권	미미	
23 s23	0.7629X	0.3563	0.1501	연구원	동시추진	미미	
24 s24	0.4173	0.6737X	-0.0269	연구원	지방분권	미미	
25 s25	0.2402	0.2392	0.7397X	교수	지방분권	미미	전략부재
26 s26	0.7460X	-0.0559	0.3127	교수	동시추진	미미	전략부재
27 s27	0.6715X	0.3171	0.2887	교수	동시추진	미미	전략부재
% expl.Var.	21	18	20				

* p<.05

2. Q 요인의 분석

〈표 2-2〉 Q 진술문의 요인가 (Factor Q-Sort Values for Each Statement)

Factor Arrays

No. Statement	No.	1	2	3
1. 지방분권 개혁은 지역의 논리가 철저하게 반영되어야 한다.	1	3	-1	3
2. 지방분권 개혁은 중앙의 논리와 지방의 논리가 조화를 이루어야 한다.	2	4	4	1
3. 국가균형발전의 성패는 중앙정부의 재정적 지원에 달려있다.	3	0	-2	2
4. 국가균형발전의 성패는 지역의 혁신에 달려있다.	4	2	3	0
5. 중앙정부는 지방분권 개혁에 소극적이거나 거부적인 태도를 갖고 있다.	5	0	1	3
6. 지방정부는 지방분권을 담당할 자치능력을 갖고 있지 않다.	6	-3	2	-4

7. 중앙정부는 국가균형발전을 구호로만 외치고 있다.	7	-1	0	1
8. 지방정부는 국가균형발전을 위하여 재정적 지원만을 요구하고 있다.	8	-1	1	-2
9. 지방분권은 국내외 상황을 고려할 때 강력하게 추진되어야 할 혁신적 정책이다.	9	3	0	4
10. 지방분권 개혁은 지방정부의 자치능력을 고려하여 점진적으로 추진되어야 한다.	10	1	3	-3
11. 국가균형발전과 지방분권 개혁은 개별적으로 추진되어야 정책적 효과를 창출할 수 있다.	11	-3	0	0
12. 국가균형발전과 지방분권 개혁은 통합적(패키지)으로 추진되어야 정책적 효과를 창출할 수 있다.	12	3	-1	-1
13. 지방분권개혁은 재정분권에 우선순위를 두어야 한다.	13	1	-2	3
14. 지역의 주민들은 지방분권 개혁에 별 관심을 갖지 않는다.	14	-2	1	-2
15. 국가균형발전을 위한 정책적 대안은 광역대도시권을 대상으로 한 정책을 중심으로 이루어져야 한다.	15	-2	1	0
16. 국가균형발전을 위한 정책적 대안은 낙후지역을 중심으로 우선적으로 이루어져야 한다.	16	0	-1	-1
17. 지방분권개혁은 중앙집권의 폐해를 해소하기 위한 전략적 과제이다.	17	0	0	2
18. 지방분권개혁은 지방정부의 자치능력을 제고하기 위한 정책적 과제이다.	18	2	2	0
19. 국가균형발전은 수도권의 과밀을 해소 또는 방지하기 위하여 모든 정부가 추진하여야 할 상시적 과제이다.	19	1	-1	2
20. 국가균형발전은 중앙정부가 종합적이고 장기적인 관점에 기초한 종합(마스터)플랜에 의하여 추진되어야 할 거시적 과제이다.	20	1	3	1
21. 지방에서 지방분권 개혁의 성과를 체험하기 위해서는 자치경찰제도의 도입이 우선적으로 추진되어야 한다.	21	-1	-4	-1
22. 지방분권 개혁은 지방정부의 책임성을 담보할 수 있는 정책과 병행하여 추진되어야 한다.	22	4	4	1
23. 국가균형발전을 위한 정책과정에 지역 간, 지방정부 사이의 견해의 차이 내지는 갈등의 소지가 많다.	23	1	1	2
24. 국가균형발전은 각 지역의 의견을 중시하기보다는 중앙정부의 주도하에 집권적인 방식으로 추진되어야 한다.	24	-4	-2	-3
25. 중앙정부의 정책과정에 지역의 의견을 대표할 수 있는 체제의 수립이 이루어져야 한다.	25	2	2	1
26. 지방분권개혁은 국내의 경제상황과 연계하여 추진되어야 한다.	26	-2	0	-2
27. 국가균형발전은 통상 선거전략으로 이용되는 정책적 과제이다.	27	-3	0	0
28. 국가균형발전은 수도이전 또는 행정수도의 건설 등 획기적인 조치를 통해서만 이룩될 수 있다.	28	-1	-3	-2

29. 지방분권 개혁은 지역의 참여와 주도 하에 이루어져야 한다.	29	2	2	4
30. 우리나라 지방분권의 수준은 이미 상당한 수준으로 더 이상의 지방분권 개혁은 서두를 필요가 필요가 없다.	30	-4	-4	-4
31. 국가균형발전은 중앙부처 또는 공공기관의 지방이전을 통하여 달성할 수 있다.	31	0	-3	-1
32. 국가균형발전을 위하여 중앙정부의 공무원이 지방정부에서 근무할 수 있는 여건을 강화하여야 한다.	32	0	-2	0
33. 지나친 지방분권 개혁은 국가의 통일성을 해쳐 경제발전에 부정적인 효과를 낳는다.	33	-2	-1	-3
34. 국가균형발전은 수도권의 규제를 통하여 달성되어야 한다.	34	-1	-3	-1

Variance = 4.706 St. Dev. = 2.169

1) 통합적 견해

교수 7명과 연구원 3명으로 구성된 Q 요인 1은 통합적 견해라고 명명하는 것이 타당할 것이다. 왜냐하면 요인 1은 중앙정부와 지방정부의 견해, 지방분권과 국가균형발전의 견해를 적절히 조화시키는 것이 지방분권 정책과 국가균형발전 정책의 효율을 높이는데 타당하다는 견해를 표출했기 때문이다. 바꾸어 표현하면 지방분권 정책과 국가균형발전은 통합적으로 추진해도 가능하다는, 즉 병립 가능한 정책으로 인식하고 있다. 아울러 지방분권 정책은 지방정부의 책임성 확보방안과 동시에 추진되어야 한다는 견해를 표출하였다.

이와 같은 견해는 진술문 2와 진술문 12, 진술문 11에서 확인할 수 있다. “지방분권 개혁은 중앙의 논리와 지방의 논리가 조화를 이루어야 한다”는 진술문 2에 +4를, “국가균형발전과 지방분권 개혁은 통합적(패키지)으로 추진되어야 정책적 효과를 창출할 수 있다”는 진술문 12에 +3을 부여하면서 지방분권과 국가균형발전은 지방의 논리와 중앙정부의 논리가 조화를 이루고 지방분권 정책과 국가균형발전 정책을 통합적으로 추진하여야 될 정책구조로 인식하였다. 이러한 견해는 “국가균형발전과 지방분권 개혁은 개별적으로 추진되어야 정책적 효과를 창출할 수 있다”는 진술문 11에 -3을 부여함으로써 적극적으로 반대하였다. 그뿐만 아니라 “국가균형발전은 각 지역의 의견을 중시하기보다 중앙정부의 주도하에 집권적인 방식으로 추진되어야 한다”는 진술문 24에 -4를 부여하였다.

요인 1의 통합적인 견해는 지방분권의 필요성과 지방정부의 책임성을 통합적으로 연결하여야 한다는 데에서도 잘 나타나고 있다. 지방분권의 필요성은 "지방분권은 국내외 상황을 고려할 때 강력하게 추진되어야 할 혁신적 정책이다"라는 진술문 9에 +3을, "우리나라 지방분권의 수준은 이미 상당한 수준으로 더 이상의 지방분권 개혁은 서두를 필요가 없다"는 부정적 진술문 30에 -4를 부여함으로써 명확하게 입증되었다.

지방정부의 자치능력을 토대로 이들은 지방분권의 필요성은 인정함에도 향후에 지방정부의 책임성을 확보할 수 있는 정책도 필요하다는 견해를 보였다. 요인 1은 "지방정부는 지방분권을 담당할 자치능력이 결여되어 있다"는 진술문 6에 -3을, "지방분권 개혁은 지방정부의 책임성을 담보할 수 있는 정책과 병행하여 추진되어야 한다"는 진술문 22에 +4를 각각 부여하였다.

요인 1은 지방분권 정책은 다소 지방의 논리가 우선되어야 한다는 점에는 동의하면서도 국가균형발전 정책은 선거전략으로 활용된다는 점에는 부정적인 견해를 보였다. 이와 같은 점은 "지방분권 개혁은 지역의 논리가 철저하게 반영되어야 한다"는 진술문에 +3, "국가균형발전은 통상 선거 전략으로 이용되는 정책적 과제이다"라는 진술문에 -3을 부여한 것에서 확인할 수 있다.

2) 지방의 책임성 중시견해

요인 2는 교수 4명과 연구원 5명으로 구성된 집단의 견해로서 지방분권과 국가균형발전을 추진하되 지방의 책임성을 강조하는 특징을 보였다. 반면 지방분권과 국가균형발전과 관련하여 수도권의 의견과도 유사하여 필자는 요인 2를 "지방의 책임성 중시 견해"라고 명명하였다.

지방분권의 필요성은 인정하되 지방분권 정책은 지방정부의 자치능력을 고려하여 점진적으로 추진하는 것이 타당하며 반드시 지방분권 개혁은 지방정부의 책임성을 확보할 수 있는 대책과 더불어 추진하여야 한다는 데에 동감하고 있다. 요인 2는 "우리나라 지방분권의 수준은 이미 상당한 수준으로 더 이상의 지방분권 개혁은 서두를 필요가 없다"는 진술문 30에 -4를 부여함으로써 지방분권의 필요성을 표출하면서도 "지방분권 개혁은 지방정부의 자치능력을 고려하여 점진적으로 추진되어야 한다"는 진술문 10(+3)에 긍정적인 견해를 보였다. 특히 "지방분권 개혁은 지방정부의 책임성을 담보할 수 있는 정책과 병행하여 추진되어야 한다"는 진술문에 +4를 부여함으로써 지방정부의 책임성을 강조하였다.

아울러 국가균형발전정책과 관련해서도 유사한 견해를 보였다. 국가균형발전은 중앙의 계획하에 진행하되 지역의 혁신이 국가균형발전 정책의 성패에 매우 중요하다는 점에 동의하였다. 한편 국가균형발전이 중앙부처의 지방이전이나 수도권의 규제를 통하여 이루어진다는 점에는 강력하게 반대하고 있다. "국가균형발전은 중앙정부가 종합적이고 장기적인 관점에 기초한 종합(마스터) 플랜에 의하여 추진되어야 할 거시적 정책이다"는 진술문 20에 +3을, "국가균형발전은 중앙부처 또는 공공기관의 지방이전을 통하여 달성할 수 있다"는 진술문 31에 -3을, "국가균형발전은 수도이전 또는 행정수도의 건설 등 획기적인 조치를 통해서만 이룩될 수 있다"는 진술문 28에 -3을, "국가균형발전의 성패는 지역의 혁신에 달려있다"는 진술문 4에 +3을 각각 부여하였다. 국가균형발전이 수도권의 규제완화를 통하여 이루어진다는 견해에도 반대하였다. 이는 진술문 34에 -3을 부여한 데에서 확인할 수 있다.

요인 2는 지방분권 개혁이 지방의 의견과 중앙정부의 논리가 적절히 조화되어야 한다는 점에는 동의하면서(진술문 2, +4), 중앙정부가 소극적으로 대처하는 자치경찰제도의 우선적 도입에 대해서도 부정적인 견해를 보였다(진술문 21, -4).

3) 지방의 견해

교수 6명과 연구원 2명으로 구성된 요인 3인 지방분권 정책과 국가균형발전 정책에 대한 지방의 의견을 적절히 대변하고 있다. 따라서 요인 3은 "지방의 견해"라고 명명해도 별 무리가 없을 것이다.

지방분권 정책에 소극적인 견해를 가진 중앙정부의 공무원이나 학자들은 지방정부의 자치능력에 대한 불신과 지나친 지방분권 정책이 경제의 발전에 부정적인 효과를 미칠지도 모른다는 견해를 가졌다(김순은, 2005b). 이에 대하여 지방의 견해는 매우 상이하다.

현재의 국내·외 상황을 고려할 때 지방분권의 필요성은 절실하며 지방분권 정책은 철저히 지역의 논리에 의하여 진행되어야 한다는 점을 강조하였다. 지방분권 정책의 추진은 점진적인 방식보다는 일괄·포괄적, 선분권 후보완의 방식을 선호하였다. 요인 3인 이러한 지방의 견해를 잘 입증하고 있다. 이러한 견해는 "지방분권은 국내외 상황을 고려할 때 강력하게 추진되어야 할 혁신적 정책이다"는 진술문 9에 +4를, "지방분권 개혁은 지역의 논리가 철저하게 반영되어야 한다"는 진술문 1에 +3을, "지방분권 개혁은 지방정부의 자치능력을 고려하여 점진적으로 추진되어야 한다"는 진술문 10에 -3을 각각 부여한 데에서 확인할 수 있다.

지방분권 정책은 지역의 참여를 통하여 이루어져야 하며 재정분권을 강조한 점도 지방의 견해이다. 이는 "지방분권 개혁은 지역의 참여와 주도하에 이루어져야 한다"는 진술문 29에 +4를, "지방분권 개혁은 재정분권에 우선순위를 두어야 한다"는 진술문 13에 +3을 부여한 데에서 확인할 수 있다. 아울러 지방정부의 자치능력에 대해서는 긍정적인 견해를 갖고 있다. "지방정부는 지방분권을 담당할 자치능력이 결여되어 있다"는 진술문 6에 -4를 부여함으로써 강하게 부정하였다.

지방의 견해도 국가균형발전 정책에 있어서도 유사하게 나타났다. "국가균형발전은 각 지역의 의견을 중시하기보다 중앙정부의 주도하에 집권적인 방식으로 추진되어야 한다"는 진술문에 -3을, "지나친 지방분권 개혁은 국가의 통일성을 해쳐 경제발전에 부정적인 효과를 낳는다"는 진술문 33에 -3을 부여함으로써 집권적인 방식에 부정적인 의견을 보였다. 반대로 중앙정부의 지방분권에 대한 태도에 대해서도 비판적인 견해를 보였다. "중앙정부는 지방분권 개혁에 소극적이거나 거부적인 태도를 갖고 있다"는 진술문에 +3을 부여하였다.

4) 배경적 변수의 분석

Q 요인 외에 P 표본의 배경적 변수와 인터뷰 자료는 다음 연구나 정책의 추진에 다양한 시사점을 던져주고 있다. 비록 P 표본의 수가 적어 일반적인 주장을

도출하기는 어려워도 후속 연구나 향후 정책 구상에 시사점은 제시하고 있다.

우선 본 연구에 참여한 모든 P 표본이 지방분권 정책과 국가균형발전 정책의 성과를 모두 미미한 것으로 보았다는 점이다. 지방분권 정책과 국가균형발전 정책의 구조에 대해서는 Q 요인 간에 적지 않은 차이가 있음에도 불구하고 정책의 성과에 대해서는 동일한 견해를 갖고 있다는 점이다.

지방분권 정책과 국가균형발전 정책의 구조 및 전략과 관련하여 P 표본들이 보여준 의견도 매우 흥미로운 연구과제를 시사하고 있다. 지방분권 정책과 국가균형발전 정책은 정책구조 및 성격을 고려할 때 동시에 추진하여도 무방하다는 견해를 보인 응답자가 15명, 지방분권에 정책적 비중을 둔 응답자가 11명, 국가균형발전 정책에 정책적 비중을 두어야 한다는 견해가 1명으로 나타났다.

이 외에도 양 정책의 문제에 대하여 개방식으로 제기된 질문에 대하여 지방의 민주화, 정부 간 갈등, 집행과정의 문제점, 정책수단의 부재, 최고정책결정권자의 의지부족, 전략의 오류, 집권식 집행, 장기계획의 부재, 지방분권에 치중되지 못한 점, 사회적 합의의 부재, 집행전략의 부재 등 다양한 요인들이 정책의 성공을 저해하고 있다고 지적하고 있다.

Ⅴ. 정책적 시사점 및 결론

1. 정책적 시사점

1) 정책의 정치적·동적 구조

본 연구는 정책학의 일반적 연구 및 지방분권 정책과 국가균형발전 정책의 정책구조를 연구하는 데에 적지 않은 시사점을 던져 주고 있다. 무엇보다도 거의 유사한 분야를 연구하는 전문가들도 특정 정책에 대한 주관적 인식구조가 매우 상이하다는 점이다(Brown, 1980, 1996). 이러한 사실은 정책담당자 및 정책전문가들의 주관적 변수가 정책성과에 커다란 영향을 미친다는 것을 입증하고 있다(Simon, 1985; 김순은, 1997).

그간 지방분권 정책과 국가균형발전 정책의 수립과 집행과정에서 확인된 것은 지방의 견해와 중앙의 견해가 대립되어 왔다는 점이다. 지방분권 정책과 국가균형발전 정책에 대하여 '선이행 후보완'이라는 대원칙을 주장하는 지방에 대하여 지방정부의 혁신, 지방정부의 자치역량 및 책임성 확보를 주장하는 중앙의 의견이 있었다. 이러한 견해가 본 연구에서 확연히 입증되고 있다. 요인 2는 후자의 견해와, 요인 3은 전자의 견해와 매우 유사하다.

지방과 중앙의 의견을 조화시켜야 한다는 제3의 주장도 있음은 물론이다. 이런 관점에서 본 연구의 결과인 요인 1의 견해가 제3의 주장과 유사하다. 특정 정책의 구조에 대한 상이한 견해는 비록 정책이 과학에 기초하여 추진되더라도 정책과정에는 정치적인 요소가 영향을 미칠 수밖에 없다는 점을 보여준다(Kim, 1991). 요인 1이 이러한 상반된 주장에 대한 절충적이고 통합적인 견해를 표출하였다고 판단된다.

그런데 유의할 것은 정책과정의 정치적 특성이 종종 정책의 성패에 부정적인 영향을 미친다는 점이다. 국가균형발전과 지방분권 정책이 동시 내지는 통합적으로 추진되어야 한다는 주장이 다양한 의견의 종합적인 성격을 띤 것이라고 한다면 이러한 절충으로 인하여 오히려 지방분권이나 국가균형발전 정책의 성과가 미미한 것으로 볼 수 있다. 절충적 견해는 요인 1을 요인 2와 요인 3과 구별하는 진술문의 하나가 "국가균형발전과 지방분권 개혁은 통합적(패키지)으로 추진되어야 정책적 효과를 창출할 수 있다"는 진술문 10이라는 점에서도 확인할 수 있다.

앞 장에서 논의한 바와 같이 국가균형발전 정책을 균형발전 전략개발정책, 지역혁신 발전정책, 지방정부 역량강화정책으로 구성되었다고 보더라도 이를 동시에 추진하게 되면 정책의 모순점이 발견된다. 국가균형발전 정책은 시간과 공간을 초월하여 상시적으로 추진하여야 하는 정책인 반면, 지방정부 역량강화 정책 중 지방분권 정책은 한시적, 전략적으로 추진되어야 할 정책이다(김순은, 2005a). 따라서 지방분권 정책의 결과 부작용이 심화되면 재차 중앙집권으로 회귀하여야 하는 성격을 띠고 있기 때문에 국가균형발전 정책과 동시에 추진하게 되면 상호 모순되는 결과가 파생될 수 있다.

결과의 측면에서 보면 지방분권 정책을 국가균형발전 정책의 하위군으로 인식하더라도 지방분권 정책에 정책의 비중을 둘 경우 줌인효과로 인하여 국가균형발전정책과 대등한 관계를 지닌 정책으로 발전할 수 있다. 만약 지방분권의 절실함이 작금의 상황이라고 판단되었다면 참여정부도 국가균형발전 정책보다 지방분권 정책에 정책적 우선순위를 두는 전략이 바람직했다고 할 수 있다.

현실적으로 수도권과 비수도권의 지방정부의 장들이 지방분권에 관한 이슈에는 쉽게 동의를 하면서도 수도권의 규제완화, 행정수도의 건설, 공공기관의 지방이전 등 국가균형발전 정책에 대해서는 민감하게 대립하였던 사례는 지방분권 정책과 국가균형발전 정책의 정치적 구조를 적절히 대변하는 것이다. 지방정부의 관점에서는 권한과 사무를 이양하는 지방분권 정책보다는 재원이 수반되는 국가균형발전 정책에 높은 관심을 갖는 것은 지역의 경제 및 재정 사정상 지극히 당연하다. 그러나 이러한 특성이 지방의 지방분권 전선을 유지하는 데 부정적으로 작용하였다.

P 표본의 응답자료 중에서 국가균형발전 정책에 정책적 비중을 두어야 한다는 견해는 1명인데 반하여 지방분권 정책과 국가균형발전 정책을 동시에 추진하여야 한다는 견해는 15명, 지방분권 정책에 비중을 두어야 한다는 견해가 11명이라는 점도 상기의 주장과 같은 맥락이다.

최소한 국가균형발전 정책은 역대 정부들도 계속적으로 추진하였던 정책임은 의문의 여지가 없다. 수도권의 규제정책, 교부세, 양여금, 국고보조금 등 중앙정부가 지방에 교부하는 다양한 재정조정제도가 지역의 균형발전을 염두에 두고 있었던 점은 분명하다. 다만, 참여정부는 행정수도의 건설 및 공공기관의 동시적 이전 등 혁신적인 방안에서 차이점이 있었다고 할 수 있다. 향후에도 어느 정부도 국가균형발전 정책을 외면할 수 없을 것이다.

이런 점 등을 감안한다면 지방분권 정책에 정책적 비중을 두어야 한다는 주장은 지방분권 정책이 전략적이고 한시적인 정책임을 입증하는 것이라고 하겠다. 지방분권의 강화로 지방정부의 역량이 강화되면 여기에 기초한 국가균형발전 정책의 성공가능성은 더욱 배가될 것이다.

2) 지역의 혁신전략

지방분권 정책과 국가균형발전 정책의 관계를 동적인 측면에서 관찰하면 지방은 지방분권 정책의 효과를 높이는 전략 중의 하나로 지역혁신을 선택할 수 있음을 알 수 있다. 지역혁신을 통하여 지방의 자치역량을 높이는 작업은 자기 수신형 분권전략인 셈이다(김순은, 2004). 요인 2가 중요하게 인식하는 것 중의 하나가 지역혁신이라는 점도 지방정부가 지방분권 및 국가균형발전 정책에 대한 전략을 수립할 때 참고하여야 할 것이다.

2. 결 론

2003년 참여정부가 출범하면서 국가균형발전정책과 지방분권 정책에 국정의 우선순위를 두고 추진하였다. 정부의 임기가 만료되는 현시점에서 참여정부와 관련된 인사들을 제외하고는 참여정부가 국가균형발전과 지방분권 정책을 성공적으로 추진하였다는 평가는 거의 발견되지 않는다.

정책의 성패에 영향을 미치는 요인은 다양하지만 본 연구의 결과에 따르면 그 원인 중의 하나를 추론할 수 있다. 국가균형발전과 지방분권 정책에 대한 인식이 매우 상이하다는 것이 곧 정책집행의 장애요인이었다고 할 수 있다. 따라서 정책의 집행에는 다양한 의견과 인식을 종합·조정하는 작업이 필요하기에 정치적인 성격을 띠는 이유라고 할 수 있다. 그뿐만 아니라 다양한 의견을 조정하는 정책의 리더십 또한 중요하다고 할 수 있다. 효율적인 정책조정이 또한 정책의 성패에 중요한 요인임을 알 수 있다.

다양한 견해의 존재를 인식하고 어떠한 견해가 시대적 상황에 적절한지를 판단하는 것은 최고 정책결정권자의 역할인 셈이다. 대통령을 비롯한 최고 정책결정권자들의 인식과 견해가 무엇보다도 중요한 변수가 됨은 재론의 여지가 없을 것이다.

참고문헌

국토연구원. (2005). 지방분산·분권과 국토균형발전의 대응과제. 경기도: 국토연구원.

김순은. (1997). 지방자치의 발전을 저해하는 요인분석: Q 방법론의 적용. 「정책분석평가학회보」, 7(1): 5-25.

______. (2001a). 우리나라 지방분권의 특징과 과제: 영국과 일본의 지방분권화의 비교를 중심으

로. 「한국사회와 행정연구」, 12(2): 57-75.

______. (2001b). 영국과 일본의 지방분권 비교분석. 「한국지방자치학회보」, 101-122.

______. (2003a). 「지방분권과 지방정부의 혁신」. 부산: 도서출판 금정.

______. (2004). 지방분권 개혁의 전략적 접근: 지역의 관점에서.「지방행정연구」, 18(2): 35-66.

______. (2005a). 지방분권 정책의 평가와 과제: 국가균형발전 정책과의 패키지화에 대한 비판적 고찰. 한국거버넌스학회 발표논문.

______. (2005b). 참여정부 지방분권 정책의 전반기 평가와 과제. 한국지역사회학회 춘계학술대회 발표논문.

오재일. (1999). 중앙행정권한의 지방이양은 국가 시스템의 근원적 재편문제. http//www.dpla.go.kr/business/ (검색일: 2001. 2. 10)

이승종. (2005). 노무현 정부의 지방분권 정책 평가. 「행정논총」, 43(2): 351-378.

채원호. (2000). 전환기 일본의 지방분권개혁: 1990년대의 지방분권개혁을 중심으로. 「한국행정연구」, 9(3): 193-217.

Brown, S. (1980). *Political Subjectivity: Applications of Q Methodology in Political Science.* New Haven: Yale University Press.

Brown, S, (1996). Q Methodology and Qualitative Research. *Qualitative Health Research*, 6(4): 561-567.

Simon, H. (1985). Human Nature in Politics: The Dialogue of Psychology with Political Science. *American Political Science Review*, 79: 293-304.

Q방법론과
사회과학

04 참고문헌
Reference

참고문헌

김광웅. (1990). 「사회과학방법론: 조사방법과 계량분석」. 서울: 박영사.

김순은. (1993). 정치·행정학에 있어서 Q 방법론의 활용. 「언론학보」, 13: 79-106.

______. (1997). 지방자치의 발전을 저해하는 요인분석: Q 방법론의 적용. 「정책분석 평가학회보」, 7(1): 5-25.

______. (1999). Q 방법론의 이론적 배경과 비판적 고찰. 「정책분석평가학회보」, 9(2): 1-16.

______. (2010). Q 방법론의 이론과 철학. 「한국사회와 행정연구」, 20(4): 1-25.

김순은·박경돈. (2008). 행정의 미래 정책과제: Q 방법론의 적용. 최호진 외편, 「미래 선진한국의 행정연구」. 서울: 법문사.

김흥규. (2008). 「Q 방법론: 과학철학, 이론, 분석 그리고 적용」. 서울: 커뮤니케이션북스.

남궁근. (1998). 「행정조사방법론」. 서울: 법문사.

최선미·최지민·김순은. (2014). 고령화 사회에 대한 인식유형과 정책적 시사점. 「행정논총」, 52(2): 230-257.

Almond, G and S. Verba. (1963). *The Civic Culture*. Princeton: Princeton University Press.

Borg, W. and M. Gall. (1989). *Educational Research: An Introduction, 5th ed.* New York: Longman.

Brown, S. (1972). A Fundamental Incommensurability between Objectivity and Subjectivity. In S. Brown and D. Brenner, eds., *Science, Psychology and Communication*. New York: Teachers College Press.

Brown, S. (1980). *Political Subjectivity: Applications of Q Methodology in Political Science.* New Haven: Yale University Press.

______. (1993). Q Methodology and Quantum Theory: Analogies and Realities. (QArchive: facstaff.uww.edu)

______. (1995). Q Methodology as the Foundation for a Science of Subjectivity. Presented at the 11th International Conference of the International Society for the Scientific Study of Subjectivity, College of Medicine, University of Illinois, Chicago, 12-14 October 1995.

______. (1996). Q Methodology and Qualitative Research. *Qualitative Health Research*, 6(4): 561-567.

______. (1997). The History and Principles of Q Methodology in Psychology and the Social Sciences. (QArchive: facstaff.uww.edu)

______. (2002). Q technique and questionnaires. *Operant Subjectivity*, 25(2): 117-126.

Brown, S. and T. Ungs. (1970). Representativeness and the Study of Political Behavior. *Social Science Quarterly,* 51: 514-526.

Brown, S., D. During and S. Selden. (1999). Q Methodology. In G. Miller and M. Whicker, eds., *Handbook of Research Methods in Public Administration.* New York: Marcel Dekker.

Burt, C. (1940). *The Factors of the Mind.* London: University of London Press.

______. (1972). The reciprocity principle. In S.R. Brown & D.J. Brenner (Eds.), *Science, psychology, and communication* (pp. 39-56). New York: Teachers College Press.

Carlson, J. and M. Hyde. (1984). Situations and Party Activist Role Orientations: A Q Study. *Micropolitics*, 3:441-464.

Dennis, K. and A. Goldberg. (1996). Weight Control self-efficacy types and transitions affect weightloss outcomes in obese women. *Addictive Behavior:* 21: 103-116.

Downs, A. (1967). *Inside Bureaucracy.* Boston: Little, Brown.

Dryzek, J. (1990). *Discursive Democracy*. Cambridge: Cambridge University Press.

Easton, D. (1962). Introduction: The Current Meaning of Behavioralism in Political Science. C. James, ed., *Limits of Behavioralism in Political Science.* Philadelphia: American Academy of Political and Social Science.

Family Health International. (2000). *Qualitative Research Methods: A Data Collector's Field Guide.*

Froula, D. (1985). Quantum Physics/Post-modern Metaphysics: The Nature of Jacques Derrida. *Western Humanities Review*, 39: 287-313.

Gay, L. (1987). *Educational Research: Competencies for Analysis and Application, 3rd ed.* Columbus: Merrill Publishing Company.

Goggin, M. (1987). *Policy Design and the Politics of Implementation.* Knoxville: University of Tennessee Press.

Hall, J., D. Lovell, D. Marshall and Associates. (1982). *Implementing Communisty Development Block Grant.* Washington, DC: Brookings Institution.

Kerlinger, F. (1986). *Foundations of Behavioral Research, 3rd ed.* New York: CBS College Publishing.

Ko.wikepedia. (2009). 코펜하겐 해석. http://ko.wikepedia.org (2009. 9. 29)

Linder, S. and B. Peters, (1989). Instrument of Government: Perceptions and Contexts. *Journal of Public Policy,* 9: 35-58.

Mazmanian, D. and P. Sabatier. (1980). The Role of Attitudes and Perceptions in Policy Evaluation by Attentive Elite: the California Coastal Commission. In H. Ingram and D. Mann, eds., *Why Policies Succeed or Fail?* Beverly Hills: Sage Publications.

McKeown, B. and D. Thomas. (1988). *Q Methodology.* Newbury Park: Sage Publications.

McKeown, B. and R. Craig. (1978). The Impact on Student Attitudes and Perceptions of Living and Learning in Another Culture: A Mexican Experience. Presented at the International Studies Association, Washington, DC.

Nachmias, D. and C. Nachmias. (1987). *Research Methods in the Social Sciences, 3rd ed.* New York: St. Martin's Press.

Phillips, D. (1983). After the Wake: Postpositivistic Educational Thought. *Educational Research,* 12: 4-12.

Sell, D. and S. Brown. (1984). Q Methodology as a Bridge between Qualitative and Quantitative Research: Application to the Analysis of Attitude Change in Foreign Study Program Participants: In J. L. Vacca & H. Johnson, eds., *Qualitative Research in Education* (Graduate School of Education Monograph Series). Kent, OH: Kent State University, Bureau of Educational Research and Service.

Simon, H. (1985). Human Nature in Politics: The Dialogue of Psychology with Political Science. *American Political Science Review*, 79: 293-304.

Stenner, P. (2009). What is a Q Methodology? University of Brighton.

Stephenson, W. (1935). Correlating Persons Instead of Tests. *Character and Personality,* 4: 17-24.

______. (1953). *The Study of Behavior: Q Technique and Its Methodology*. Chicago: University of Chicago Press.

______. (1980). Consciring: A General Theory for Subjective Communicability. In D. Nimmo, ed., *Communication Year Book 4*, New Brunswick: Transaction.

Van Exel, N., G. De Graaf, G. and W. Brouwer. (2008). Give me a break! Informal caregiver attitudes towards respite care. *Health Policy*, 88: 73-87.

Wallace, W. (1987). *Logic of Science in Sociology.* Chicago: Aldine-Atherton.

Wittgenstein, L. (1971). Philosophical Investigation, 3rd ed. New York: Macmillan.

Q방법론과
사회과학

05 Q 참고문헌
Q Reference

Q 참고문헌

Q Methodology *

(Seminar: Public Policy Methods)

Steven R. Brown

302 Bowman, office 29, 672-2719, 〈sbrown@kent.edu〉

9:30-10:30, 1:00-2:30 TR + [1]appt

Texts

Brown, S.R. (1980). *Political subjectivity: Applications of Q methodology in political science.* New Haven: Yale University Press. (Available electronically)

McKeown, B.F. & Thomas, D.B. (1988). *Q methodology* (Quantitative Applications in the Social Sciences series, Vol. 66). Thousand Oaks, CA: Sage.

______. (2013). *Q methodology* (Quantitative Applications in the Social Sciences series, Vol. 66, 2nd ed.). Thousand Oaks, CA: Sage.

2-Hour Library Reserve

Brown, S.R. & Brenner, D.J. (Eds.) (1972). *Science, psychology, and communication: Essays honoring William Stephenson.* New York: Teachers College Press.

______. (1980). *Political subjectivity: Applications of Q methodology in political science.* New Haven, CT: Yale University Press.

Stephenson, W. (1953). *The study of behavior: Qand its methodology.* Chicago: University of

* 본 자료는 Kent State University에 재직 중인 브라운 교수의 강의계획서로 브라운 교수의 승인 아래 본 저서의 참고자료로 삽입하였음.

Chicago Press.

______. (1967). *The play theory of mass communication.* Chicago: University of Chicago Press.

______. (1994). *Quantum theory of advertising.* Columbia: Stephenson Research Center, School of Journalism, University of Missouri.

Bibliographies

Brown, S.R. (1968). Bibliography on Q technique and its methodology. *Perceptual and Motor Skills, 26*, 587

______. (1977). Q bibliographic update: A continuation of "Bibliography on Q Technique and Its Methodology." *Operant Subjectivity, 1*, 17(continued in subsequent issues).

http://www.qmethod.org (searchable bibliography).

Resources

Q methodology website: http://www.qmethod.org

Q methodology e-mail discussion list: Send the command "subscribe Q-Method <your name>" (without quotations or brackets) to Listserv@listserv.kent.edu

QMethod (computer freeware): http://www.rz.unibw-muenchen.de/~p41bsmk/qmethod/ PCQ (computer software): http://www.pcqsoft.com/

QArchivewebsite: http://www.uww.edu/personal/fac/cottlec/QArchive/qindex.htm

Journals

Operant Subjectivity, quarterly journal of the International Society for the Scientific Study of Subjectivity; contact Mark Popovich <mpopovic@gw.bsu.edu>, ISSSS Treasurer: $30 ISSSS membership, journal included; $10 students.

Q-Methodology and Theory, annual Korean-language journal of the Korean Society for the Scientific Study of Subjectivity.

Journal of Human Subjectivity, semi-annual English-language journal published by the Korean Society for the Scientific Study of Subjectivity; produced and distributed by Communication Books, Seoul. $50/year.

Stephenson, W. (1988). *Dr. William Stephenson interview*[8 hours]. Videocassette: Kent State University Audio-Visual Services (in four cassettes, numbered 50-3842, 50-3843,

50-3844, 50-3845).

Brown, S.R. (1996). *Workshop on Q methodology* [3 hours]. Available via streaming at Q methodology website.

Brown, S.R. (1980). *Political subjectivity: Applications of Q methodology in political science.* New Haven: Yale University Press. Available on Electronic Reserves <http://reserves. library.kent.edu/courseindex.asp>. (Under "Select an Instructor," select BROWN, STEVEN, then click on POL REFERENCE.)

Annual meeting, International Society for the Scientific Study of Subjectivity, autumn 2005, Vancouver, British Columbia, Canada.

History and Principles **Methodological Topics**

Brown, S.R. (1972). A fundamental incommensurability between objectivity and subjectivity. In S.R. Brown & D.J. Brenner (Eds.), *Science, psychology, and communication* (pp. 57-94) . New York: Teachers College Press.

______. (1980). *Political subjectivity: Applications of Q methodology in political science.*New Haven, CT: Yale University Press. (Chap 2)

______. (1993). A primer on Q methodology. Operant Subjectivity, 16, 91-138 (CF.Q.methodological tutorial. QArchive: http://facetaff.uww.edu/cottlec/QArchive/qindex.htm)

subjectivity. Operant Subjectivity, 18, 1-16.

(QArchive: http://facstaff.uww.edu/cottlec/QArchive/qindex.htm)

______. (1997). *The history and principles of Q methodology in psychology and the social sciences.* British Psychological Society symposium on "A Quest for a Science of Subjectivity: The Lifework of William Stephenson," University of London; and conference on "A Celebration of the Life and Work of William Stephenson (1902-1989)," University of Durham, England. (QArchive: http://facstaff.uww. edu/cottlec/QArchive/qindex.htm)

______. (1998). Subjective science: Normal and abnormal (continued). *Operant Subjectivity, 21,* 92-111.

______. (2002). Subjective behavior analysis. *Operant Subjectivity, 25*, 148-163.

Brown, S.R. (in press). Q methodology and naturalistic subjectivity. In B. Midgley & E. Morris (Eds.), *New perspectives on interbehaviorism.* Reno, NV: Context Press.

Hurd, R., & Brown, S.R. (2004, September). *The future of Q methodology*. Read at a meeting of the International Society for the Scientific Study of Subjectivity, University of Georgia, Athens.

Stephenson, W.(1935). Technique of factor analysis. *Nature, 136,* 297. (Reprinted in Brown, *Political subjectivity*, pp. 9

______. (1935) Correlating persons instead of tests. *Character and Personality, 4,* 17

______. (1936). The foundations of psychometry: Four factor systems. *Psychometrika, 1,* 195

______. (1953).*The study of behavior: Qand its methodology*. Chicago: University of Chicago Press. (Chaps 1, 3, 5)

______. (1967). *The play theory of mass communication.* Chicago: University of Chicago Press. (Chap 2)

Good, J.M.M. (2010). Introduction to William Stephenson's quest for a science of subjectivity. *Psychoanalysis and History, 12*, 211-243.

Consciring and Concourse Theory

Stephenson, W. (1978). Concourse theory of communication. *Communication, 3*, 21

______. (1980). Conscir A general theory for subjective communi In D. Nimmo (Ed.), *Communication yearbook 4* (pp. 7 New Brunswick, NJ: Transaction.

______. (1986). Protoconcurs: The concourse theory of communication. *Operant Subjectivity, 9*, 3773

Said, G., & Stricklin, M. (2014). Dialogism: A philosophical contribution to understanding concourse and consciring. *Operant Subjectivity, 37*(3), 21-37.

Representativeness and Q-sample (and P-set) Structure

Brown, S.R. (1970). On the use of variance designs in Q methodology. *Psychological Record, 20,* 179

______. (1980). *Political subjectivity.* Pp. 186-194.

Brown, S.R. & Ungs, T.D. (1970). Representativeness and the study of political behavior: An application of Q technique to reactions to the Kent State incident. *Social Science Quarterly, 51*, 514

Kinsey, D. & Kelly, T.C. (1989). Mixing methodologies: An aid in developing Q samples. *Operant Subjectivity, 12*, 98

Stephenson, W. (1953). *The study of behavior.* Chap 4.

______. (1993-94). Introduction to Q-methodology. *Operant Subjectivity, 17,* 1-13.

Paige, J.B., & Morin, K.H. (2015). Q-sample construction: A critical step for a Q-method-ological study. *Western Journal of Nursing Research, 38*, 96-110.

Propositional Sets, Conditions of Instruction, and Q Sorting

Bolland, J.M. (1985). The search for structure: An alternative to the forced Qtechnique. *Political Methodology, 11*, 91 (*Cf.* Comment by S.R. Brown and response by Bolland.)

Brown, S.R. (1980). *Political subjectivity.* Pp. 194-203.

______. (1993-94). The structure and form of subjectivity in political theory and behavior. *Operant Subjectivity, 17,* 30-48.

Stephenson, W. (1963). Independency and operationism in Q *Psychological Record, 13*, 269

Ten Klooster, P.M., Visser, M., & De Jong, M.D.T. (2008). Comparing two image research instruments: The Q-sort method versus the Likert attitude questionnaire. *Food Quality and Preference, 19,* 511–518.

Correlation

Brown, S.R. (1980). *Political subjectivity.* Pp. 204-207.

Cohen, J. (1957). An aid in the computation of correlations based on Q sorts. *Psychological Bulletin, 54,* 138-139.

Factor Analysis

Brown, S.R. (1980). *Political subjectivity.* Pp. 208-224.

Expositor (1992). A note on measuring changes in Q factor loadings. *Operant Subjectivity, 15*, 56

Stephenson, W. (1953). *The study of behavior.* Chap 2.

______. (1977). Factors as operant subjectivity. *Operant Subjectivity, 1,* 3

______. (1980). Factor analysis. *Operant Subjectivity, 3,* 38-57.

______. (1990). Fifty years of exclusionary psychometrics: I. Q technique. *Operant Subjectivity, 13,*105

______. (1990). Fifty years of exclusionary psychometrics: II. Developments. *Operant Subjectivity, 13,* 141

Factor Rotation

Brown, S.R. (1980). *Political subjectivity.* Pp. 224-239.

Brown, S.R., & Robyn, R. (in press). Reserving a key place for reality: Philosophical foundations of theoretical rotation. *Operant Subjectivity.*

Creaser, J.W. (1978).The factormethod of rotation for Qresearch. *Operant Subjectivity, 1*, 70

D'Agostino, B. (1984). Replicability of results with theoretical rotation. *Operant Subjectivity, 7*, 81 (*Cf.* Stephenson's response.)

Thompson, J.W. (1962). Meaningful and unmeaningful rotation of factors. *Psychological Bulletin, 59,* 211

Ramlo, S. (2016). Centroid and theoretical rotation: Justification for their use in Q methodology research. *Mid-Western Educational Researcher, 28*(1), 72-91.

Factor Scores

Brown, S.R. (1980). *Political subjectivity.* Pp. 239-247.

Creaser, J.W. (1955). An aid in calculating Q-sort factor arrays. *Journal of Clinical Psychology, 11,* 195-196.

Stephenson, W. (1978). A note on estimating standard errors of factor scores in Q method. *Operant Subjectivity, 1,* 29-37.

Interpretation

Brown, S.R. (1980). *Political subjectivity.* Pp. 247-258.

______. (1999). On the taking of averages: Variance and factor analyses compared. *Operant Subjectivity, 22,* 31-37.

Goldman, I. (1999). Q methodology as process and context in interpretivism, communication, and psychoanalytic psychotherapy research. *Psychological Record, 49*, 589-604.

McKeown, B.F. (1998). Circles: Q methodology and hermeneutical science. *Operant Subjectivity, 21,* 112-138.

Stephenson, W. (1962). A note on the methodology of clinical explanation. *Psychological Record, 12*, 101

______. (1983). Against interpretation. *Operant Subjectivity, 6,* 73109

Wolf, A. (2014). The interview in Q methodology: Readiness to adopt sustainable responses to climate change. *SAGE Research Methods Cases* [online]. London: Sage.

Policy Applications

Addams, H., & Proops, J. (Eds.) (2000). *Social discourse and environmental policy: An application of Q methodology*. Cheltenham, UK: Edward Elgar.

Van Eeten, M. Recasting environmental controversies: A Q study of the expansion of Amsterdam airport (pp. 41-70).

Dayton, B.W. Policy frames, policy making and the global change discourse (pp. 71-99).

Focht, W., & Lawler, J.J. Using Q methodologyto facilitate policy dialogue (pp. 100-122).

Steelman, T.A. Agency perceptions about public involvement in national forest management (pp. 123-137).

Fairweather, J.R., & Swaffield, S.R. Q method using photographs to study perceptions of the environment in New Zealand (pp. 138-151).

Capdevila, R., & Stainton Rogers, R. If you go down to the woods today ... Narratives of Newbury (pp. 152-173).

Kalof, L. The multi-layered discourses of animal concern (pp. 174-195).

Peritore, N.P., & Galve-Peritore, A.K. Ecopolitics in the Global South: A Q method study of elites in seven nations (pp. 196-217).

See: Byrd, K. (2001). Review of *Social Discourse and Environmental Policy*, edited by H. Addams and J. Proops. *Operant Subjectivity, 24*, 154-158.

Barry, J., & Proops, J. (1999). Seeking sustainability discourses with Q methodology. *Ecological Economics, 28,* 337-345.

______. (2000). *Citizenship, sustainability and environmental research: Q methodology and local exchange trading systems*. Cheltenham, UK: Edward Elgar.

Brown, S.R. (in press). Applying Q methodology to empowerment. In D. Narayan (Ed.), *Measuring empowerment*. Washington, DC: The World Bank and Stanford University Press, 2005.

Brown, S.R., Byrd, K.L., Clark, T.W., Rutherford, M., Matson, D.J., & Robinson, B. (2004, October). *Challenges and strategies in large-scale conservation: The case of the Yellowstone-to-Yukon conservation initiative*. Read at a meeting of the Policy Sciences Annual Institute, Yale University School of Law, New Haven, CT.

Brown, S.R., Clark, T., Rutherford, M., Byrd, K., & Mattson, D. (2003, October). *Clarification of perspective and pursuit of the community interest: Carnivore conservation in the Northern Rockies*.Read at a meeting of the Society for the Policy

Sciences, Yale University School of Law, New Haven, CT.

Brown, S.R., & Coke, J.G. (1976). Public attitudes about land use policy and their impact on state policy *Publius, 6*, 97

Byrd, K. (2002). Mirrors and metaphors: Contemporary narratives of the wolf in Minnesota. *Ethics, Place, and Environment, 5*, 50-65.

Clarke, A.H. (2002). Understanding sustainable development in the context of other emergent environmental perspectives. *Policy Sciences, 35,* 69-90.

deLeon, P., & Brittain, C. (n.d. [1997]). *Afterwords: Q-methodology as a policy tool: Concepts and practice*. Unpublished manuscript, University of Colorado-Denver.

Durning, D. (1999). The transition from traditional to postpositivist policy analysis: A role for Q-methodology *Journal ofPolicy Analysis and Management, 18,* 389-410.

Lynn, L.E., Jr. (1999). A place at the table: Policy analysis, its postpositive critics, and the future of practice. *Journal of Policy Analysis and Management, 18,* 411-425.

Weimer, D.L. (1999). Comment: Q-method and the isms. *Journal of Policy Analysis and Management, 18,* 426-429.

Durning, D., & Edwards, D.(1992). Attitudes of consolidation elites: An empirical assessment of their views of city-county mergers. *Southeastern Political Review, 20,* 355-383.

Durning, D., Gajdamaschko, N., & Selden, S.C. (1997). Q methodology as an instrument for teaching public policy analysis. *Journal of Public Administration Education, 3*, 243-247.

Durning, D., & Osuna, W. (1994). Policy analysts' roles and value orientations: An empirical investigation using Q methodology. *Journal of Policy Analysis and Management, 13,* 629-657.

Fairweather, J.R., & Swaffield, S. (1994, April). *Preferences for land use options in the Mackenzie/Waitaki Basin*(Research Report No. 224). Canterbury, New Zealand: Agribusiness & Economics Research Unit, Lincoln University.

______. (1996). Preferences for scenarios of land-use change in the Mackenzie/Waitaki Basin. *New Zealand Forestry, 41*(1), 17-26.

Focht, W. (2002). Assessment and management of policy conflict in the Illinois River watershed in Oklahoma: An application of Q methodology. *International Journal of Public Administration, 25*, 1311-1349.

Galve-Peritore, A.K., & Peritore, N.P. (1995). Mexican biotechnology policy and decision makers'attitudes toward technology policy. In N.P. Peritore & A.K. Galve-Peritore (Eds.),

Biotechnology in Latin America (pp. 69-95). Wilmington, DE: Scholarly Resources.

Hooker, A.M. (2001). Beliefs regarding society and nature: A framework for listening in forest and environmental policy. *Operant Subjectivity, 24*, 159-182.

Kim, S.E. (1998). A study of factors affecting development of the Korean local autonomy: A Q study. *Q-Methodology and Theory, 3*, 236-259.

______. (1999). [Theoretical background of Q methodology and critical review]. *Korean Journal of Policy Analysis and Evaluation, 9*, 201-216. (Korean)

Kramer, B., de Hegedus, P., & Gravina, V. (2003). Evaluating a dairy herd improvement project in Uruguay: Testing and explaining Q methodology. *Journal of International Agricultural and Extension Education, 10*(2), 41-50.

Logan, R.A., & Beltrao, J. (1995). Sustainable development, the press and policy: A Q study of Brazilian policy makers. *Operant Subjectivity, 18*, 121-143.

Meo, M., Focht, W., Caneday, L., Lynch, R., Moreda, F., Pettus, B., Sankowski, E., Trachtenberg, Z., Vieux, B., & Willett, K. (2002).Negotiating science and values with stakeholders in the Illinois River Basin.*Journal of the American Water Resources Association, 38*, 541-554.

Newman, T.D. (1999, April). *Physician assisted suicide and voluntary euthanasia: The links between ethics and policy.* Read at the meeting of the Midwest Political Science Association, Chicago.

Pacho, A.G. (1981). Policy concerns and priorities: The ethnic Chinese in the Philippines. *Philippine Journal of Public Administration, 25*, 207-230.

Pelletier, D., Kraak, V., McCullum, C., Uusitalo, U., & Rich, R. (1999). The shaping of collective values through deliberative democracy: An empirical study from New York's North Country. *Policy Sciences, 32,* 103-131.

Pelletier, D., McCullum, C., Kraak, V., & Asher, K.(2003). Participation, power, and beliefs shape local food and nutrition policy. *Journal of Nutrition, 133* (suppl.), 301S-304S.

Peritore, N.P. (1999). *Third World environmentalism: Case studies from the Global South.* Gainesville: University Press of Florida.

Salazar, D.J., & Alper, D.K. (2002). Reconciling environmentalism and the Left: Perspectives on democracy and social justice in British Columbia's environmental movement. *Canadian Journal of Political Science, 35*, 527-566.

Steelman, T.A., & Maguire, L.A. (1999). Understanding participant perspectives:

Q-methodology in national forest management. *Journal of Policy Analysis and Management, 18,* 361-388.

Swaffield, S.R., & Fairweather, J.R. (1996). Investigation of attitudes towards the effects of land use change using image editing and Q sort method. *Landscape and Urban Planning, 35,* 213-230.

______. (1998). In search of Arcadia: The persistence of the rural idyll in New Zealand rural subdivisions. *Journal of Environmental Planning and Management, 41,* 111-127.

Van Eeten, M. (1999). *Dialogues of the deaf: Defining new agendas for environmental deadlocks.* Delft, The Netherlands: Eburon. [Chap. 6, "Something in the air: The controversy over the future of civil aviation in the Netherlands," pp. 113-142; "Appendix," pp. 169-174.]

Van Eeten, M. (2001). Recasting intractable policy issues: The wider implications of The Netherlands civil aviation controversy. *Journal of Policy Analysis and Management, 20,* 391-414.

Wilkins, J.L., Kraak, V., Pelletier, D., McCullum, C., & Uusitalo, U. (2001). Moving from debate to dialogue about genetically engineered foods and crops: Insights from a Land Grant university. *Journal of Sustainable Agriculture, 18*, 167-201.

Wood, J. (2004). Mediation styles: Subjective description of mediators. *Conflict Resolution Quarterly, 21*, 437-450.

Wright, C.M., Riggle, C.G., & Wright, B.G. (1998). Technique for pre-implementation assessment in total quality programs. *International Journal of Quality & Reliability Management, 15,* 414-430.

Decisionmaking

Ascher, W., & Brown, S.R. (1987). Technologies of mediation: An assessment of methods for the mediation of international conflicts. In H. Chestnut (Ed.), *Contributions of technology to international conflict resolution* (Proceedings, International Federation of Automatic Control) (pp. 95 Oxford, U.K.: Pergamon Press.

Brown, S.R. (1989). A feeling for the organism: Understanding and interpreting political subjectivity.*Operant Subjectivity, 12*, 81

______. (1994). *Representative exposure and the clarification of values*. Keynote address, Policy Sciences Institute, Yale University School of Law, New Haven, CT.

(Available: http://facstaff.uww.edu/cottlec/QArchive/qindex.htm)

______. (1998). *Autobiography and problem selection.* Society for the Policy Sciences, Yale University School of Law, New Haven, CT.

______. (1998). *Decision structures.* Read at the meeting of the Brunswik Society and the Judgment and Decision Society, Dallas.

______. (2002). Structural and functional information. *Policy Sciences, 35*, 285-304.

Dick, M.J., & Edelman, M. (1993). Consequences of the budget crunch: Using Q-methodology to prioritize subscription cancellations. *Journal of Nursing Education, 32,* 181-182.

Durning, D., & Brown, S.R. (in press). Q methodology and decision making. In G. Morçöl (Ed.), *Handbook of decision making*. New York: Marcel Dekker.

Edgens, J.G. (1997). *The private property rights opinions of two Michigan township boards: A Q-methodology inquiry.*Doctoral dissertation, Michigan State University.

Gargan, J.J., & Brown, S.R. (1993). "What is to be done?" Anticipating the future and mobilizing prudence. *Policy Sciences, 26*, 347

Hurd, R.C. (2003). My moral dilemma … and how I resolved it. *OATYC Journal* [Ohio Association of Two-Year Colleges], *28*(1), 7-18.

Kang, H. D., & Hwang, J. (1999). [Feasibility study of broadcasting program theories: A Q analysis of programming decision makers]. *Q-Methodology and Theory, 4*, 5-47. (Korean)

Maxwell, J.P., & Brown, S.R. (1999). Identifying problems and generating solutions under conditions of conflict. *Operant Subjectivity, 23,* 31-51.

Simmons, P. & Walker, G. (1999). Tolerating risk: Policy principles and public perceptions. *Risk Decision and Policy, 4*, 179-190.

Stephenson, W. (1973). Applications of communication theory: III. Intelligence and multivalued choice. *Psychological Record, 23*, 17

______. (1987). How to make a good cup of tea. *Operant Subjectivity*, 10, 37

Wong, W., Eiser, A.R., Mrtek, R.G., & Heckreling, P.S. (2004). By-person factor analysis in clinical ethical decision making: Q methodology in end-of-life care decisions. *American Journal of Bioethics, 4*(3), W8-W22.

Wrigley, B.J. (2003). Holding up the mirror: How journalists and public relations practitioners view ethical decision making. *Journal of Human Subjectivity, 1*(2), 107-136.

Organizations, Management, and Public Administration

Bidwell, C.E. (1957). Some effects of administrative behavior: A study in role theory. *Administrative Science Quarterly, 2*, 162-181.

Brewer, G.A., Selden, S.C., & Facer, R.L., II (2000). Individual conceptions of public service motivation. *Public Administration Review, 60*, 254-264.

Brown, S.R., Durning, D.W., & Selden, S.C. (1999). Q methodology. In G.J. Miller & M.L. Whicker (Eds.), *Handbook of research methods in public administration* (pp. 599-637). New York: Marcel Dekker.

Chinnis, A.S., Summers, D., Doerr, C., Paulson, D.J., & Davis, S.M. (2001). Q methodology: A new way of assessing employee satisfaction. *Journal of Nursing Administration, 31*, 252-259.

Davis, C.H. (1997). Value structures in international development research management: The case of a Canadian R&D funding agency. In T. Shinn, J. Spaapen, & V. Krishna (Eds.), *Science and technology in a developing world* (pp. 263-296). Dordrecht: Kluwer Academic.

Donahue, A.K. (2004). Managerial perceptions and the production of fire protection. *Administration & Society, 35*, 717-746.

Forray, J.M. (2000). Understanding fairness: Exploring subjectivity and organizational justice. *Operant Subjectivity, 23*, 131-146.

McKeown, M., Hinks, M., Stowell-Smith, M., Mercer, D., & Forster, J. (1999). Q methodology, risk training and quality management. *International Journal of Health Care Quality Assurance, 12*, 254-266.

Martin, I.M., & Steelman, T.A. (2004). Using multiple methods to understand agency values and objectives: Lessons for public lands management. *Policy Sciences, 37*, 37-69.

Peterson, R.S., Owens, P.D., & Martorana, P.V. (1999). The Group Dynamics Q-sort in organizational research: A new method for studying familiar problems. *Organizational Research Methods, 2,* 107-139.

Sheridan, J.E. (1992). Organizational culture and employee retention. *Academy of Management Journal, 35*, 1036-1056.

Sun, M.T-W. (1992). Indigenization of public administration knowledge in Taiwan. *Asian Thought and Society, 17*, 97-112.

Sun, M.T-W., & Gargan, J.J. (1999). Public administration scholar-practitioner differences: A

Q study of theory-practice connections in Taiwan. In H-K. Wong & H.S. Chan (Eds.), *Handbook of comparative public administration in the Asia-Pacific Basin*(pp. 141-161). New York: Marcel Dekker.

Treadwell, D. F., & Harrison, T. M. (1994). Conceptualizing and assessing organizational image: Model images, commitment, and communication. *Communication Monographs, 61*, 63-85.

Webler, T., & Tuler, S. (2001). Public participation in watershed management planning: Views on process from people in the field. *Human Ecology Review, 8*(2), 29-39.

Webler, T., Tuler, S., & Krueger, R. (2001). What is a good public participation process? Five perspectives from the public. *Environmental Management, 27*, 435-450.

Webler, T., Tuler, S., Shockey, I., Stern, P.C., & Beattie, R. (2003). by local governmental officials in watershed management planning. *Society and Natural Resources 16*, 105-121.

Woodilla, J. (2000). Voices of hope, voices of cynicism: Using Q methodology to interpret complex attitudes towards organizational change. *Operant Subjectivity, 23*, 147-169.

Woolley, J.T., McGinnis, M.V., & Herms, W.S. (2000). Survey methodologies for the study of ecosystem restoration and management: The importance of Q-methodology. In K.M. Scow, G.E. Fogg, D.E. Hinton, & M.L. Johnson (Eds.), *Integrated assessment of ecosystem health* (pp. 321-332). Boca Raton, FL: Lewis.

Wright, C.M., & Mechling, G. (2002). The importance of operations management problems in service organizations. *Omega: The International Journal of Management Science, 30*, 77-87.

Wright, C.M., Riggle, C.G., & Wright, B.G. (1998). Technique for pre-implementation assessment in total quality programs. *International Journal of Quality & Reliability Management, 15*, 414-430.

Yeun, E.J., Chi, S.A., & Kim, H.K. (1996/1997). A study of the professional nursing images of nursing unit managers: A Q-methodological approach. *Operant Subjectivity, 20*, 43-61.

Critiques

Brown, S.R., Danielson, S., & van Exel, J. (2015). Overly ambitious critics and the Medici Effect: A reply to Kampen and Tamás. Quality & Quantity, 49, 523-537.

Dziopa, F., & Ahern, K. (2011). A systematic literature review of the applications of Q-technique and its methodology. Methodology: European Journal of Research Methods for the Behavioral and Social Sciences, 7(2), 39-55.

Kampen, J.K., & Tamás, P. (2014). Overly ambitious: Contributions and current status of Q methodology. Quality & Quantity, 48, 3109-3126.

Tamás, P.A., & Kampen, J.K. (2015). Heresy and the church of Q: A reply. Quality & Quantity, 49, 539-540.

Recent Applications

Articles

Akanbang, B.A.A., Darko-Osei, R., & Atengdem, P. (2013). Programme implementers' experiences of process use types in three evaluation contexts in Northern Ghana. *Operant Subjectivity, 36*, 297-319.

Akhtar-Danesh, N., Baumann, A., Kolotylo, C., Lawlor, Y., Tompkins, C., & Lee, R. (2013). Perceptions of professionalism among nursing faculty and nursing students. *Western Journal of Nursing Research, 35*, 248-271.

Akhtar-Danesh, N., Valaitis, R., O'Mara, L., Austin, P., & Munroe, V. (2013). Viewpoints about collaboration between primary care and public health in Canada. *BMC Health Service Research, 13*, 311.

Albizua, A., & Zografos, C. (2014). A values-based approach to vulnerability and adaptation to climate change: Applying Q methodology in the Ebro Delta, Spain. *Environmental Policy and Governance, 24*(6), 405-422. doi: 10.1002/eet.1658

Alderson, S.L., Foy, R., & House, A. (2015). Understanding depression associated with chronic physical illness: A Q-methodology study in primary care. *British Journal of General Practice, 65*(635), e401-408.

Armadas, C.A., Venn, T.J., & Watson, A.E. (2014). Applying Q-methodology to select and define attributes for non-market valuation: A case study from Northwest Wyoming, United States. *Ecological Economics, 107*, 447-456.

Baas, L.R., Rhoads, J.C., & Thomas, D.B. (2016). Are quests for a "culture of assessment" mired in a "culture war" over assessment? A Q-methodological inquiry. *SAGE Open,*

6(1), 17 pp. doi: 10.1177/2158244015623591 (accessible: http://sgo.sagepub.com/content/spsgo/6/1/2158244015623591.full.pdf)

Baker, R., Wildman, J., Mason, H., & Donaldson, C. (2014). Q-ing for health—A new approach to eliciting the public's views on health care resource allocation. *Health Economics, 23*, 283-297.

Baltrinic, E.C., Burkholder, D., Brown, S.R., Janson, C., & Waugh, J.A. (2013). Reflections on parallel studies of doctoral student completion. *Operant Subjectivity, 36*, 288-296.

Baltrinic, E.C., Waugh, J.A., & Brown, S.R. (2013). Faculty and student perspectives on what helps counselor education doctoral students towards program completion. *Operant Subjectivity, 36*, 253-271.

Bang, H., & Kim, J. (2016,). Korean and American teachers' praising styles and teaching practices. *Mid-Western Educational Researcher, 28*(1), 3-29.

Bang, H., & Montgomery, D. (2013). Understanding international graduate students' acculturation using Q methodology. *Journal of College Student Development, 54*, 343-360.

Barr, K., Ormrod, J., & Dudley, R. (2015). An exploration of what service users value about early intervention in psychosis services. *Psychology and Psychotherapy, 88*, 468-480.

Bashatah, L. (2014). Saudi researchers' perspectives on the ethics of children's participation in research: An exploration using Q-methodology. *Journal of Research in Humanities and Social Science* [on-line], *2*(7), 86-93. Open access at http://www. questjournals.org/jrhss/papers/vol2-issue7/N278693.pdf

Berghout, M., van Exel, J., Leensvaart, L., & Gramm, J.M. (2015). Healthcare professionals' views on patient-centered care in hospitals. *BMC Health Services Research, 15*(1), 385. doi: 10.1186/s12913-015-1049-z) (Accessible: http://www.biomedcentral.com/1472-6963/15/385)

Black, C. (2013). Q methodology. *Approach,* April 10, 4-5. Available at http://www.ipsos-mori.com/_emails/scotland/approach/spring2013/sri_scotland_newsletter_approach_spring2013_q_methodology.pdf?utm_medium=email&utm_campaign=IpsosMORIScotlandApproachSpring2013&utm_source=ScotlandApproachMarch2013

Bond, J.L. (2016). Extension agents and conflict narratives: A case of Laikipia County, Kenya. *Journal of Agricultural Education and Extension, 22*(1), 81-96.

Botor, N.J.B. (2013). How do distance learners like to learn? Shared learning preferences in distance education. *ASEAN Journal of Open Distance Learning, 5*(1), 10-27.

Bredin, Y.K., Lindhjem, H., van Dijk, J., & Linnell, J.D.C. (2015). Mapping value plurality towards ecosystem services in the case of Norwegian wildlife management: A Q analysis. *Ecological Economics, 118,* 198-206. doi: 10.1016/j.ecolecon.2015.07.005

Bröer, C., & Heerings, M. (2013). Neurobiology in public and private discourse: The case of adults with ADHD. *Sociology of Health & Illness, 35*, 49-65.

Brown, S.R., Danielson, S., & van Exel, J. (2015). Overly ambitious critics and the Medici Effect: A reply to Kampen and Tamás. *Quality & Quantity, 49*, 523-537. doi: 10.1007/s11135-014-0007-x

Burke, L.E.C-A. (2014). Post-colonial science education: The challenge of negotiating researcher positioning. *International Journal of Research & Method in Education, 37*, 242-255. doi: 10.1080/1743727X.2013.824776

______. (2015). Exploiting the qualitative potential of Q methodology in a post-colonial critical discourse analysis. *International Journal of Qualitative Methods, 14*, 65-79.

Burkholder, D., & Janson, C. (2013). Supporting PhD completion: Student and faculty perspectives. *Operant Subjectivity, 36*, 272-287.

Cairns, R., Sallu, S.M., & Goodman, S. (2014). Questioning calls to consensus in conservation: A Q study of conservation discourses on Galápagos. *Environmental Conservation, 41*, 13-26.

Cairns, R., & Stirling, A. (2014). 'Maintaining planetary systems' or 'concentrating global power?' High stakes in contending framings of climate geoengineering. *Global Environmental Change, 28,* 25-38.

Cerrone, K., Nicholas, J.B., & Ramlo, S. (2013). Perspectives contributing to early college high school students' persistence. *Operant Subjectivity, 36*, 342-352.

Chandran, R., Hoppe, R., De Vries, W.T., & Georgiadou, Y. (2015). Conflicting policy beliefs and informational complexities in designing a transboundary enforcement monitoring system. *Journal of Cleaner Production, 105,* 447-460.

Chen, S-Y., & Hsu, H-C. (2015). Nurses' reflections on good nurse traits: Implications for improving care quality. *Nursing Ethics, 22*, 790-802.

Ching, L., & Mukherjee, M. (2015). Managing the socio-ecology of very large rivers: Collective choice rules in IWRM narratives. *Global Environmental Change, 34,* 172-184.

Collins, L., & Angelova, M. (2015). What helps TESOL methods students learn: Using Q methodology to investigate students' views of a graduate TESOL methods class. *International Journal of Teaching and Learning in Higher Education, 27,* 247-260.

Cotton, M.D., & Mahroos-Alsaiari, A.A. (2015). Key actor perspectives on stakeholder engagement in Omani Environmental Impact Assessment: An application of Q-methodology. *Journal of Environmental Planning and Management, 58*, 91-112.

Churruca, K., Perz, J., & Ussher, J.M. (2014). Uncontrollable behavior or mental illness? Exploring constructions of bulimia using Q methodology. *Journal of Eating Disorders, 2*(22). Open access, doi:10.1186/s40337-014-0022- (available: http://www.jeatdisord.com/content/pdf/s40337-014-0022-2.pdf)

Clare, S., Krogman, N., & Caine, K.J. (2013). The ''balance discourse'': A case study of power and wetland management. *Geoforum, 49*, 40-49.

Clarke, D.J., & Holt, J. (2015). Understanding nursing practice in stroke units: A Q-methodological study. *Disability and Rehabilitation, 37,* 1870-1880.

Cotton, M.D., & Mahroos-Alsaiari, A.A. (2015). Key actor perspectives on stakeholder engagement in Omani Environmental Impact Assessment: An application of Q-methodology. *Journal of Environmental Planning and Management, 58*, 91-112.

Courtois, C., Schrøder, K., & Kobbernagel, C. (2015). Exploring landscapes of news comsumption cross-nationally – The use of Q methodology to fuse quantitative and qualitative approaches for increased explanatory power in comparative research. In F. Zeller, C. Ponte, & B. O'Neill (Eds.), *Revitalising audience research: Innovations in European audience research* (pp. 123-142). New York: Routledge.

Cuppen, E. (2013). Q methodology to support the design and evaluation of stakeholder dialogue. *Operant Subjectivity, 36*, 135-161.

Curry, R., Barry, J., & McClenaghan, A. (2013). Northern visions? Applying Q methodology to understand stakeholder views on the environmental and resource dimensions of sustainability. *Journal of Environmental Planning and Management, 56*, 624-649.

Dafermos, G., & Van Eeten, M.J.G. (2014). Images of innovation in discourses of free and open source software. *First Monday, 19*(12), online publication. (Accessible http://firstmonday.org/ojs/index.php/fm/article/view/4210/4176)

Dahlberg, U.E., & Aune, I. (2013). The woman's birth experience—The effect of interpersonal relationships and continuity of care. *Midwifery, 29,* 407-415.

Davis, C.H., Michelle, C., Hardy, A., & Hight, C. (2014). "Framing audience prefigurations of *The Hobbit: An Unexpected Journey*: The roles of fandom, politics and idealized intertexts. *Participations: Journal of Audience and Reception Studies, 11*(1), 50-87.

Deignan, Tim, & Brown, S. (2015). Educator perspectives on the use of alternative assessment methods within taught masters programmes: An exploratory study using activity theory and Q methodology. *Educational Review*. (DOI: 10.1080/00131911.2015. 1090399) ePublication prior to print.

Di Giuseppe, M., Perry, J.C., Petraglia, J., Janzen, J., & Lingiardi, V. (2014). Development of a Q-sort version of the defense mechanism rating scales (DMRS-Q) for clinical use. *Journal of Clinical Psychology: In Session, 70*, 452-465.

Dickinson, H., Jeffares, S., Nicholds, A., & Glasby, J. (2014). Beyond the Berlin Wall? Investigating joint commissioning and its various meanings using a Q methodology approach. *Public Management Review, 16*, 830-851.

Dostál, J. (2015). The draft of the Competencial Model of the teacher in the context of the inquiry-based instruction. *Procedia—Social and Behavioral Sciences, 186,* 998-1006.

Dryzek, J.S., & Kanra, B. (2014). Australian Muslims' orientations to secular society: Empirical exploration of theoretical classifications. *Journal of Sociology, 50*, 182-198.

______. (2014). Muslims and the mainstream in Australia: Polarisation or engagement? *Journal of Ethnic and Migration Studies*, *40*, 1236-1253.

Durose, C., Van Hulst, M., Jeffares, S., Escobar, O., Agger, A., & de Graaf, L. (2015). Five ways to make a difference: Perceptions of practitioners working in urban neighborhoods. *Public Administration Review* (ePublication prior to print).

Ellingsen, I.T., Thorsen, A.A., & Størksen, I. (2014). Revealing children's experiences and emotions through Q methodology. *Child Development Research*, art. 910529, 9 pp. (Accessible: http://dx.doi.org/10.1155/2014/910529)

Erhardt, I., Levy, R.A., Ablon, J.A., Ackerman, J.A., Seybert, C., Voßhagen, I., & Kächele, H. (2014). Amalie Xs Musterstunde: Analysiert mit dem Psychotherapie Prozess Q-Set [Amalie X's specimen case – Analyzed with the Psychotherapy Process Q-set]. *Forum der Psychoanalyse, 30*(4), 441-458. (Text in German)

Evelina, B.C., & Camelia Nadia, B. (2014). The Q-sort technique used in identifying the level of methodological skills of the prospective teachers. *Procedia—Social and*

Behavioral Sciences, 128, 60-65.

Eyvindson, K., Kangas, A., Hujala, T., & Leskinen, P. (2015). Likert versus Q-approaches in survey methodologies: Discrepancies in results with same respondents. *Quality & Quantity, 49*, 509-522.

Flurey, C.A., Morris, M., Pollock, J., Richards, P., Hughes, R., & Hewlett, S. (2014). A Q-methodology study of flare help-seeking behaviours and different experiences of daily life in rheumatoid arthritis. *BMC Musculoskeletal Disorders, 15,* 364. (Provisional pdf viewable: http://www.biomedcentral.com/content/pdf/1471-2474-15-364.pdf.)

Forrester, J., Cook, B., Bracken, L., Cinderby, S., & Donaldson, A. (2015). Combining participatory mapping with Q-methodology to map stakeholder perceptions of complex environmental problems. *Applied Geography, 56,* 199-208.

Franz, A., Worrell, M., & Vögele, C. (2013). Integrating mixed method data in psychological research: Combining Q methodology and questionnaires in a study investigating cultural and psychological influences on adolescent sexual behavior. *Journal of Mixed Methods Research, 7*, 370-389.

Fraser, J., Gupta, R., & Krasny, M.E. (2015). Practitioners' perspectives on the purpose of environmental education. *Environmental Education Research, 21*(5), 777-800.

Fluckinger, C.D., & Brodke, M.R.H. (2013). Positive reactions to a Q sort for personality assessment. *Operant Subjectivity, 36*, 335-341.

Gauzente, C. (2013). Une invitation illustrée à utiliser la *Q-method* dans les recherches en systèmes d'information [An illustrated invitation to use Q-method in research in information systems]. *Systèmes d'Information et Management, 18*(2), 69-109.

______. (2014). Digging into the subjectivity of mobile apps "non-users" – A single case study approach. *Operant Subjectivity, 37*(4), 41-55.

Gaynor, T.S. (2013). Building democracy: Community development corporations' influence on democratic participation in Newark, New Jersey. *Operant Subjectivity, 36*, 93-113

Godor, B.P. (2016). Moving beyond the deep and surface dichotomy; Using Q methodology to explore students' approaches to studying. *Teaching in Higher Education.* (ePublication prior to print)

Goodman, G., Midgley, N., & Schneider, C. (2015). Expert clinicians' prototypes of an ideal child treatment in psychodynamic and cognitive-behavioral therapy: Is mentalization seen as a common process factor? *Psychotherapy Research.* (Published online before print)

Gough, H., Tweed, A., & Sorensen, J. (2014). Priorities of staff and service users in mental health assessment: A Q methodological study. *Operant Subjectivity, 37*(4), 23-40.

Ha, E.H. (2014). Attitudes toward video-assisted debriefing after simulation in undergraduate nursing students: An application of Q methodology. *Nurse Education Today, 34*, 978-984.

Grijpma, J.W., Tielen, M., van Staa, A., Maasdam, L., van Gelder, T., Berger, S.P., Busschbach, J.J.V., Betjes, M., Weimar, W., & Massey, E.K. (in press). Kidney transplant patient's attitudes towards self-management support: A Q-methodological study. *Patient Education and Counseling.*

Hall, R.T., Jensen, R.R., & McLean, D.D. (2013). Learning in the geoscience classroom: Q-methodology, learning styles, and individual preferences. *Journal of Geoscience Education, 61*, 120-128.

Harvey, H., Good, J., Mason, J., & Reissland, N. (2015). A Q-methodology study of parental understandings of infant immunisation: Implications for health-care advice. *Journal of Health Psychology, 20,* 1451−1462.

Haynes, N.A., & Jacobson, S. (2015). Barriers and perceptions of natural resource careers by minority students. *Journal of Environmental Education, 46*(3), 166-182.

Hedges, C.D. (2014). The gender factor of survivor: A Q method approach. *Operant Subjectivity, 37*(1/2), 2-22.

Hensel, D. (2014). Typologies of professional identity among graduating baccalaureate-prepared nurses. *Journal of Nursing Scholarship, 46*, 125-133.

Hinkle, M., Iarussi, M.M., Schermer, T.W., & Yensel, J.F. (2014). Motivations to pursue the doctoral degree in counselor education and supervision. *Journal for Counselor Preparation and Supervision, 6*(1), art. 1. Free and open access http://repository.wcsu.edu/cgi/viewcontent.cgi?article=1069&context=jcps

Ho, G.W.K., & Gross, D.A. (2015). Pediatric nurses' differentiations between acceptable and unacceptable parent discipline behaviors: A Q-study. *Journal of Pediatric Health Care, 29*, 255-264.

______. (2015). Differentiating physical discipline from abuse: Q findings from Chinese American mothers and pediatric nurses. *Child Abuse and Neglect, 43,* 83-94.

Howard, R.J., Tallontire, A.M., Stringer, L.C., & Marchant, R.A. (2016). *Which "fairness", for whom, and why?* An empirical analysis of plural notions of fairness in Fairtrade Carbon Projects, using Q methodology. *Environmental Science & Policy, 56,* 100-109.

Hunter, W.C. (2013). Understanding resident subjectivities toward tourism using Q method: Orchid Island, Taiwan. *Journal of Sustainable Tourism, 21*, 331-354.

Johnson, B.B., & Sciascia, J. (2013). Views on black bear management in New Jersey. *Human Dimensions of Wildlife, 18*, 249-262.

Johnson, B. B., & Waishwell, L. (2014). Q method can identify diverse perspectives on 'helpful' information on cancer clusters and inform risk communication generally. *Journal of Risk Research, 17*, 1125-1145.

Kampen, J.K., & Tamás, P. (2014). Overly ambitious: Contributions and current status of Q methodology. *Quality & Quantity*, *48*, 3109-3126.

Brown, S.R., Danielson, S., & Van Exel, J. (2015). Overly ambitious critics and the Medici Effect: A reply to Kampen and Tamás. *Quality & Quantity, 49,* 523-537.

Tamás, P.A., & Kampen, J.K. (2015). Heresy and the church of Q: A reply. *Quality & Quantity, 49,* 539-540.

Kaufmann, G. (2014). Seeking environmental injustice with help of Q methodology on APA Algodoal-Maiandeua. *Environmental Justice, 7*(3), 61-69.

Kindermann, G., & Gormally, M.J. (2013). Stakeholder perceptions of recreational and management impacts on protected coastal dune systems: A comparison of three European countries. *Land Use Policy, 31*, 472-485.

Kraak, V.I., Swinburn, B., Lawrence, M., & Harrison, P. (2014). A Q methodology study of stakeholders' views about accountability for promoting healthy food environments in England through the Responsibility Deal Food Network. *Food Policy, 49,* 207-218.

Landeen, J., Pierazzo, J., Akhtar-Danesh, N., Baxter, P., van Eijk, S., & Evers, C. (2015). Exploring student and faculty perceptions of clinical simulation: A Q-sort study. *Journal of Nursing Education, 54*, 485-491.

Lavandier, C. & Delaitre, P. (2015). Individual and shared representations on ''zones calmes'' (''quiet areas'') among the French population in urban context. *Applied Acoustics, 99*, 135-144.

Leong, C. (2015). Persistently biased: The devil shift in water privatization in Jakarta. *Review of Policy Research, 32*, 600-621.

Levine, A.C., & VanSlyke-Briggs, K. (2014). Speaking up publically or acting behind the scenes: Renegade teachers. *Operant Subjectivity, 37*(4), 3-22.

Levitt, R., & Red Owl, R.H. (2013). Effects of early literacy environments on the reading attitudes, behaviours and values of veteran teachers. *Learning Environments Research, 16*, 387-409.

Liu, M-Y., Li, Y., Lu, A-P., & Han, X-J. (2013). Feasibility analysis of the value of Q method in the classification and understanding of expert experience. *Chinese Journal of Integrative Medicine, 19,* 869-873.

Locke, J., Kasari, C., & Wood, J.J. (2014). Assessing social skills in early elementary-aged children with autism spectrum disorders: The Social Skills Q-Sort. *Journal of Psychoeducational Assessment, 32*, 62-76.

Logo, E. (2013). Q-method based environmental awareness measurement in transportation. *International Journal for Traffic and Transport Engineering, 3*(1), 45-53.

Lynch, A.H., Adler, C.E., & Howard, N.C. (2014). Policy diffusion in arid basin water management: A Q method approach in the Murray-Darling Basin, Australia. *Regional Environmental Change*, *14,* 1601-1613.

MacDonald, P.A., Murray, G., & Patterson, M. (2015). Considering social values in the seafood sector using the Q-method. *Marine Policy, 52*, 68-76.

Mair, J., & Whitford, M. (2013). An exploration of events research: Event topics, themes and emerging trends. *International Journal of Event and Festival Management, 4*(1), 6-30.

Mandolesi, S., Nicholas, P., Naspetti, S., & Zanoli, R. (2015). Identifying viewpoints on innovation in low-input and organic dairy supply chains: A Q-methodological study. *Food Policy, 54,* 25-34.

Martin, S., Daniel, C., & Williams, A.C. de C. (2014). How do people understand their neuropathic pain? A Q-study. *Pain: Journal of the International Association for the Study of Pain, 155*, 349-355.

Masiclat, S.M. (2013). Build better personas using subjective science. *Touchpoint: The Journal of Service Design, 5*(1), 84-89.

Massé, M.H., Popovich, M.N., & Kinsey, D.F. (2013). An examination of journalist perceptions toward covering tragedy and trauma. *Operant Subjectivity, 36*, 165-178.

Mazur, K.E., & Asah, S.T. (2013). Clarifying standpoints in the gray wolf recovery conflict: Procuring management and policy forethought. *Biological Conservation, 167,* 79-89.

McClelland, S.I. (2014). ''What do you mean when you say that you are sexually satisfied?'' A mixed methods study. *Feminism & Psychology*, *24*(1), 74-96.

Mckenzie, J.A. (2013). Models of intellectual disability: Towards a perspective of (poss)ability. *Journal of Intellectual Disability Research, 57*, 370-379.

McKenzie, T.P., & Brown, S.R. (2014). Musical preferences and forms of life. *Operant Subjectivity, 37*(1/2), 97-105.

McKeown, B., Thomas, D.B., Rhoads, J.C., & Sundblad, D. (2015). Falling hard for *Breaking Bad*: An investigation of audience response to a popular television series. *Participations, 12*(2), 147-167.

Meade, L.B., Caverzagie, K.J., Swing, S.R., Jones, R.R., O'Malley, C.W., Yamazaki, K., & Zaas, A.K. (2013). Playing with curricular milestones in the educational sandbox: Q-sort results from an internal medicine educational collaborative. *Academic Medicine: Journal of the Association of American Medical Colleges, 88*(8), 1142-1148.

Meade, L.B., Todd, C.Y., & Walsh, M.M. (2015). Found in transition: Applying milestones to three unique discharge curricula. *Peer J, 3*(e819).

Meshaka, R., Jeffares, S., Sadrudin, F., Huisman, N., & Saravanan, P. (2016, in press). Why do pregnant women participate in research? A patient participation investigation using Q-methodology. *Health Expectations*, in press. (ePublication prior to print)

Metzger, A., Syvertsen, A.K., Oosterhoff, B., Babskie, E., & Wray-Lake, L. (2015). How children understand civic actions: A mixed methods perspective. *Journal of Adolescent Research*. 29 pp. (DOI: 10.1177/0743558415610002). (ePublication in advance of print)

Milcu, A.I., Sherren, K., Hanspach, J., Abson, D., & Fischer, J. (2014). Navigating conflicting landscape aspirations: Application of a photo-based Q-method in Transylvania (Central Romania). *Land Use Policy, 41,* 408-422.

Militello, M., & Janson, C. (2014). The urban school reform opera: The obstructions to transforming school counseling practices. *Education and Urban Society, 46*, 743-772.

Moen, F., & Kvalsund, R. (2014). Subjectivity about communication in different learning contexts in sport. *Operant Subjectivity, 37*(3), 3-20.

Mokry, S., & Dufek, O. (2014). Q method and its use for segmentation in tourism. *Procedia: Economics and Finance, 12*, 445-452.

Moses Passini, C., Pihet, S., & Favez, N. (2014). Assessing specific discipline techniques: A mixed-methods approach. *Journal of Child and Family Studies, 23*, 1389-1402.

Naspetti, S., Mandolesi, S., & Zanoli, R. (2014). L'accettabilità delle innovazioni nella filiera lattiero casearia: un'analisi tramite la metodologia Q sort [Innovation acceptability in the dairy supply chain: A Q methodology analysis]. *Economia Agro-Alimentare, 16*(2), 79-95.

Neff, M.W., & Larson, B.M.H. (2014). Scientists, managers, and assisted colonization: Four contrasting perspectives entangle science and policy. *Biological Conservation, 172,* 1-7.

Nicholas, J.B., & Trost, J. (2015). Revamping instructional strategies in technology education towards a student learning model: A reflection. *ATEA Journal* [American Technical Education Association]*, 42*(2)*,* 23-30.

Nicholas, P.K., Mandolesi, S., Naspetti, S., & Zanoli, R. (2014). Innovations in low input and organic dairy supply chains—What is acceptable in Europe? *Journal of Dairy Science, 97,* 1157-1167.

Niemeyer, S., Ercan, S.A., & Hartzkarp, J. (2013). Understanding deliberative citizens: The application of Q methodology to deliberation on policy issues. *Operant Subjectivity, 36*(2), 114-134.

O'Leary, K., Wobbrock, J.O., & Riskin, E.A. (2013). Q-methodology as a research and design tool for HCI. *Proceedings of the SIGCHI Conference on Human Factors in Computing Systems* (pp. 1941-1950). New York: Association for Computing Machinery.

Onwuegbuzie, A.J., & Frels, R.K. (2015). Using Q methodology in the literature review process: A mixed research approach. *Journal of Educational Issues, 1*(2), 90-109.

Orchard, L.J., Fullwood, C., Morris, N., & Galbraith, N. (2015). Investigating the Facebook experience through Q methodology: Collective investment and a 'Borg' mentality. *New Media & Society, 17*, 1547-1565.

Øverland, K., Størksen, I., & Thorsen, A.A. (2013). Daycare children of divorce and their helpers. *International Journal of Early Childhood, 45*, 51-75.

Paige, J.B. (2014). Making sense of methods and measurement: Q-methodology—Part I—

Philosophical background. *Clinical Simulation in Nursing, 10*, 639-640.

______. (2015). Making sense of methods and measurement: Q-methodology—Part II—Methodological procedures. *Clinical Simulation in Nursing, 11*, 75-77.

Paige, J.B., & Morin, K.H. (2015). Q-sample construction: A critical step for a Q-methodological study. *Western Journal of Nursing Research, 38*, 96-110.

______. (2015). Using Q-methodology to reveal nurse educators' perspectives about simulation design. *Clinical Simulation in Nursing, 11*(1), 11-19.

______. (2015). Diversity of nursing student views about simulation design: A Q-methodological study. *Journal of Nursing Education, 54*(5), 249-260.

Palmer, D.J. (2013). College administrators as public servants. *Public Administration Review, 73*, 441-451.

Parkins, J.R., Hempel, C., Beckley, T.M., Stedman, R.C., & Sherren, K. (2015). Identifying energy discourses in Canada with Q methodology: Moving beyond the environment versus economy debates. *Environmental Sociology, 1*, 304-314.

Perz, J., Ussher, J.M., & Gilbert, E. (2013). Constructions of sex and intimacy after cancer: Q methodology study of people with cancer, their partners, and health professionals. *BMC Cancer, 13*.

Petit-Dit-Dariel, O., Wharrad, H., & Windle, R. (2014). Using Bourdieu's theory of practice to understand ICT use amongst nurse educators. *Nurse Education Today, 34*, 1368-1374.

Phi, G., Dredge, D., & Whitford, M. (2014). Understanding conflicting perspectives in event planning and management using Q method. *Tourism Management, 40*, 406-415.

Pike, K., Wright, P., Wink, B., & Fletcher, S. (2015). The assessment of cultural ecosystem services in the marine environment using Q methodology. *Journal of Coastal Conservation: Planning and Management, 19*, 667-675.

Ponsignon, F., Maull, R.S., & Smart, P.A. (2014). Four archetypes of process improvement: A Q-methodological study. *International Journal of Production Research, 52*, 4507-4525.

Posada, G., Lu, T., Trumbell, J., Kaloustian, G., Trudel, M., Plata, P.J., Peña, P.P., Perez, J., Tereno, S., Dugravier, R., Coppola, G., Constantini, A., Cassibba, R., Kondo-Ikemura, K., Nóblega, M., Haya, I.M., Pedraglio, C., Verissimo, M., Santos, A.J., Monteiro, L., & Lay, K.L. (2013). Is the secure base phenomenon evident here, there, and anywhere? A cross-cultural study of child behavior and experts' definitions. *Child Development*, *84*, 1896–1905.

Ramlo, S., & Berit, K. (2013). Determining the various perspectives of caregivers of aging adults with Q methodology. *Family Journal: Counseling and Therapy for Couples and Families, 21*, 46-56.

Ramlo, S. (2015). Q methodology as a tool for program assessment. *Mid-Western Educational Researcher, 27,* 207-223.

______. (2016, in press). Students' views about potentially offering physics courses online. *Journal of Science Education and Technology.*

______. (2016). Mixed method lessons learned from 80 years of Q methodology. *Journal of Mixed Methods Research, 10*(1), 28-45.

______. (2016). Centroid and theoretical rotation: Justification for their use in Q methodology research. *Mid-Western Educational Researcher, 28*, 72-91.

______. (2015/ in press). Student views about a flipped physics course: A tool for program evaluation and improvement. *Research in the Schools.*

______. (2015/ in press). Theoretical significance in Q methodology: A qualitative approach to a mixed method. *Research in the Schools.*

Rastogi, A., Hickey, G.M., Badola, R., & Hussain, S.A. (2013). Diverging viewpoints on tiger conservation: A Q-method study and survey of conservation professionals in India. *Biological Conservation, 161*, 182-192.

Rhoads, J.C. (2014). Q methodology. *SAGE Research Methods Cases*. London: Sage. DOI: http://dx.doi.org/10.4135/978144627305014534166

Richardson, L., Fister, C., & Ramlo, S. (2015/ in press). Effect of an exercise and weight control curriculum: Views of obesity among exercise science students. *Advances in Physiology Education, 39*(2), 43-48.

Roberts, J.K., Hargett, C.W., Nagler, A., Jakoi, E., & Lehrich, R.W. (2015). Exploring student preferences with a Q-sort: The development of an individualized renal physiology curriculum. *Advances in Physiology Education, 39*(3), 149-157.

Robinson, T., Callahan, C., & Evans, K. (2014). Why do we keep going back? A Q method analysis of our attraction to horror movies. *Operant Subjectivity, 37*(1/2), 41-57.

Robison, K.M., & Rhoads, J.C. (2014). Using popular culture in the classroom: Views of the film manic among students of juvenile delinquency. *Operant Subjectivity, 37*(1/2),

58-71.

Rodriguez-Piñeros, S., & Mayett-Moreno, Y. (2014). Forest owners' perceptions of ecotourism: Integrating community values and forest conservation. *AMBIO* (online first).

Roper, S., Capdevila, R., Lazard, L., & Roberts, A. (2015). How is this feminist again? Q as a feminist methodology. *Psychology of Women Section Review, 17*, 3-12.

Said, G., & Stricklin, M. (2014). Dialogism: A philosophical contribution to understanding concourse and consciring. *Operant Subjectivity, 37*(3), 21-37.

Schumacher, K.S., & Montgomery, D. (2013). Using identity indicators to describe graduate students' views of statistics courses in the context of major-specific courses. *Operant Subjectivity, 36*, 320-334.

Shabila, N.P., Al-Tawil, N.G., Al-Hadithi, T.S., & Sondorp, E. (2013). The range and diversity of providers' viewpoints towards the Iraqi primary health care system: An exploration using Q-methodology. *BMC International Health and Human Rights, 13*(18). (DOI: 10.1186/1472-698X-13-18)

Shabila, N.P., Ahmed, H.M., & Yasin, M.Y. (2014). Women's views and experiences of antenatal care in Iraq: A Q methodology study. *BMC Pregnancy and Childbirth, 14*(43), published online.

Shabila, N.P., Al-Tawil, N.G., Al-Hadithi, T.S., & Sondorp, E. (2014). Using Q-methodology to explore people's health seeking behavior and perception of the quality of primary care services. *BMC Public Health, 14*(2), published online.

Shabila, N.P., Saleh, A.M., & Jawad, R.K. (2014). Women's perspectives of female genital cutting: Q-methodology. *BMC Women's Health, 14*(11), published online.

Sharifi, H., Liu, W., & Ismail, H.S. (2014). Higher education system and the 'open' knowledge transfer: A view from perception of senior managers at university knowledge transfer offices. *Studies in Higher Education, 39*, 1860-1884.

Sherren, K., Loik, L., & Debner, J.A. (2016). Climate adaptation in 'new world' cultural landscapes: The case of Bay of Fundy agricultural dykelands (Nova Scotia, Canada). *Land Use Policy, 51*, 267-280.

Simons, J. (2013). An introduction to Q methodology. *Nurse Researcher, 20*(3), 28-32.

Sleenhoff, S., Cuppen, E., & Osseweijer, P. (2015). Unravelling emotional viewpoints on a bio-based economy using Q methodology. *Public Understanding of Science, 24*,

858-877.

Somerstein, R. (2014). The taste test: Applying Q methodology to aesthetic preference. *Operant Subjectivity, 37*(1/2), 72-96.

Spruijt, P., Knol, A.B., Torenvlied, R., & Lebret, E. (2013). Different roles and viewpoints of scientific experts in advising on environmental health risks. *Risk Analysis, 33*, 1844-1857.

Stahel, L., & Cohrs, C. (2015). Socially shared representations of the Israel-Palestine Conflict: An exploration among conflict outsiders. *Conflict & Communication Online, 14*(1).

Stephenson, W. (2014). General theory of communication. *Operant Subjectivity, 37*(3), 38-56.

Strunk, K.K., & Montgomery, D.M. (2013). Perceptions of learning versus teaching styles. *Academic Exchange Quarterly, 17*(1), 112-121.

Tamás, P.A., & Kampen, J.K. (2015). Heresy and the church of Q: A reply. *Quality & Quantity, 49*, 539-540.

Thomas, D.B., & Baas, L. (2013). Subjectivity and the economic inequality conundrum: Considering the American case. *Operant Subjectivity, 36*, 179-202.

Thomas, D.B., Rhoads, Jr., J.C., & McKeown, B. (2016, in press). Social media in a subjective science mode: The "Facebook Likes" study reconfigured. *Journal of Social Media in Society*.

Thompson, A.W., Dumyahn, S., Prokopy, L.S., Amberg, S., Baumgart-Getz, A., Jackson-Tyree, J., Perry-Hill, R., Reimer, A., Robinson, K., & Mase, A.S. (2013). Comparing random sample Q and R methods for understanding natural resource attitudes. *Field Methods, 25*, 25-46.

Twijnstra, A., & de Graaf, G. (2013). Young loyalties: Loyalty conceptions and loyalty conflicts of young Dutch and English public administrators. *Operant Subjectivity, 36*, 73-92.

Uittenbroek, C.J., Janssen-Jansen, L.B., Spit, T.J.M., & Runhaar, H.A.C. (2014). Organizational values and the implications for mainstreaming climate adaptation in Dutch municipalities: Using Q methodology. *Journal of Water and Climate Change, 5*(3), 443-456.

Vala, J. (2014). Age variable student's personal characteristics and their reader's preferences. *Procedia—Social and Behavioral Sciences, 112,* 270-276.

Van Exel, J., Baker, R., Mason, H., Donaldson, C., & Brouwer, W. (2015). Public views on principles for health care priority setting: Findings of a European cross-country study using Q methodology. *Social Science & Medicine, 126*, 128-137.

Vizcaíno, A., García, F., Villar, J.C., Piattini, M., & Portillo, J. (2013). Applying Q-methodology to analyse the success factors in GSD. *Information and Software Technology, 55*, 1200-1211.

Walton, M.L. (2013). A case study investigating the influence of deliberative discussion on environmental preferences. *Society & Natural Resources, 26*, 303-324.

Watts, S., & Stenner, P. (2014). Definitions of love in a sample of British women: An empirical study using Q methodology. *British Journal of Social Psychology*, *53*(3), 557-572.

Weldegiorgis, F.S., & Ali, S.H. (2016, in press). Mineral resources and localised development: Q-methodology for rapid assessment of socioeconomic impacts in Rwanda. *Resources Policy, 49.*

Westbrook, J.L., McIntosh, C.J., Sheldrick, R., Surr, C., & Hare, D.J. (2013). Validity of dementia care mapping on a neuro-rehabilitation ward: Q-methodology with staff and patients. *Disability and Rehabilitation, 35*, 1652-1659.

Wijngaarden, V. (2016). Q method and ethnography in tourism research: Enhancing insights, comparability and reflexivity. *Current Issues in Tourism* (online).

Wolf, A. (2013). Readiness and persuasion in transformative learning for sustainable responses to climate change. *Proceedings: Transformation in a changing climate* (pp. 227-236). Oslo: University of Oslo, Trykket.

______. (2013). Wellbeing for public policy: Roles for Q methodology. *Operant Subjectivity, 36*, 203-226.

______. (2014). The interview in Q methodology: Readiness to adopt sustainable responses to climate change. *SAGE Research Methods Cases* [online]. London: Sage. DOI: http://dx.doi.org/10.4135/978144627305014539121

Work, J., Hensel, D., & Decker, K.A. (2015). A Q methodology study of perceptions of poverty among Midwestern nursing students. *Nurse Education Today, 35*, 328-332.

Wright, K.F., Bryant, L.D., Morley, S., Hewison, J., Duff, A.J., & Peckham, D. (2015). Presenting life with cystic fibrosis: A Q-methodological approach to developing balanced, experience-based prenatal screening information. *Health Expectations, 18,* 1349-1362.

Wright, P.N. (2013). Is Q for you?: Using Q methodology within geographical and pedagogical research. *Journal of Geography in Higher Education, 37*(2), 152-163.

Xi, J., Owens, L., & Feng, H. (2016). Friendly girls and mean girls: Social constructions of popularity among teenage girls in Shanghai. *Japanese Psychological Research, 58*(1), 42-53.

Yao, L., Xu, X., Ni, Z., Zheng, M., & Lin, F. (2015). Use of Q methodology to assess the concerns of adult female individuals seeking orthodontic treatment. *Patient Preference and Adherence, 9*, 47-55.

Yeun, E.J., Bang, H.Y., Ryoo, E.N., & Ha, E.H. (2014). Attitudes toward simulation-based learning in nursing students: An application of Q methodology. *Nurse Education Today, 34*, 1062-1068.

Zabala, A., & Pascual, U. (2016). Bootstrapping Q methodology to improve the understanding of human perspectives. *PLoS One, 11*(2):e0148087.

Zanoli, R., Carlesi, L., Danovaro, R., Mandolesi, S., & Naspetti, S. (2015). Valuing unfamiliar Mediterranean deep-sea ecosystems using visual Q-methodology. *Marine Policy, 61,* 227-236.

Zenor, J. (2014). Where are those good ol' fashioned values? Reception analysis of the offensive humor on Family Guy. *Operant Subjectivity, 37*(1/2), 23-40.

Zhang, H., Satlykgylyjova, M., Almuhajiri, M., & Brown, S.R. (2013). Harvesting suggestions: A strategy for promoting policies designed to improve academic life for international students. *Operant Subjectivity, 36*, 233-252.

Živojinović, I., & Wolfslehner, B. (2015). Perceptions of urban forestry stakeholders about climate change adaptation – A Q-method application in Serbia. *Urban Forestry & Urban Greening, 14*, 1079-1087.

Živojinović, I., Wolfslehner, B., & Tomićević-Dubljević, J. (2015). Social and policy aspects of climate change adaptation in urban forests of Belgrade. *SEEFOR: South-East European Forestry, 6*(2), 219-235. (Published online: https://www.researchgate.net/publication/282859013_Social_and_Policy_Aspects_of_Climate_Change_Adaptation_in_Urban_Forests_of_Belgrade)

Chapters and Books

Ajani, M. (2015). *Citizenship, the self and the other: Critical discussions on citizenship and how to approach religious and cultural difference*. Newcastle upon Tyne, UK: Cambridge Scholars Publishing.

Deignan, T. (2013). Using diverse system perspectives to develop policy and practice in an answerable way — the case of dyslexia support in higher education. In V. Farnsworth & Y. Solomon (Eds.), *Reframing educational research* (pp. 119-138). London: Routledge.

Jeffares, S. (2014). *Interpreting hashtag politics: Policy ideas in an era of social media.* London: Palgrave Macmillan.

Lo Bianco, J., & Aliani, R. (2013). *Language planning and student experiences: Intention, rhetoric and implementation.* Bristol, UK: Multilingual Matters.

McKeown, B.F. & Thomas, D.B. (2013). *Q methodology* (Qualitative Applications in the Social Sciences series, Vol. 66, 2nd ed.). Thousand Oaks, CA: Sage.

Said, G. & Stricklin, M. (Orgs. and Eds.) (2013). *Anais da 1°conferênciainternacionalso bremetodologiaQ: Análisesqualitativeequantitativenapesquisacientífica* [*Annals of the 1st International conference on Q methodology: Qualitative and quantitative analyses in scientific research*]. Teresina, Piauí, Brazil: EDUFPI [Universidade Federal do Piauí].

Skelcher, C., Sullivan, H., & Jeffares, S. (2013). *Hybrid governance in European cities: Neighbourhood, migration and democracy.* London: Palgrave Macmillan.

Zenor, J. (Ed.) (2014). *Parasocial politics: Audiences, pop culture, and politics*. Lanham, MD: Rowman & Littlefield.

Dissertations/Theses

Ajani, M. (2013). *Citizenship, the "self" and the "other": Perspectives of citizenship educators regarding citizenship, with a focus on religious and cultural difference.* Doctoral thesis (History), Royal Holloway, University of London.

Akanbang, B.A.A. (2013). *Process use of programme evaluation in three evaluation contexts in Northern Ghana.* Doctoral thesis, Institute of Statistical, Social and Economic Research, University of Ghana, Accra.

Arter, R.K. (2015). *The assent to learn: An exploration of engineering technology students' attitudes and beliefs towards learning in a classroom environment.* Doctoral dissertation (Education, Curriculum and Instruction), University of Akron.

Baxter, J. (2013). *Technological innovation systems: The case of hydrogen from waste.* Doctoral thesis (Architecture), Cardiff University, UK.

Beck, P.D. (2014). *Fourth-grade students' subjective interactions with the seven elements of art: An exploratory case study using Q-methodology.* Doctoral dissertation (Interdisciplinary Educational Studies), Long Island University, C. W. Post Center.

Behn, D.F. (2013). *A theory of configurative fairness for evolving legal orders: Linking the scientific study of subjectivity to jurisprudential thought.* Doctoral thesis, Public International Law, Centre for Energy, Petroleum and Mineral Law and Policy, University of Dundee (Scotland, UK).

Bicking, C.J. (2015). *Toyota Production System (TPS) theories-in-action and lean implementation theories-in-action: A contrast in maximization of human potential.* Doctoral dissertation, Human and Organization Development, Fielding Graduate University.

Boden, Z.V.R. (2013). *Mapping the multiple-dimensions of men's guilt-experiences: Feelings, temporality, narrative.* Doctoral thesis, University of London, Birkbeck College, UK.

Boesch, J.A.(2014). *Expanded learning (afterschool) leaders' perceptions regarding most important elements for program quality and use of self-assessment tools for continuous improvement.* Doctoral dissertation (Educational Leadership), California State University, Fresno.

Bond, J.L. (2013). *Human (in)security at the livestock-crop-wildlife nexus: The case of Laikipia County, Kenya.* Doctoral thesis (Food and Resource Economics), University of Copenhagen, Denmark.

Brandling, J. L. (2014). *Young people's cultural discourses on alcohol: A Q methodological enquiry.* Doctoral thesis (Health & Social Sciences), University of the West of England, Bristol, UK.

Brown, C.L. (2013). *What works? Principals' perceptions of professional development.* Doctoral dissertation (Educational Leadership), North Carolina State University.

Brown, Z. (2013). *'We just have to get on with it': Inclusive teaching in a standards driven system.* Doctoral thesis (Education), Wolverhampton University, Wolverhampton, UK.

Burke, L.E.C-A. (2014). *Western teachers of science or teachers of Western science: On the influence of Western modern science in a post-colonial context.* Doctoral dissertation

(Curriculum, Teaching and Learning), University of Toronto.

Chiu, C-H. (2013). *Verification of theory based design features for designing online instruction for students with learning disabilities and other struggling learners*. Doctoral dissertation (Educational Leadership and Policy Studies), University of Kansas.

Cochran, G.L. (2013). *A Q-methodology approach to investigating the relationship between level of reflection and typologies among prospective teachers in the Physics Learning Assistant Program at Florida International University*. Doctoral dissertation (Curriculum and Instruction), Florida International University.

Coladonato, J.A. (2013). *Attitudes about second-career teachers: An exploratory Q study of school administrators and classroom teachers*. Doctoral dissertation (Education, Information, and Technology), Long Island University, C.W. Post Center, NY.

Collum, T.L. (2014). *Conceptualization of effective leadership indicators among university female leaders*. Doctoral dissertation (Education), North Carolina State University.

Culpepper, E.L. (2015). *Exploring teachers' beliefs about reading standards: A Q-methodology study*. Doctoral dissertation (Education), North Carolina State University.

Damio, S.M. (2013). *Seeking Malay trainee English teachers' perceptions of autonomy in language learning using Q methodology*. Doctoral thesis, University of Nottingham, UK.

Davis, B.B. (2014). *Why do you want your child to have braces? Investigating the motivations of Hispanic/Latino and Caucasian parents*. Doctoral dissertation (Orthodontics), University of Washington.

Dos Santos, R.C. (2015). *Health program evaluating the effectiveness of the school in relation to oral health in basic education schools- Q-methodology.* Master's thesis, Federal Universiae, Minas Gerais, Brazil.

Elston, F. (2014). *Doing well by doing good: A mixed methods inquiry into the experiences of well-being and what contributes to it*. Doctoral thesis, University of East London (School of Psychology).

Fikse, C. (2013). *From self-actualization to co-actualization within leadership.* Norwegian University of Science and Technology (Norges teknisk-naturvitenskapelige universitet).

Ford, E.J. (2014). *Quality of life after stroke and aphasia: stroke survivors' and spouses' perspectives*. Doctoral thesis (Clinical Psychology), Staffordshire University, UK.

Forister, J.G. (2015). *Novice physician assistant transfer of learning during the transition to clinical practice: A mixed interpretive study*. Doctoral dissertation (Educational Administration and Human Resource Development), Texas A&M University.

Frayne, D. (2014). *Nonprofit leader perceptions of effective organizational performance measurement: A Q methodology study*. Doctoral dissertation (Management), University of Phoenix.

Frearson, A.E. (2013). *A Q-methodological study to explore Muslim girls' viewpoints around how a secondary school setting can promote and support their inclusion.* Research thesis (Educational and Child Psychology), Department of Educational Studies, University of Sheffield, UK.

Ghali, M. (2015). *Factors underlying counselor educators' perspectives on spiritual issues in counseling in non-faith-based CACREP-accredited training programs*. Doctoral dissertation (Counselor Education and Supervision), Kent State University.

Gower, B.S. (2015). *Why do individuals volunteer at foodbanks?* Master's thesis, School of Public Policy, University College, London.

Greenblott, J.M. (2013). *Quantitative analysis of regulatory discourses on agricultural genetic engineering: An exploration and empirical application of critical theory*. Doctoral dissertation (Environmental Science and Public Policy), George Mason University.

Gudurić, I. (2013). *The perception of decision-makers to climate change adaptation in urban and peri-urban forests of Belgrade*. Master's thesis (European Forestry), Department of Forest and Soil Sciences, University of Natural Resources and Life Sciences, Vienna, Austria.

Hiatt, A.C. (2013). *Development and evaluation of the EvoDevoCI: An evolutionary developmental biology conceptual inventory*. Doctoral dissertation (Zoology), Oklahoma State University.

Hilburn, A.M. (2014). *Garbage, society, and environment in a Mexican municipio: The case of Coxcatlan, Puebla, Mexico*. Doctoral dissertation(Geography), University of Kansas.

Hill, K. (2014). *Understanding and preventing alcohol misuse in young people: Affordances and an ecological approach to cognition*. Doctoral thesis (School of Social Sciences), Oxford Brookes University, UK.

Holding, J. (2014). *Beliefs about psychological therapy for psychosis*. Doctoral thesis (Clinical Psychology), University of Manchester, UK.

Hollingsworth, A. (2013). *Q methodology as a needs assessment tool for biology graduate teaching assistants participating in an instructional training program*. Doctoral dissertation, Akron University.

Holmes, T.S. (2013). *Exploration of antecedents of environmentally responsible behavior by stakeholders in Grand Lake watershed*. Doctoral dissertation, Oklahoma State University (Environmental Education).

Hurt, K.M. (2015). *Graduate counseling students' preferences for counselor educators' teaching dispositions, orientations, and behaviors: A Q methodology inquiry*. Doctoral dissertation (Counseling and Higher Education), University of North Texas.

Jackson, K.L.T. (2014). *Connecting expectations and values: Students' perceptions of developmental mathematics in a computer-based learning environment*. Doctoral dissertation (Leadership, Policy, and Adult and Higher Education), North Carolina State University.

Kenjarski, M.R. (2015). *Defining teacher leadership: Elementary teachers' perceptions of teacher leadership and the conditions which influence its development*. Doctoral dissertation (Education), North Carolina State University.

Kivits, R.A. (2013). *Multi-dimensional stakeholder analysis: A methodology applied to Australian capital city airports*. Doctoral thesis (Business), Southern Cross University, Lismore, NSW, Australia.

Kobbernagel, C. (2013). *Students' learning experiences in digital workshops: A thesis of enquiry into learning and communication and methodological explorations using Q methodology and structural equation modeling in the field of art gallery education*. Doctoral dissertation, Department of Communication, Roskilde University, Denmark.

Lee, K.R. (2014). *Child-centered play therapy parent services: A Q-methodological investigation*. Doctoral dissertation (Education), University of North Texas.

Lopienski, S.A. (2016). *How do educational leaders understand career readiness: A Q-methodological study*. Doctoral dissertation, Department of Educational Studies, Ohio University.

Lu, J. (2014). *The perceptions of college students regarding microaggressions toward people with disabilities*. Doctoral dissertation (Rehabilitation and Counselor Education), University of Iowa.

Lynch, H. (2014). *Passivhaus in the UK: The challenges of an emerging market: A case study of innovation using mixed methods research*. Doctoral thesis (Built Environment), University of London, University College London, UK.

Mandolesi, S. (2014). *Innovative applications of Q methodology in socio-economic and environmental research.* Doctoral thesis, Doctoral School of Engineering Sciences, Università Politecnica delle Marche, Ancona, Italy.

Manouvrier, L.(2014). *Attitudes of Hispanic parents toward the visual arts in the curriculum*. Doctoral dissertation (Education), Long Island University, C. W. Post Center.

McDonald-Morken, C.A. (2014). *Mainstreaming critical disability studies: Towards undoing the last prejudice*. Doctoral dissertation (Education), North Dakota State University.

McFarland, E.S. (2014). *Teachers' perceptions of professional development: What do teachers really want that makes them willing to change professional practice?* Doctoral dissertation (Education), North Carolina State University.

Meier, I. (2015). *Giving voice and choice to children: Q methodology as a capability measure.* Doctoral dissertation (Childhood Studies), Rutgers, The State University of New Jersey—Camden.

Merrill, K. (2015). *Dedicated to infringement: The politics of intermediary enforcement in online advertising*. Doctoral dissertation (Media Studies), Syracuse University.

Michaud-Letourneau, I.(2014). *Operationalizing multisectoral nutrition in Mozambique: The role of strategic system thinking "strategies and insights from a complexity perspective."* Doctoral dissertation (Nutrition), Cornell University.

Mitchell, M.P. (2015). *Factors influencing prospective African American doctoral students selection of for-profit institutions*. Doctoral dissertation (Adult and Community College Education), North Carolina State University.

Moate, R.M. (2014). *Novice professional counselors' perceptions of what was most helpful to them about their teachers in didactic classes during their master's program.* Doctoral dissertation, College and Graduate School of Education, Health, and Human Services (Counseling and Human Development Services), Kent State University.

Morera, T. (2014). *Psychosocial recovery and mindfulness-based cognitive therapy for psychosis*. Doctoral thesis (Clinical Psychology), University of Manchester, UK.

Ormerod, K.J. (2015). *Governing risk, reuse, and reclamation: Water pollution control and new water resources in the southwestern United States*. Doctoral dissertation (Geography), University of Arizona.

Orchard, L.J. (2013). *Personality as a predictor of Facebook engagement*. Doctoral thesis (Psychology), University of Wolverhampton, UK.

Øverland, K. (2013). *Children of divorce in daycare: Exploring subjective experiences among daycare staff and children using Q methodology*. Doctoral thesis, Norwegian Centre for Learning Environment and Behavioural Research in Education, University of Stavanger, Norway.

Padmanabhan, P. (2013). *Software quality perceptions of stakeholders involved in the software development process*. Doctoral dissertation (Information Systems & Technology Management), University of Texas at San Antonio.

Paige, J.B. (2013). *Simulation design characteristics: Perspectives held by nurse educators and nursing students*. Doctoral dissertation, University of Wisconsin-Milwaukee (Nursing).

Parker, J.H., IV. (2015). *Middle school educators' perceptions of student backgrounds affecting student academic outcomes in rural coastal North Carolina*. Doctoral dissertation (Education), North Carolina State University.

Parker, T.W. (2015). *Understanding the private school choice decision process: A Q-methodology study*. Doctoral dissertation (Educational Administration and Supervision), North Carolina State University.

Payne, L.B. (2015). *Transitioning to sustainability through transdisciplinary knowledge production models*. Doctoral dissertation (Ecological Sciences and Engineering), Purdue University.

Pelenur, M. (2014). *Retrofitting the domestic built environment: investigating household perspectives towards energy efficiency technologies and behavior*. Doctoral thesis, University of Cambridge (Department of Engineering).

Perron, N.C.D. (2015). *International counseling traits: Identifying counseling traits ranked most important by international counseling professionals through Q sort analysis*. Doctoral dissertation (Counseling, Adult and Higher Education), Northern Illinois University.

Phelan, C.J. (2014). *Understanding the farmer: An analysis of the entrepreneurial competencies required for diversification to farm tourism*. Doctoral thesis (School of Sport and Wellbeing), University of Central Lancashire, UK.

Plastow, N.A. (2014). *Food activities and the maintenance of identity in later life*. Doctoral thesis (Health and Life Sciences), Brunel University, UK.

Pulkkinen, S. (2014). *Yliopistokoulutuksen maksullisuuspuhe: Q-metodologinen tutkimus politiikan toimlioiden suhtautumistavoista koulutuksen maksullisuuteen* [*Discourse of university tuition fees. Q-methodological approach to policy agents viewpoints in education fees*]. Master's thesis, University of Helsinki, Finland.

Rastogi, A. (2013). *Understanding the social dimensions of tiger conservation in India*. Doctoral thesis (Natural Resource Sciences), McGill University, Montréal, CN.

Redwine, T.D. (2014). *A model of global learning: How students change through international high-impact experiences*. Doctoral dissertation (Agricultural Leadership, Education, and Communications), Texas A&M University.

Reed, E.M. (2015). *Perceived differences in employment opportunities between officers and enlisted military after retirement by human resource managers and recruiters*. Doctoral dissertation (School of Business and Technology), Capella University.

Reid, K.J. (2013). *The experience of patients diagnosed and treated for head and neck cancer*. Doctoral thesis (Health and Population Sciences), University of Birmingham, UK.

Restrepo-Osorio, D.L.(2014). *Defining perceptions of watershed management in a Great Plains and in an Andean watershed.* Doctoral dissertation (Latin American Studies), University of Kansas.

Richardson, L.A. (2016). *Weightism: An exploration of university exercise science students' views of obesity*. Doctoral dissertation (Curricular and Instructional Studies), University of Akron.

Rigbye, J.L. (2013). *Barriers to treatment access for young problem gamblers*. Doctoral thesis (School of Social Sciences), Nottingham Trent University, UK.

Robinson, K.D. (2013). *Deciding the future: Informing the development of a decision support system for water resource management by Great Lakes region land use planners*. Doctoral dissertation (Forestry and Natural Resources), Purdue University.

Rutherford, S.E. (2014). *Teaching and learning jazz music improvisation: An investigation of approaches using Q methodology.* Doctoral thesis (Education), Simon Fraser

University, Canada.

Sartori, A. (2013). *Perceptions of EFL students and teachers on vocabulary acquisition: A Q study*. Doctoral dissertation, Department of Applied Linguistics, Language Studies Institute (IEL), University of Campinas (UNICAMP), São Paulo, Brazil.

Schall, D.M. (2014). *The chickens' grain: Understanding contestations around land-use best practices on Maryland's Eastern Shore*. Doctoral dissertation (Geography and Environmental Systems), University of Maryland, Baltimore County.

Scudder, T.J. (2013). *Personality types in relationship awareness theory: The validation of Freud's libidinal types and explication of Porter's motivational typology*. Doctoral dissertation (School of Human and Organization Development), Fielding Graduate University.

Serrano, A.F. (2014). *Financial literacy instructors working in community-based programs: Their narratives and efforts interrupting the status quo.* Doctoral dissertation (Counseling, Leadership, Adult Education and School Psychology), Texas State University - San Marcos.

Shirley, M. (2013). *Engaging with parents in decision making processes: A three phase study illuminating teachers' viewpoints and parents' perceptions to explore a school's approach*. Doctoral thesis (Applied Psychology), University of Nottingham, UK.

Siddiqui, S. (2014). *Recovery in people with a diagnosis of borderline personality disorder*. Doctoral thesis (Clinical Psychology), University of Manchester, UK.

Sisneros, C. (2015). *Understanding Westerners' relationship with public lands and federal land managers through attachment to public lands*. Doctoral dissertation, Sociology, Social Work and Anthropology, Utah State University.

Sklarwitz, S.R. (2015). *Perspectives on global citizenship: Q methodology in the classroom.* Doctoral dissertation (Curriculum & Teaching), Boston University.

Sommers-Barnett, P.A. (2015). *Vocational college instructors' perceptions of students' study skills*. Doctoral dissertation (Education), University of Phoenix.

Sparks, K.M. (2013). *Student conceptions of learning and the approaches to learning adopted in an introductory science course: A Q methodology study*. Doctoral dissertation (Science Education), Western Michigan University.

Spurgeon, L.C. (2013). *The psychological sequelae of transient ischaemic attack: The development of a preliminary screening tool*. Doctoral thesis (Health and Population

Sciences), University of Birmingham, UK.

Stollery, R.L. (2013). *A Q methodological study of the support valued by students with English as an additional language*. Doctoral thesis (Educational and Child Psychology), University of Sheffield, UK.

Sturrock, L. (2013). *Q methodological exploration of caregivers' beliefs regarding their child's Asperger's syndrome*. Doctoral thesis (Clinical Psychology), University of Edinburgh, UK.

Sykova, V. (2013). *Herbal supplements in women of childbearing age: Patterns of use, beliefs, and effects on pregnancy*. Doctoral dissertation (Nutritional Science), Oklahoma State University.

Vahey, C.A. (2013). *Use of Q-methodology to identify clinical psychologists' attitudes towards genetic research affecting people with intellectual and developmental disabilities*. Doctoral thesis (Clinical Psychology), University of Manchester, UK.

Wagstaff, P. (2015). *The motivations of landowners in upland Scotland: Exploring challenges to sustainability*. Doctoral thesis (Centre for Mountain Studies), University of Aberdeen, Scotland.

Welham, G.C. (2015). *Prescriber perceptions while managing pain*. Doctoral dissertation, Social and Administrative Science in Pharmacy, University of Wisconsin–Madison.

Wijngaarden, V. (2014). *Persistent images of 'the other' in cultural tourism: The interplay between Maasai's and tourists' imaginations and their face-to-face encounters*. Doctoral thesis, Bayreuth International Graduate School of African Studies, University of Bayreuth, Germany.

Willette, S.E.(2014). *A Q methodology study of complex adaptive system emergence in the defense acquisition structure*. Doctoral dissertation (Applied Management and Decision Sciences), Walden University.

Wint, F.E. (2013). *"Am I bothered?"—Using Q-methodology to explore what bothers young people on Facebook*. Doctoral thesis (Educational and Child Psychology), University of Sheffield, UK.

Wirth, J. (2014). *Perceptions of secondary mathematics teachers concerning influences on pedagogical practice*. Doctoral dissertation (Education), North Dakota State University.

Wottawa, R.J., II. (2016). *Expert advice from mentor teachers to improve first-year teachers' teaching and first-year experience.* Doctoral dissertation (Interdisciplinary Educational Studies), Long Island University, C. W. Post Center.

Zabala Aizpuru, A. (2015). *Motivations and incentives for pro-environmental behaviour: The case of silvopasture adoption in the tropical forest frontier.* Doctoral thesis, Department of Land Economy, University of Cambridge, UK.

Selected Bibliography on Q Methodology

Books on Q Technique and Methodology

Block, J. (1961). *The Qmethod in personality assessment and psychiatric research.* Springfield, IL: Charles C Thomas. (Republished: Palo Alto, CA: Consulting Psychologists Press, 1978.)

______. (2008). *The Q-sort in character appraisal: Encoding subjective impressions of persons quantitatively*. Washington, DC: American Psychological Association.

Brown, S.R. & Brenner, D.J. (Eds.) (1972). *Science, psychology, and communication: Essays honoring William Stephenson.* New York: Teachers College Press.

Brown, S.R. (1980). *Political subjectivity: Applications of Q methodology in political science.* New Haven, CT: Yale University Press.

McKeown, B.F. & D.B. Thomas (1988). *Q methodology*(Quantitative Applications in the Social Sciences series, Vol. 66). Newbury Park, CA: Sage Publications. (See review by William Stephenson and rejoinder by McKeown and Thomas, *Operant Subjectivity,* 1989, *12*, 103

______. (2013). *Q methodology* (Quantitative Applications in the Social Sciences series, Vol. 66, 2nd ed.). Newbury Park, CA: Sage Publications. (1st ed., 1988) (See review by William Stephenson and rejoinder by McKeown and Thomas, *Operant Subjectivity,* 1989, *12*, 103-109.)

Stephenson, W. (1953). *The study of behavior: Qand its methodology.* Chicago: University of Chicago Press. (Republished: Midway Edition, University of Chicago Press, 1975.)

Stephenson, W. (1967). *The play theory of mass communication.* Chicago: University of Chicago Press. (Republished: New Brunswick, NJ: Transaction, 1988.)

______. (1994). *Quantum theory of advertising.* Columbia: School of Journalism, University of Missouri.

Kim, H.K. (2008). *Q methodology: Philosophy of science, theories, analysis, and application.* Seoul: CommunicationBooks. [Korean]

Said, G., & Stricklin, M. (Orgs. and Eds.) (2013). *Anais da 1º conferênciainternacion alsobremetodologiaQ: Análisesqualitativeequantitativenapesquisacientífica [Annals of the 1st international conference on Q methodology: Qualitative and quantitative analyses in scientific research*]. Teresina, Piauí, Brazil: EDUFPI [Universidade Federal do Piauí].

______. (Orgs. and Eds.) (2013). *Anais da 1º conferênciainternacionalsobremetodologiaQ: Análisesqualitativeequantitativenapesquisacientífica [Annals of the 1st international conference on Q methodology: Qualitative and quantitative analyses in scientific research*]. Teresina, Piauí, Brazil: EDUFPI [Universidade Federal do Piauí].

Chapters on Q Technique and Methodology

Addams, H. (2000). Q methodology. In H. Addams & J. Proops (Eds.), *Social discourse and environmental policy: An application of Q methodology* (pp.14-40). Cheltenham, UK: Edward Elgar.

Brooks, W.D. (1970). Qtechnique. In P. Emmert & W.D. Brooks (Eds.), *Methods of research in communication.* Boston: Houghton Mifflin.

Brown, S.R. (1986). Q technique and method: Principles and procedures. In W.D. Berry & M.S. Lewis(Eds.), *New tools for social scientists: Advances and applications in research methods* (pp. 57-76).Beverly Hills, CA: Sage Publications.

______. (1999). Psicología política desde el punto de vista de la subjetividad natural [Political psychology from the standpoint of naturalistic subjectivity]. In Graciela A. Mota Botello (Ed.), *Psicología política del nuevo siglo* (pp. 37-54). Mexico City: Sociedad Mexicana de Psicología Social.

Brown, S.R. (2004). Q methodology. In M.S. Lewis-Beck, A. Bryman, & T.F. Liao (Eds.), *The SAGE encyclopedia of social science research methods* (Vol. 3, pp. 887-888).Thousand Oaks, CA: Sage.

______. (in press). Applying Q methodology to empowerment. In D. Narayan (Ed.),

Measuring empowerment. Washington, DC: The World Bank and Stanford University Press, 2005.

______. (forthcoming). Q methodology and naturalistic subjectivity. In B.D. Midgley & E.K. Morris (Eds.), *Modern perspectives on J.R. Kantor and interbehaviorism.* Reno, NV: Context Press.

Brown, S.R., Durning, D. & Selden, S.C. (1999). Q methodology. In G.R. Miller & M.L. Whicker (Eds.), *Handbook of research methods in public administration* (pp. 599-637). New York: Marcel Dekker.

Brown, S.R., Durning, D.W., & Selden, S.C. (2008). Q methodology. In K. Yang & G.R. Miller (Eds.), *Handbook of research methods in public administration* (2nded.,pp.721-763). New York: Taylor & Francis.

Donner, J.C. (2001). Using Q-sorts in participatoryprocesses: An introduction to the methodology. In R.A. Krueger, M.A. Casey, J. Donner, S. Kirsch, & J.N. Maack, *Social analysis: Selected tools and techniques*(Social Development Papers, No. 36, pp. 24-49). Washington, DC: Social Development nn: http://lnweb18.worldbank. org/essd/essd.nsf/SocialDevelopment/Pubs-SAP

Dryzek, J.S. (1990). *Discursive democracy: Politics, policy and science.* London: Cambridge University Press. (Chapter 9, "The Measure of Political Man—and Woman," pp. 173

Febbraro, A.R. (1995). On the epistemology, metatheory, and ideology of Q methodology: A critical analysis. In I. Lubek, R. van Hezewijk, G. Pheterson, & C.W. Tolman (Eds.), *Trends and issues in theoretical psychology* (pp. 144-150). New York: Springer.

Gallivan, J. (1994). Subjectivity and the psychology of gender: Q as a feminist methodology. In J. Gallivan, S.D. Crozier & V.M. Lalande (Eds.), *Women, girls, and achievement* (pp. 29Toronto: Captus University Publications.

Gauzente-Juguet, C. (in press). La méthodologie Q et l'étude de la subjectivité [Q methodology and the study of subjectivity]. In P. Roussel & F. Wacheux (Eds.), *Méthodes de recherche pour les sciences de gestion et applications en gestion des ressources humaines* [*Methods of research for management sciences and applications in human resource management*]. Brussels: De Boeck.

Gopoian, J.D. & S.R. Brown (1989). Public opinion and campaign strategy. In S. Long (Ed.), *Political behavior annual* (Vol. 2, pp. 103 Boulder, CO: Westview Press.

Kerlinger, F.N. (1972). Q methodology in behavioral research. In S.R. Brown & D.J. Brenner

(Eds.), *Science, psychology, and communication* (pp. 3-38) . New York: Teachers College Press.

______. (1986). *Foundations of behavioral research*(3rd ed.). New York: Holt, Rinehart, and Winston. (Chapter on "Q Methodology")

Kitzinger, C. (1986). Introducing and developing Q as a feminist methodology: A study of accounts of lesbianism. In S. Wilkinson (Ed.), *Feminist social psychology: Developing theory and practice* (pp. 151 Milton Keynes, England, and Philadelphia: Open University Press.

Kinsey, D.F. (2009). Public relations research. In S. Zhou & W.D. Sloan (Eds.), *Research methods in communication* (pp. 361-374). Northport, AL: Vision Press.

Lou, S.M. (1981). Q technique. In K.S. Yang, C. Wen, C.S. Wu, & I. Lee (Eds.), *Research methods for social and behavioral sciences* (4th ed., Vol. 2, pp. 741-757). Taipei: Tung Huang Book. (Chinese)

Mowrer, O.H. (1953). "Q—description, history, and critique. In O.H. Mowrer (Ed.), *Psychotherapy* (pp. 316-375). New York: Ronald.

Nekola, M. (2011). Metoda Q ve veřejné politice [Q-methodology in public policy]. In M. Nekola, H. Geissler, & M. Mouralová (Eds.), *Současné metodologické otázky veřejné politiky* [*Contemporary methodological issues of public policy*] (pp. 136-169). Prague: Karolinum Press.

Newman, I., & Ramlo, S. (2010). Using Q methodology and Q factor analysis in mixed methods research. In A. Tashakkori & C. Teddlie (Eds.), *Handbook of mixed methods in social and behavioral research* (2nd ed.,pp.505-530). Thousand Oaks, CA: Sage.

Nunnally, J.C., Jr. (1978). *Psychometric theory* (2nd ed., pp. 613-625). New York: McGraw

Ozer, D.J. (1993). The Q-sort method and the study of personality development. In D.C. Funder, R.D. Parke, C. Tomlinson-Keasey, & K. Widaman (Eds.), *Studying lives through time: Personality and development*(pp. 147-168). Washington, DC: American Psychological Association.

______. (2001). Q-sort technique. In W.E. Craighead & C.B. Nemeroff (Eds.), *The Corsini encyclopedia of psychology and behavioral science* (3rd ed., pp. 1359-1360). New York: Wiley.

Robbins, P. (2005). Q methodology. In K. Kempf-Leonard (Ed.), *Encyclopedia of social measure* (Vol. 3, pp. 209-215). San Diego: Elsevier.

Robyn, R. (2005). Methodology. In R. Robyn (Ed.), *The changing face of European identity: A seven-nation study of (supra)national attachments* (pp. 17-36). London: Routledge.

Rhoads, J.C. (2014). Q methodology. *SAGE Research Methods Cases*. London: Sage. DOI: http://dx.doi.org/10.4135/978144627305014534166

Senn, C.Y. (1996). Q-methodology as feminist methodology: Women's views and experiences of pornography. In S. Wilkinson (Ed.), *Feminist social psychologies: International perspectives* (pp.201-217). Buckingham, UK; Philadelphia: Open University Press.

Smith, N.W. (2001). *Current systems in psychology: History, theory, research, and applications.* Belmont, CA: Wadsworth/Thomson Learning. Chapter 11, "Operant subjectivity: Objectivity of subjectivity," pp. 319-343.

Smith, N.W. & Smith, L.L. (1993). Field theory in science: Its role as a necessary and sufficient condition in psychology. In N.W. Smith, *Greek and interbehavioral psychology: Selected and revised papers of Noel W. Smith* (pp. 213 Lanham, MD: University Press of America. (Republished with revisions: *Psychological Record,* 1996, *46,* 3-19.)

Stainton Rogers, R. (1995). Q methodology. In J.A. Smith, R. Harré, & L. Van Langenhove (Eds.), *Rethinking methods in psychology* (pp. 178-192). Thousand Oaks, CA: Sage.

Stephenson, W. (1950). The significance of Qfor the study of personality. In M.L. Reymert (Ed.), *Feelings and emotions*(pp. 552 New York: McGraw

______. (1985). Qand English literature. In C.R. Cooper (Ed.), *Researching response to literature and the teaching of literature: Points of departure* (pp. 233Norwood, NJ: Ablex.

______. (1987). Q methodology: Interbehavioral and quantum theoretical connections in clinical psychology. In D.H. Ruben & D.J. Delprato (Eds.), *New ideas in therapy: Introduction to an interdisciplinary approach* (pp. 95 New York: Greenwood.

Thompson, B. (2010). Q-technique factor analysis as a vehicle to intensively study especially interesting people. In B. Thompson & R.F. Subotnik (Eds.), *Methodologies for conducting research on giftedness* (pp. 33-52). Washington, DC: American Psychological Association.

Thompson C. & Baker R. (2008). Q methodology in nursing research. In R. Watson, H. McKenna, S. Cowman, & J. Keady (Eds.), *Nursing research: Designs and methods* (pp. 321–330). London: Churchill Livingstone (Elsevier).

Wang, K-L. (1993). Brief introduction of Q method. *Journal of Chinese Industry and Commerce*, No. 15, 287-298. (Chinese)

Wolf, R.M. (1988). Q In J.P. Keeves (Ed.), *Educational research, methodology, and measurement: An international handbook* (pp. 732 Oxford: Pergamon.

Yang, C.L., & Chen, M.L. (2001). Introduction of Q-methodology.*Chang Gung Nursing Science, 12*, 144-152. (Chinese)

Encyclopedia Entries

Bambery, M. & Porcerelli, J. (2010). Q-methodology. In I.B. Weiner & W.E. Craighead (Eds.), *The Corsini encyclopedia of psychology* (4th ed., Vol. 3, pp. 1401-1403). New York: John Wiley.

Brown, S.R. (2008). Q methodology. In L.M. Given (Ed.), *The SAGE encyclopedia of qualitative research methods* (Vol. 2, pp. 699-702). Thousand Oaks, CA: Sage.

Brown, S.R., & Good, J.M.M. (2010). Q methodology. In N.J. Salkind (Ed.), *Encyclopedia of research design* (Vol. 3, pp. 1149-1155). Thousand Oaks, CA: Sage.

Durning, D.W. (2008). Q methodology. In E.M. Berman & J. Rabin (Eds.), *Encyclopedia of public administration and public policy* (2nd ed., pp. 1678-1681). New York: Taylor & Francis.

Books Utilizing Q Technique and Methodology

Aalto, P. (2003). *Constructing post-Soviet geopolitics in Estonia*. London & Portland, OR: Frank Cass.

Abraham, A. (1972). *Le monde intérieur des enseignants [The interior world of teachers]*. Paris: Epi.

Addams, H., & Proops, J. (Eds.) (2000). *Social discourse and environmental policy: An application of Q methodology*. Cheltenham, UK; Northampton, MA, USA: Edward Elgar.

Barry, J., & Proops, J. (2000). *Citizenship, sustainability, and environmental research: Q methodology and local exchange trading systems*. Cheltenham, UK; Northampton,

MA: Edward Elgar.

Beck, S.J. (1954). *The six schizophrenias: Reaction patterns in children and adults*(Research Monograph No. 6). Chicago: American Orthopsychiatric Association.

______. (1965). *Psychological processes in the schizophrenic adaptation.* New York: Grune and Stratton.

Block, J., with Haan, N. (1971). *Lives through time.* Berkeley, CA: Bancroft.

Cragan, J.F. & Shields, D.C. (Eds.) (1981). *Applied communication research.* Prospect Heights, IL: Waveland Press.

Curt, B.C. (pseud.) (1994). *Textuality and tectonics: Troubling social and psychological science.* Buckingham and Philadelphia: Open University Press.

Cuppen, E. (2011). *Putting perspectives into participation.* Oisterwijk, The Netherlands: BOX Press.

de Graaf, G. (2003). *Tractable morality: Customer discourses of bankers, veterinarians and charity workers*(ERIM Ph.D. Series Research in Management). Rotterdam: Erasmus Research Institute of Management, Erasmus University.

Driver, D.W. (2009). *Sparta in Babylon: Case studies in the public philosophy of soldiers and civilians*. Saarbrucken, Germany: VDM Publishing.

Dryzek, J., & Holmes, L.T. (2002). *Post-communist democratization: Political discourses across thirteen countries*. Cambridge, U.K.: Cambridge University Press.

Eichorn, D.H., Clausen, J.A., Haan, N., Honzik, M.P., & Mussen, P.H. (Eds.) (1981). *Present and past in middle life.* New York: Academic Press.

Friedenberg, E.Z. (1965). *Coming of age in America: Growth and acquiescence.* New York: Random House.

______. (1965). *The dignity of youth and other atavisms.* Boston: Beacon Press.

Friedenberg, E.Z. & Roth, J.A. (1954). *Selfperception in the university: A study of successful and unsuccessful graduate students* (Supplementary Educational Monographs No. 80). Chicago: University of Chicago Press.

Gillespie, J.D. (1993). *Politics at the periphery: Third parties in "twoAmerica"* Columbia: University of South Carolina Press.

Grinker, R.R., Miller, J., Sabshin, M., Nunn, R., & Nunnally, J.C. (1961). *The phenomena of depressions.* New York: Harper & Row.

Haan, N. (1977). *Coping and defending: Processes of selforganization.* New York: Academic

Press.

Hamilton, H.D. & Cohen, S.H. (1974). *Policy making by plebiscite: School referenda.* Lexington, MA: Lexington Books.

Hauser, S.T. (1971). *Black and white identity formation: Studies in the psychosocial development of lower socioeconomic class adolescent boys.* New York: Wiley (2nd ed., with E. Kasendorf. Malabar, FL: Robert E. Krieger, 1983.)

Hill, S. (1992). *Democratic values and technological choices.* Stanford, CA: Stanford University Press.

Jeffares, S. (2014). *Interpreting hashtag politics: Policy ideas in an era of social media.* London: Palgrave Macmillan

John-Steiner, V. (2000). *Creative collaboration*. New York: Oxford University Press.

Kanra, B. (2009). *Islam, democracy and dialogue in Turkey: Deliberating in divided societies.* Farnham, Surrey, UK: Ashgate.

Kerlinger, F.N. (1984). *Liberalism and conservatism: The nature and structure of social attitudes.* Hillsdale, NJ: Lawrence Erlbaum.

Kitzinger, C. (1987). *The social construction of lesbianism* (Inquiries in Social Construction series). London: Sage Publications. (American ed., 1988).

Klickperová-Baker, M. (Ed.) (1999). *Ready for democracy? Civic culture and civility with a focus on Czech society*. Prague: Institute of Psychology, Academy of Sciences of the Czech Republic.

Knight, M. & Doan, R. (1994). *The stories we tell ourselves: I 〃spi: A technique for narrative assessment.* Orlando, FL: Harcourt Brace.

Kroth, R.L. (1975). *Communicating with parents of exceptional children: Improving parentrelationships.* Denver: Love Publishing.

Kroth, R.L. & Simpson, R.L. (1977). *Parent conferences as a teaching strategy.* Denver: Love Publishing.

Kufeld, C. (2008). *The identity self-descriptions of ex-smokers: A Q-methodological study (Investigating the diversity of ex-smokers` experiences of quitting smoking and perceptions of their identity)*. Saarbrücken, Germany: VDM Verlag.

Lieberman, M.A. & Tobin, S.S. (1983). *The experience of old age: Stress, coping, and survival.* New York: Basic.

Lionberger, H.F., Pope, L.A., & Reddy, B.A. (1979). *Information development and flow: A study of the communication behavior of social scientists in a U.S. Land Grant and two Taiwan universities*(Research Bulletin 1033). Columbia: University of Missouri, Agricultural Experiment Station.

Lo Bianco, J., & Aliani, R. (2013). *Language planning and student experiences: Intention, rhetoric and implementation.* Bristol, UK: Multilingual Matters.

Maas, H.S. & Kuypers, J.A. (1974). *From thirty to seventy: A fortyyear longitudinal study of adult life styles and personality.* San Francisco: Jossey

Marks, P.A. & Seeman, W. (1963). *The actuarial description of abnormal personality: An atlas for use with the MMPI.* Baltimore: Williams and Wilkins.

McNaught, A.J. (2010). *A death of one's own.* Saarbrücken, Germany: LAP Lambert Academic Publishing.

Mutuku, C.M. (2011). *Youth perspectives on their empowerment in sub-Saharan Africa: The case of Kenya*. Saarbrücken, DE: Lambert Academic.

Murstein, B.I. (1976). *Who will marry whom? Theories and research in marital choice*. New York: Springer.

Nimmo, D.D. & Savage, R.L. (1976). *Candidates and their images: Concepts, methods, and findings.* Pacific Palisades, CA: Goodyear.

Peritore, N.P. (1990). *Socialism, communism, and liberation theology in Brazil: An opinion survey using Q*. (Monographs in International Studies, Latin America Series, No. 15.) Athens: Ohio University Press.

______. (1999). *Third World environmentalism: Case studies from the Global South.* Gainesville: University Press of Florida.

Reiss, D. (1981). *The family's construction of reality*. Cambridge, MA: Harvard University Press.

Rosenberg, M. (1965). *Society and the adolescent self*Princeton, NJ: Princeton University Press.

Robyn, R. (Ed.) (2005). *The changing face of European identity: A seven-nation study of (supra)national attachments*. London: Routledge.

______. Introduction: National versus supranational identity in Europe (pp. 1-16).

______. Methodology (pp. 17-36).

Schrøder, K.C., & Hansen, S.E. Beyond duality: Danes' views on Denmark and the European Union 2001 (pp. 37-63).

Skelcher, C., Sullivan, H., & Jeffares, S. (2013). *Hybrid governance in European cities: Neighbourhood, migration and democracy*. London: Palgrave Macmillan.

Thorsen, A.A., & Allgood, E. (Eds.) (2010). *Q-metodologi: En velegnet måte å utforske subjektivitet* [*Q methodology: A well-suited approach to the study of subjectivity*]. Trondheim, Norway: Tapir Academic Press. Steven R. Brown. Foreword (in English).

Thorsen, A.A., & Allgood, E. Introduksjon til Q-boken og begrepsavklaring (Introduction to the Q book and explanation of concepts)

Wolf, A. Subjektivitet i Q-metodologi (Subjectivity in Q methodology)

Allgood, E., & Kvalsund, R. Q-metodologi, rådgivningsfeltet, delt subjektivitet og personer i relasjoner (Q methodology, the counseling field, shared subjectivity, and persons-in-relation)

Kvalsund, R., & Allgood, E. Kommunikasjon som subjektivitet i en skoleorganisasjon (Communication as subjectivity in a school organization)

Størksen, I., & Thorsen, A.A.. Små barns deltakelse i en Q-studie med visuelle kort (Young children's participation in a Q study with visual images)

Ellingsen, I.T.. Erfaringer fra ungdommers deltakelse i Q-studie: Utarbeidelse av utsagn og gjennomføring av Q-sortering med ungdom under barnevernets omsorg (Experiences of adolescents' participation in a Q study: Development of the Q sample and implementation of the Q sorting with adolescents in foster care)

Fristedt, S., & Wretstrand, A. Äldre mäns och kvinnors perspektiv på mobilitet och delaktighet (Mobility and participation from the perspectives of elderly men and women)

Oterkiil, C. Q-studie av skoleansattes opplevelse og behov tilknyttet ledelse (A Q study among school staff of their experiences and needs in relation to leadership)

Øverland, K. Barnehageansattes følelser og opplevelser i forbindelse med samlivsbrudd i barnehagen, studert ved hjelp av Q-metodologi (Daycare staff's subjective experiences with young children of divorce through a Q methodology study)

Kobbernagel, C. Q-metodologi i forberedelser af skalakonstruktion (Q methodology in preparation of scale construction)

Berner, D. Bruk av Q-metodologi i en mastergradstudie (Using Q-methodology in a master's study)

McCormack, U. Being in Europe: Pluralism and patriotism in England and Scotland (pp.

64-90).

Robyn, R. Supranational identity emerging in France: Nationalism submergent (pp. 91-114).

Colegrove, D.W. Steadfastly European? German (supra)national identity in a rapidly changing Europe (pp. 115-139).

Pitasi, A., Marchionni, M., & Massoni, M.F. Italian multiple identities: The Italian perception of national and European belonging (pp. 140-158).

De Landtsheer, C., Carroll, C., & Hekscher, R. European identity frames in the Netherlands (pp. 159-185).

Barry, J. Northern Ireland, identities and Europe (pp. 186-206).

Silander, D., & Wallin, C. Being a Swede in a transforming European setting: The structures of an emerging Swedish supranational identity in the twenty-first century (pp. 207-226).

Robyn, R. Conclusion (pp. 227-235).

Schutz, W.C. (1958). *FIRO: A threemensional theory of interpersonal behavior.* New York: Rinehart. (Reprinted: *The interpersonal underworld.* Palo Alto, CA: Science & Behavior Books, 1966.)

Spotts, J.V. & Shontz, F.C. (1980). *Cocaine users: A representative case approach.* New York: Free Press.

Stainton Rogers, W. (1991). *Explaining health and illness: An exploration of diversity.* Exeter, UK: Harvester Wheatsheaf.

Stock, D. & Thelen, H.A. (1958). *Emotional dynamics and group culture: Experimental studies of individual and group behavior.* New York: New York University Press.

Stone, J.C. (1969). *Teachers for the disadvantaged.* San Francisco: Jossey

Sylvester, J.L. (1998). *Directing health messages toward African Americans: Attitudes toward health care and the mass media.* New York: Garland.

Truax, C.B. & Carkhuff, R.R. (1967). *Toward effective counseling and psychotherapy: Training and practice.* Chicago: Aldine.

Wessman, A.E. & Ricks, D.F. (1966). *Mood and personality.* New York: Holt, Rinehart and Winston.

Wylie, R.C. (1961). *The self concept: A critical survey of pertinent research literature.* Lincoln: University of Nebraska Press. (Rev. ed., Vol 1., 1974.)

Yalom, I.D. (1970). *The theory and practice of group psychotherapy.* New York: Basic. (2nd ed. 1975; 3rd ed. 1985.)

Zenor, J. (Ed.) (2015). *Parasocial politics: Audiences, pop culture, and politics*. Lanham, MD: Lexington.

Kent State University Dissertations

Baas, L.R. (1976). *The Constitution and the public mind.*

Beaver, A.M. (2001). *Women leaders in academic medicine: A Q analysis of leader profiles among women deans, department chairs, and program directors.*

Bedrosian, W.K. (2004). *Teacher decision making in the stage manager role: A Q method study.*

Bissler, J.V. (2002). *Identification of processes that have been helpful during the bereavement process for mothers and fathers who have experienced the sudden death of their 15- to 28-year-old biological children.*

Boughner, S.R. (1995). *A Q methodological study of narrative structure in personal narratives.*

Bublic, J.M. (1997). *The media hegemony thesis examined through Q methodology.*

Byrnes, Robert L. (1975). *An examination of Gestalt therapy personality theory using Q methodology.*

Caldwell, P.F. (1999). *Windows of caring: High school students' constructions of a caring teacher.*

Christman, P.D. (2004). *Students' perceptions of various opinions thought to contribute to the successful completion of a bachelor's degree from a private, Christian college: A Q-methodological study.*

Cohen, S.H . (1971). *Voting behavior in school referenda: An investigation of attitudes and other determinants by Q technique and survey research.*

Daily, J.H. (1973). *Dimensions of political attitudes: A Q technique study of public reactions to the Calley verdict.*

Davis, T.C. (1997). *The subjectivity of national identity: A Qstudy of individual attachment to the Basque nation.*

Dobbs, S.E. (1991).*Conceptions of giftedness and talent: A Qstudy.*

Goodman, G.D. (2000). *Factors that influence poststudents with disabilities to adopt or reject assistive technology for computer access.*

Hiruy, M. (1987). *Exploring the perspectives of ethics: The case of public administrators in the United States.*

Hurd, R.C. (1996). *Adults view their childhood bereavement experiences: An application of Q methodology.*

Kim, S.E. (1991). *Factors affecting implementation effectiveness: A study of Community Development Block Grant implementation.*

l'Amoreaux, N.A. (2000). *Children diagnosed with attentiony disorder (ADHD) and their perceptions of parental helpfulness with homework: A Q-methodological study.*

McCain, J.A. (1973). *Empirical variations of African socialism: a perceptual analysis.*

McKeown, B.F. (1977). *Private meanings of public objects: hypnotically induced mood states and the displacement hypothesis.* (See also: McKeown, F.T. (1975). *Kari-Aaron: An intensive analysis in schizophrenia and object relations*. Master's thesis.)

Moseman, C.C. (1999). *Primary teachers' beliefs regarding family competence for providing input to help meet children's educational needs.*

Moate, R.M. (2014). *Novice professional counselors' perceptions of what was most helpful to them about their teachers in didactic classes during their master's program.*

Mutuku, C.M. (2011). *Youth perspectives on their empowerment in sub-Saharan Africa: The case of Kenya.*

Nelson, D.A. (1991). *Gerontologic learning and the development of practical knowledge in the nursing home setting.*

Newman, T.D. (2005). *Physician assisted suicide and euthanasia: A Q study of the links between ethics and public policy.*

Nyirabu, M. (1981). *A study of development opinion in Tanzania.*

Odoom, H.S. (2012). *Ethnic markets in the American retail landscape: African markets in Columbus, Cleveland, Cincinnati, and Akron, Ohio.*

Paez, S.B. (2010). *Positive impacts in a counselor supervisee's self-efficacy to work with clients: What takes place in the counselor supervision process.*

Pacho, A.G. (1981). *Policy agenda of the ethnic Chinese in the Philippines.*

Parker, K.R. (1984). *Storylistener subjectivity: A Q methodological exploration.*

Perrin, G.R. (1977). *On the development of a birth order therory using Q*

Quillin, A.B. (2004). *Perceptions of the spiritual: An assessment of master's level student counselors' views of spirituality.*

Rhoads, J.C., Jr. (1997). *The authoritarian personality revisited: Toward an alternative methodology.*

Rickel, T.A. (2000). *High school seniors' perceptions about the achievement gap between black and white students: An application of Q methodology on race and education.*

Robyn, R. (2000). *Forms of attachment to the European Union: A study of French conceptions of identity in the context of a changing Europe.*

Shah, S.M. (1982). *Work orientation of middlemanagers from the public sector.*

Smith, J.M. (2000). *The use of Qmethodology to assess the possibility that fear is a barrier preventing the use of mental health services by African American men.*

Sun, T.W. (1992). *Public administration in Taiwan: The state*

Schafer, P.A. (2008). *Experiences of prejudice among individuals in African American and Caucasian interracial marriages: A Q-methodological study.*

Schermer, T.W. (2010). *Men's perceptions of men attending mental health counseling: A Q methodology study.*

Stafford, L.C. (2012). *College student personnel professional preparation program faculty perspectives about full-time, tenure-track faculty: A Q methodology study.*

Townsend-Green, F.M. (2009). *Perceptions of African American college students relative to the helpful behaviors of peer mentors who assisted them during freshman year college adjustment in a predominantly White institution.*

Thomas, D.B. (1975). *On the psychological substructure of ideology: A Qstudy of personality and politics.*

Trepal, H.C. (2004). *Adolescents' perceptions of their pregnancy: A Q-methodological study.*

Vernon, D.A. (2003).*An investigation of members' perceptions of Yalom's therapeutic factors in single-session group counseling for first year students.*

Wagner, Laurie M. (2008). *College students' perceptions of healthy sexuality: A Q methodological study.*

Special Issues

Goldman, I. & Brown, S.R. (Eds.) (1990). Q methodology and communication: Theory and applications. *Electronic Journal of Communication/La Revue Electronique de Communication, 1*(1), special issue. (http://www.cios.org/www/ejcmain.htm)

McKeown, B.F. (1990). Q methodology, communication, and the behavioral text.

Goldman, I. (1990). Abductory inference, communication theory and subjective science.

Sanders, K.P. & Morris, D.N. (1990). Combining research approaches: The *Anvil* writers revisited.

Brown, S.R. & Mathieson, M. (1990). The operantcy of practical criticism.

Stainton Rogers, R. & Stainton Rogers, W. (1990). What the Brits got out of the Q: And why their work may not line up with the American way of getting into it!

Iliescu, D. (Ed.). (2005). Special issue on Q methodology. *Human Resources Psychology, 5* (Romanian).

Selected Writings of William Stephenson

About William Stephenson

Avery, D.R. (1990). The methodologists. In W.D. Sloan (Ed.), *Makers of the media mind: Journalism educators and their ideas* (pp. 28729). Hillsdale, NJ: Erlbaum. (See section on William Stephenson, pp. 302

Barchak, L.J. (1991). A biographical sketch of William Stephenson. *Mass Comm Review, 18,* 28

Brown, S.R. (1991). William Stephenson (1902 *American Psychologist, 46,* 244.

______. (2003). Preconception and realisation: A constant conjunction of theory and measurement. In R.M. Lipgar & M. Pines (Eds.), *Building on Bion: Branches. Contemporary developments and applications of Bion's contributions to theory and practice* (pp. 285-301). London: Jessica Kingsley.

______. (2002). Maimie Stephenson, 31 March 1904-18 December 2001. *Operant Subjectivity, 26*, 53-57.

Good, J.M.M. (1998). William Stephenson and the quest for a science of subjectivity. *Revista de Historia de la Psicología, 19*, 431

______. (2000). William Stephenson and the post World War II bifurcation of British psychology. *Operant Subjectivity, 23*, 116-130.

______. (2003). William Stephenson, quantum theory, and Q methodology. *Operant Subjectivity, 26*, 142-156.

______. (2004). Q-methodology and probabilistic functionalism: Exploring the personal and intellectual links between William Stephenson and Egon Brunswik. TheBruns Society Newsletter, pp. 9-10. http://www.brunswik.org/newsletters/2004news.pdf

______. (in press). Stephenson, William (1902-1989). In J.R. Shook (General Ed.), *Dictionary of modern American philosophers*. Bristol, UK: Thoemmes Press, 2005.

______. (2010). Introduction to William Stephenson's quest for a science of subjectivity. *Psychoanalysis and History, 12*, 211-243.

Grosswiler, P. (1994). The convergence of William Stephenson's and Marshall McLuhan's communication theories. *Operant Subjectivity, 17,* 2-16.

Lipgar, R.M. (1995). William Stephenson at the University of Chicago: Subjectivity/objectivity revisited. *Operant Subjectivity, 18,*86-93.

Logan, R.A. (1991). Complementarity, self and mass communication: The contributions of William Stephenson, 1902 *Mass Comm Review, 18*, 27

______. (2003). Stephenson, MacLean & qualitative mass communication research. *Journal of Human Subjectivity, 1*(2), 4-30.

Midgley, B.D., & Morris, E.K. (2002). Subjectivity and behaviorism: Skinner, Kantor, and Stephenson. *Operant Subjectivity, 25*, 127-138.

Morrell, J. (1997). *Science at Oxford 1914-1939: Transforming an arts university* (pp. 90-92). Oxford, UK: Clarendon Press.

Sanders, K.P. (1974). William Stephenson: The study of (his) behavior. *Mass Communication Review, 2,* 9

In Memoriam: William Stephenson, 1902 *Operant Subjectivity, 13*, entire issue.

Methodological Foundations

(1935). Technique of factor analysis. *Nature, 136,* 297. (Reprinted in Brown, *Political subjectivity*, pp. 9

(1935). Correlating persons instead of tests. *Character and Personality, 4,* 17

(1936). The foundations of psychometry: Four factor systems. *Psychometrika, 1,* 195

(1939). (with C. Burt). Alternative views on correlations between persons. *Psychometrika, 4,* 269

(1952). A note on Professor R.B. Cattell's methodological adumbrations. *Journal of Clinical Psychology, 8,* 206207.

(1952). Some observations on Q technique. *Psychological Bulletin, 49*, 483

(1953). *The study of behavior: Qand its methodology.* (Republished: Midway edition, University of Chicago Press, 1975.)

(1977). Factors as operant subjectivity. *Operant Subjectivity, 1,* 3

(1990). Fifty years of exclusionary psychometrics: I. Q technique. *Operant Subjectivity, 13,* 105

(1990). Fifty years of exclusionary psychometrics: II. Developments. *Operant Subjectivity, 13,* 141

(1993-94). Introduction to Q-methodology. *Operant Subjectivity, 17,* 1-13.

Philosophical Contributions

(1953). Postulates of behaviorism. *Philosophy of Science, 20*, 110

(1961). Scientific creed—1961: Philosophical credo. *Psychological Record, 11*, 1

(1961). Scientific creed—1961: Abductory principles. *Psychological Record, 11*, 9

(1961). Scientific creed—1961: The centrality of self. *Psychological Record, 11*, 18

(1962). "Ideal" types. *Psychological Record, 12*, 9

(1962). A note on the methodology of clinical explanation. *Psychological Record, 12*, 101

(1963). Independency and operationism in Q *Psychological Record, 13*, 269

(1968). Consciousness out—subjectivity in. *Psychological Record, 18*, 499

(1974). Methodology of single case studies. *Journal of Operational Psychiatry, 5*(2), 3

(1978). The shame of science. *Ethics in Science & Medicine, 5,* 25

(1980). Michael Polanyi, science and belief. *Ethics in Science & Medicine, 7*, 97

(1981). Principles for the study of subjectivity. *Operant Subjectivity, 4,* 37

(1983). Against interpretation. *Operant Subjectivity, 6,* 73109

(1987). The science of ethics: I. The single case. *Operant Subjectivity, 11*, 10

(1988). The science of ethics: II. Ethical judgment. *Operant Subjectivity, 11*, 37

Communication Theory

(1964). The ludenic theory of newsreading. *Journalism Quarterly, 41*, 367

(1967). *The play theory of mass communication*. Chicago: University of Chicago Press. (Republished: New Brunswick, NJ: Transaction.) (*Cf.* Wilkerson, K.E. (1982). Media ludentia. *Operant Subjectivity, 6,* 1 *cf.* Stephenson's response.)

(1969). Foundations of communication theory. *Psychological Record, 19*, 65

(1972). Applications of communication theory: I. The substructure of science. *Psychological Record, 22*, 17

(1972). Applications of communication theory: II—Interpretations of Keats' "Ode on a Grecian Urn." *Psychological Record, 22*, 177

(1973). Applications of communication theory: III. Intelligence and multivalued choice. *Psychological Record, 23*, 17

(1976). QConceptualization and measurement of operant effects of television viewing. *JCATS: Journal of the Centre for Advanced Television Studies, 4*, 17

(1978). Applications of communication theory: IV. Immediate experience of movies. *Operant Subjectivity, 1,* 96

(1978). Concourse theory of communication. *Communication, 3*, 21 (*Cf.* Protoconcursus: The concourse theory of communication. *Operant Subjectivity,*1986, *9*, 377396.)

(1979). The communicability and operantcy of self. *Operant Subjectivity, 3*, 2

(1979). Homo ludens: The play theory of advertising. *Revista Internazionale di Scienze Economiche e Commerciali, 26,* 634

(1980). Applications of communication theory: V. Playaspects of science. *Operant Subjectivity, 4,* 2

(1980). Consciring: A general theory for subjective communicability. In D. Nimmo (Ed.), *Communication yearbook 4* (pp. 736). New Brunswick, NJ: Transaction.

(1984). The primary function of human communicability: Testimony to Dr. H.C.J. Duijker. *Operant Subjectivity, 7,* 73

(1984). Perspectives on Q methodology: II. Monistic protopostulate of communicability. *Operant Subjectivity, 8,* 2

(1995-1996). Quantum theory media research: I. Reception analysis. *Operant Subjectivity, 19,* 1-11.

(1998). Quantum theory media research: II. Intentionality and acculturation. *Operant*

Subjectivity, 21, 73-91.

Newton's Fifth Rule

(1975). *Newton's Fifth Rule: An exposition of Q pro re theologica pro re scientia.* (Unpublished manuscript.)

(1978). Substructure of science and Newton's Fifth Rule. *Operant Subjectivity, 2*, 4

(1979). Q methodology and Newton's Fifth Rule. *American Psychologist, 34*, 354

(1980). Newton's Fifth Rule and Q methodology: Application to educational psychology. *American Psychologist, 35,* 882

(1982). Newton's Fifth Rule and Q methodology:Application to self psychology. *Operant Subjectivity, 5*, 37

(1982). Newton's Fifth Rule and Q methodology: Application to psychoanalysis. *Operant Subjectivity, 5*, 127

Brown, S.R. (1979). Perspective, transfiguration, and equivalence in communication theory: Review and commentary. In D. Nimmo (Ed.), *Communication yearbook 3* (pp. 51. New Brunswick, NJ: Transaction.

Brown, S.R. (2002, September). *Newton's Fifth Rule and political theory.* Read at a meeting of the International Society for the Scientific Study of Subjectivity, University of Durham, England.

Quantum Theory

(1981). Cyril Burt, quantum theory, and Q: Historical note. *Operant Subjectivity, 4,*120

(1982). Qinterbehavioral psychology, and quantum theory. *Psychological Record, 32,* 235

(1983). Quantum theory and Q Fictionalistic and probabilistic theories conjoined. *Psychological Record, 33*, 213

(1985). Perspectives in psychology: Integration in clinical psychology. *Psychological Record, 35,* 41

(1986). William James, Niels Bohr, and complementarity: I—Concepts. *Psychological Record, 36,* 519

(1986). William James, Niels Bohr, and complementarity: II—Pragmatics of a thought. *Psychological Record, 36,* 529

(1986). In the shadow of Marshall McLuhan. *Nordicom Review of Nordic Mass*

Communication Research, No. 2, 20

(1987). How to make a good cup of tea. *Operant Subjectivity*, 10, 37

(1987). William James, Niels Bohr, and complementarity: III—Schrodinger's cat. *Psychological Record, 37*, 523

(1987). Q Interbehavioral and quantum theoretical connections in clinical psychology. In D.H. Ruben & D.J. Delprato (Eds.), *New ideas in therapy: Introduction to an interdisciplinary approach*(pp. 95-106). Westport, CT: Greenwood.

(1988). William James, Niels Bohr, and complementarity: IV—The significance of time. *Psychological Record, 38*, 19

(1988). William James, Niels Bohr and complementarity: V—Phenomenology of subjectivity. *Psychological Record, 38,* 203

(1988). Quantum theory of subjectivity. *Integrative Psychiatry, 6*, 180187. (With commentary by S.R. Brown, L. Dossey, M. Schwartz, and F.A. Wolf.)

(1988/1989). The quantumization of psychological events. *Operant Subjectivity, 12*, 1

(1991). *Ulysses* and *Finnegans Wake*: A Qlook at profundity (Part I: *Ulysses*). *Operant Subjectivity, 14,* 89-105.

(1991). *Ulysses* and *Finnegans Wake*: A Qlook at profundity (Part II: *Finnegans Wake*). *Operant Subjectivity, 14,* 133-152.

(1994). *Quantum theory of advertising*. Columbia: Stephenson Research Center, University of Missouri.

Theme issue: Q methodology, quantum theory, and psychology. *Operant Subjectivity*, 2003, *26*, entire issue.

Miscellaneous

(1960). Principles of selection of news pictures. *Journalism Quarterly, 37*, 61

(1963). The “infantile” vs. the “sublime” in advertisements. *Journalism Quarterly, 39*, 181

(1963). Public images of public utilities. *Journal of Advertising Research, 3*(4), 34

(1964). Application of Q method to the measurement of public opinion. *Psychological Record, 14*, 265

(1964). Application of the Thompson schema to the current controversy over Cuba. *Psychological Record, 14*, 275

(1964). Operational study of an occasional paper on the Kennedytelevision debates.

Psychological Record, 14, 475

(1965). Definition of opinion, attitude and belief. *Psychological Record, 15*, 281

(1968). The contribution of Q to attitude research. In L. Adler & I. Crespi (Eds.), *Attitude research on the rocks* (pp. 160Chicago: American Marketing Association.

(1969). Evaluation of public relations programs. *Rivista Internazionale di Scienze Economiche e Commerciali, 16*, 166

(1976). QConceptualization and measurement of operant effects of television viewing. *JCATS: Journal of the Centre for Advanced Television Studies, 4*, 17

(1979). Homo ludens: The play theory of advertising. *Rivista Internazionale di Scienze Economiche e Commerciali, 26*, 634

(1980). *Quiddity College: Thomas Jefferson's legacy*. (Unpublished manuscript)

(1980). Q methodology and the subjectivity of literature. *Operant Subjectivity, 3*, 111

(1981). Principles for the study of subjectivity. *Operant Subjectivity, 4*, 37

(1987). Sir Geoffrey Vickers and the art of judgment. *American Psychologist, 42*, 518

(1988). Falsification and credulity for psychoanalytic doctrine. *Operant Subjectivity, 11*, 73

(1990). My self in 1980: A study of culture. *Operant Subjectivity, 14*, 1

(1992). Self in everyday life. *Operant Subjectivity, 15*, 29

(1993). Intentionality: Or how to buy a loaf of bread. *Operant Subjectivity, 16,* 69-90.

(2011). Old age research. *Operant Subjectivity, 34,* 217-233.

Fundamentals of Q Technique and Methodology

Q and R Methodologies

Amin, Z. (2000). Q methodology – A journey into the subjectivity of human mind. *Singapore Medical Journal*, *41,* 410-414.

Block, J. (1955). The difference between Q and R.*Psychological Review, 62*, 356

Brown, S.R. & Ungs, T.D. (1970). Representativeness and the study of political behavior: An application of Q technique to reactions to the Kent State incident. *Social Science Quarterly, 51*, 514

Brown, S.R. (1972). A fundamental incommensurability between objectivity and subjectivity. In S.R. Brown & D.J. Brenner (Eds.), *Science, psychology, and communication* (pp.

57-94) . New York: Teachers College Press.

______. (1976). Die Qtechnik: Verstehen meßbar gemacht [Q technique: Understanding made measurable]. *Transfer* (Bonn), No. 2, 221

______. (1984). "Q Caveat emptor. *Operant Subjectivity, 8*, 6 (*Cf.* P. Gould)

______. (1993). A primer on Q methodology. *Operant Subjectivity, 16,* 91-138.

Burt, C. (1972). The reciprocity principle. In S.R. Brown & D.J. Brenner (Eds.), *Science, psychology, and communication* (pp. 39-56) . New York: Teachers College Press.

Cattell, R.B. (1951). On the disuse and misuse of P, Q, Qs and O techniques in clinical psychology. *Journal of Clinical Psychology, 7*, 203

Cronbach, L.J. & Gleser, G.C. (1954). Review of *The Study of Behavior: Qand Its Methodology,*by W. Stephenson. *Psychometrika, 19*, 327 (*Cf.* response by Stephenson)

Duijker, H.C.J. (1979). Mind and meaning. *Operant Subjectivity, 3*, 15

Gould, P. (1985). A new Q too? *Operant Subjectivity, 8*, 42(*Cf.* Brown's response)

Haas, M. (1969). Toward the study of biopolitics: A crossanalysis of mortality rates. *Behavioral Science, 14*, 257

Karim, K. (2001). Q methodology – advantages and the disadvantages of this research method. *Journal of Community Nursing, 15*(4). Available: http://www.jcn.co.uk/

Kim, H-K. (1996). [A study of the utility of Q methodology.] *Q-Methodology and Theory, 1*, 15-33. (Korean)

Lichtenstein, P.E. (1988). Interbehavioral psychology and Q methodology. *Operant Subjectivity, 11*, 531.

Mrtek, R.G., Tafesse, E., & Wigger, U. (1996). Q-methodology and subjective research. *Journal of Social and Administrative Pharmacy, 13*(2), 54-64.

O'Brien, P. (1985). *Against misinterpretation: Some philosophical roots of Q*. Read at the First Institute for the Scientific Study of Subjectivity, Columbia, MO.

Schlinger, M.J. (1969). Cues on Q *Journal of Advertising Research, 9*(3), 53

Schwartz, S.H. (1978). Reflections on a Q dissertation and its opposition. *Operant Subjectivity, 1,* 78

Sell, D.K. & Brown, S.R. (1984). Q methodology as a bridge between qualitative and quantitative research: Application to the analysis of attitude change in foreign study program participants. In J.L. Vacca & H.A. Johnson (Eds.), *Qualitative research in education* (pp. 79 Kent, OH: Bureau of Educational Research and Services, Kent State University.

Smith, N.W. (2001). Centrisms, noncentrisms, and universal Q. *Operant Subjectivity, 24*, 52-67.

Smith, N.W. & Smith, L.L. (1996). Field theory in science: Its role as a necessary and sufficient condition in psychology. *Psychological Record, 46*, 3-19.

Whang, S-M., & Choe, E-H. (2002). [The implementation of Q-methodology in psychological research and the interpretation of its result: The duet of objectivity and subjectivity.] *Q-Methodology and Theory, 7*, 4-26. (Korean)

Wittenborn, J.R. (1961). Contributions and current status of Q methodology. *Psychological Bulletin, 58*, 132

Webler, T., Danielson, S., & Tuler, S. (2009). *Using Q method to reveal social perspectives in environmental research.* Greenfield, MA: Social and Environmental Research Institute (SERI). Available: www.seri-us.org/pubs/Qprimer.pdf.

Factor Analysis

Brown, S.R. (1978). The importance of factors in Q methodology: Statistical and theoretical considerations. *Operant Subjectivity, 1*, 117

______. (1999). On the taking of averages: Variance and factor analyses compared. *Operant Subjectivity, 22,* 31-37.

Carr, S.C. (1992). A primer on the use of Q-technique factor analysis. *Measurement and Evaluation in Counseling and Development, 25,* 133-138.

Creaser, J.W. (1978). The factormethod of rotation for Qresearch. *Operant Subjectivity, 1*, 7077.

Expositor (1992). A note on measuring changes in Q factor loadings. *Operant Subjectivity, 15*, 56

Fairweather, J.R. (2001). Factor stability, number of significant loadings, and interpretation: Evidence from three studies and suggested guidelines. *Operant Subjectivity, 25*, 37-58.

Grosswiler, P. (2004). Neural network analysis as an alternative to factor analysis in the mapping of intersubjectivity in Q-methodology communication research. *Journal of Human Subjectivity, 2*(1), 109-134.

Lorr, M., Jenkins, R.L., & Medland, F.F. (1955). Direct versus obverse factor analysis: A comparison of results. *Educational and Psychological Measurement, 15*, 441

Morf, M.E., Miller, C.M., & Syrotuik, J.M. (1976). A comparison of cluster analysis and Qanalysis. *Journal of Clinical Psychology, 32*, 59

Shields, D.C. (1981). Critiquing factor analysis studies: A critical standard and application. In J.F. Cragan & D.C. Shields (Eds.), *Applied communication research* (pp. 395 Prospect Heights, IL: Waveland Press.

Sneath, P.H.A. & Sokal, R.R. (1973). *Numerical taxonomy: The principles and practice of numerical classification*. San Francisco: W.H. Freeman. (See pp. 256)

Talbott, A., & Berkowitz, D. (1993, October). *Cluster analysis as an alternative to factor analysis in Q methodological research.* Read at the meeting of the International Society for the Scientific Study of Subjectivity, Columbia, MO.

Thompson, J.W. (1962). Meaningful and unmeaningful rotation of factors. *Psychological Bulletin, 59,* 211

Zabala, A. (2014). qmethod: A package to explore human perspectives using Q methodology. *The R Journal, 6*, 163-173.

Structuring Q Samples

Brown, S.R. (1970). On the use of variance designs in Q methodology. *Psychological Record, 20,* 179

______. (1971). Experimental design and the structuring of theory. *Experimental Study of Politics, 1*(1), 1

Brown, S.R. & Feist, U. (1992). Calibrating bilingual Q samples. *Operant Subjectivity, 15*, 105

Ellingsen, I.T. (2011). Designing a Q sample for a study with adolescent foster children. *Operant Subjectivity, 34,* 125-145.

Grosswiler, P. (1992). Some methodological considerations on the use of multimedia Qitems. *Operant Subjectivity, 15*, 6580.

Kinsey, D. & Kelly, T.C. (1989). Mixing methodologies: An aid in developing Q samples. *Operant Subjectivity, 12*, 98

Neff, W.S. & Cohen, J. (1967). A method for the analysis of the structure and internal consistency of Qarrays. *Psychological Bulletin, 68*, 361

Nahinsky, I.D. (1967). A Q sort analysis of variance involving the dimensions of sorts, groups, and items. *Journal of Experimental Education, 35*(3), 36

Paige, J.B., & Morin, K.H. (2015). Q-sample construction: A critical step for a Q-methodo-logical study. *Western Journal of Nursing Research, 38*, 96-110.

Non-Language Q Samples

Brown, S.R. (1979). Perspective, transfiguration, and equivalence in communication theory: Review and commentary. In D. Nimmo (Ed.), *Communication yearbook 3* (pp. 51-65). New Brunswick, NJ: Transaction.

Castañeda, L. (1974). *Media images for Guatemala's culture: A Q-study involving Indian subjects*. Master's thesis, University of Missouri.

Castañeda de León, L. (1983). *Correlación entre privación temprana y conducta asocial: Metología Q aplicada en la Clínica del Niño Sano del Hospital Roosevelt de Guatemala*. Medical thesis, Universidad de San Carlos de Guatemala.

Goldman, I. (1985). Communication and culture: A Q-methodological study of psycho-social meanings from photographs in *Time* magazine. Doctoral dissertation, University of Iowa, 1984. *Dissertation Abstracts International, 45*, 2683A.

Grosswiler, P. (1992). Some methodological considerations on the use of multimedia Q-sample items. *Operant Subjectivity, 15*, 65-80.

Kim, H-K., & Lee, J-Y. (2002). [A Q study for multiple identity accomplished by Avata in virtual space.] *Q-Methodology and Theory, 7*, 27-51. (Korean)

Kim, J.H., Kim, B.I., & Kim, J.K. (2003). Olfactory factors in aroma uses. *Journal of Human Subjectivity, 1*(2), 157-176.

Kinsey, D.F. (1993-1994). Humor communicability. *Operant Subjectivity, 17*, 49-61.

Kinsey, D., & Taylor, R.W. (1982). Some meanings of political cartoons. *Operant Subjectivity, 5*, 107-114.

MacAndrew, C., & Edgerton, R. (1964). A procedure for interrogating non-professional and ward employees. *American Journal of Mental Deficiency, 69*, 347-353.

Root, J.R. (1995). *Is a picture worth a thousand words: A Q methodological study of political cartoons*. Doctoral dissertation, University of Houston.

Root, J. (1995). A partisan/nonpartisan schematic approach to interpreting political cartoons. *Operant Subjectivity, 18*, 94-107.

Stephenson, W. (1935). Correlating persons instead of tests. *Character and Personality, 4*, 17-24.

Stephenson, W. (1936). The inverted factor technique. *British Journal of Psychology* (General Section), *26*, 344-361. [vases, odors]

______. (1960). Principles of selection of news pictures. *Journalism Quarterly, 37*, 61-68.

______. (1963). The "infantile" vs. the "sublime" in advertisements. *Journalism Quarterly, 39*, 181-186.

______. (1976). Q-methodology: Conceptualization and measurement of operant effects of television viewing. *JCATS: Journal of the Centre for Advanced Television Studies, 4*(1), 17-18.

______. (1980). Consciring: A general theory for subjective communicability. In D. Nimmo (Ed.), *Communication yearbook 4* (pp. 7-36). New Brunswick, NJ: Transaction.

Taylor, P., Delprato, D.J., & Knapp, J.R. (1994). Q-methodology in the study of child phenomenology. *Psychological Record, 44*, 171-183.

Trahair, R.C.S. (2003).A psychohistorical study of political cartoons using Q-method.*Journal of Psychohistory*, *30*, 337-362.

Wacholtz, L.E. (1992, October). *The country music audience: A Q-technique portrait of seven listener types*. Read at the meeting of the International Society for the Scientific Study of Subjectivity, Columbia, MO.

Wallenstein, M.H. (1976). *Political poster appeal: A partial audience typology*. Master's thesis, Kent State University.

Intensive Analysis (Single Cases)

Baas, L.R. (1984).The primary sources of meaning of a secondary symbol: The case of the Constitution and Ms. Murphy.*Political Psychology, 5*, 687-705.

______. (1997)The interpersonal sources of the development of political images: An intensive, longitudinal perspective. *Operant Subjectivity, 20,* 117-142.

Baas, L.R. & Brown, S.R.(1973)Generating rules for intensive analysis: The study of transformations. *Psychiatry, 36*, 172

Barron, F. (1955). A case study of a residual. In A. Burton & R.E. Harris (Eds.), *Clinical studies of personality* (pp. 668 New York: Harper.

Brown, S.R. (1974). Intensive analysis in political research.*Political Methodology, 1*(1), 1

______. (1981). Intensive analysis. In D.D. Nimmo & K.R. Sanders (Eds.), *Handbook of political communication* (pp. 627649). Beverly Hills, CA: Sage.

______. (1982). Imagery, mood, and the public expression of opinion. *Micropolitics, 2,* 153

______. (1983). *Monitoring the vicissitudes of mood.* Read at a meeting of the Third International Symposium on Forecasting, Philadelphia.

______. (1989). A feeling for the organism: Understanding and interpreting political subjectivity. *Operant Subjectivity, 12*, 81

Brown, S.R. (1993-94). The structure and form of subjectivity in political theory and behavior. *Operant Subjectivity, 17,* 30-48.

Brown, S.R., & Kil, B-O. (2002). Exploring Korean values. (with Byung-Ok Kil). *Asia Pacific: Perspectives, 2*(1), 1-8.
<http://www.pacificrim.usfca.edu/research/perspectives/app_v2n1. html>

Chusid, H.S. & Cochran, L. (1989).Meaning of career change from the perspective of family roles and dramas. *Journal of Counseling Psychology, 36*, 34

Goldman, I. (1991). Narcissism, social character, and communication: A Qperspective. *Psychological Record, 41*, 343

MacGregor, A. & Cochran, L. (1988). Work as enactment of family drama. *Career Development Quarterly, 37*, 138

Mauldin, C.R. (1985). *Qoperancy and the scientific study of subjectivity.* Read at the First Institute for the Scientific Study of Subjectivity, Columbia, MO.

Parloff, M.B., Stephenson, W., & Perlin, S. (1963). Myra's perception of self and others. In D. Rosenthal (Ed.), *The Genain quadruplets: A case study and theoretical analysis of heredity and environment in schizophrenia* (pp. 493-501). New York: Basic Books.

Rhoads, J.C. (2001). Researching authoritarian personality with Q methodology Part II: An intensive study. *Operant Subjectivity, 24*, 86-103.

Rhoads, J.C. (2001). Researching authoritarian personality with Q methodology Part I: Revisiting traditional analysis. *Operant Subjectivity, 24*, 68-85.

Brown, S.R. (2001). Understanding the rebellious conformist: A note on Rhoads's study of authoritarianism. *Operant Subjectivity, 24*, 104-108.

Ricks, D.F. (1956). *"I" and "me": A study in self consistency.* Doctoral dissertation, University of Chicago.

______. (1972). Dimensions in life space: Factor analytic case studies. In S.R. Brown & D.J.

Brenner (Eds.), *Science, psychology, and communication* (pp. 278-311) . New York: Teachers College Press.

Shontz, F.C. (1978). Single organism research and the representative case method. In D.J. Lettieri (Ed.), *Drugs and suicide* (pp. 225 Beverly Hills, CA: Sage.

______. (1981). Individualization of Qstatements. *Operant Subjectivity, 5*, 17

Stephenson, W. (1974). Methodology of single case studies. *Journal of Operational Psychiatry, 5*(2), 3

Taylor, P., Delprato, D.J. & Knapp, J.R. (1994). Qin the study of child phenomenology. *Psychological Record, 44*, 171

Trahair, R.C.S. (1997). A Q-method study in espionage: George Blake, superspy. *Mentalities/Mentalitiés, 12*, 1-15.

Forced vs. Free Distributions

Block, J. (1956). A comparison of the forced and unforced Q-sorting procedures. *Educational and Psychological Measurement, 16*, 481-493.

Bolland, J.M. (1985). The search for structure: An alternative to the forced Qtechnique. *Political Methodology, 11*, 91 (*Cf.* Comment by S.R. Brown and response by Bolland.)

Brown, S.R. (1971). The forceddistinction in Q technique. *Journal of Educational Measurement, 8*, 283

Cottle, C.E. & McKeown, B.F. (1980). The forceddistinction in Q technique: A note on unused categories in the Q sort continuum. *Operant Subjectivity, 3*, 58

Gaito, J. (1962). Forced and free Q sorts. *Psychological Reports, 10*, 251

Gordon, L.V. & Kikuchi, A. (1970). The comparability of the forcedand Qmeasurement approaches: An otherstudy. *Journal of Social Psychology, 81*, 137

Hess, R.D. & Hink, D.L. (1959). A comparison of forced vs. free Qprocedure. *Journal of Educational Research, 53*(3), 83

Jones, A. (1956). Distributions of traits in current Qmethodology. *Journal of Abnormal and Social Psychology, 53*, 90

Leon Garcia, O.G. & Vizcarro Cuarch, C.(1985). Consideraciones psicometricas en torno a la tecnica Q [Psychometrical considerations concerning the Qtechnique]. *Revista de Psicologia General y Aplicada, 40*, 243 (See *Psychological Abstracts, 74*, 1460, no.

14396.)

Livson, N.H. & Nichols, T.F. (1956). Discrimination and reliability in Qpersonality descriptions. *Journal of Abnormal and Social Psychology, 52,* 159

Schill, W.J. (1966). Unforced and group response to a Q *Journal of Experimental Education, 34*(4), 19

Reliability, Validity, and Operantcy

Beck, C.T. (1999). Quantitative measurement of caring. *Journal of Advanced Nursing, 30,* 24-32.

Brouwer, M. (1991). Q^2 R^2 or:Quantifying the qualitative with real reliability. *Marketing in the new Europe*(The 44th E.S.O.M.A.R. Marketing Research Congress,Luxembourg 1991) (pp. 717 Amsterdam: European Society for Opinion and Marketing Research.

______. (1992 Validity: Q vs. R. *Operant Subjectivity, 16*, 1

Brown, S.R. (1992 On validity and replicability. *Operant Subjectivity, 16*, 4551.

______. (2003). The indigenization of methodology (revisited). *Journal of Human Subjectivity, 1*(1), 1-21.

Brown, S.R. & Mathieson, M. (1990) The operantcy of practical criticism. *Electronic Journal of Communication/La Revue Electronique de Communication, 1*(1). Available: http://www. cios.org/www/ejcmain.htm.

Brown, S.R. & Taylor, R.W. (1972). Perspective in concept formation. *Social Science Quarterly, 52*, 852

Brown, S.R. & Taylor, R.W. (1973). Frames of reference and the observation of behavior. *Social Science Quarterly, 54*, 29

Brown, S.R. & Kim, K.J. (1981). The indigenization of methodology. *Social Science and Policy Research, 3*(3), 109 [Seoul, Korea]

D'Agostino, B. (1984). Replicability of results with theoretical rotation. *Operant Subjectivity, 7*, 81 (*Cf.* Stephenson's response.)

Dennis, K. (1988). Q New perspectives on estimating reliability and validity. In O.L. Strickland & C.F. Waltz (Eds.), *Measurement of nursing outcomes. Vol. 2. Measuring nursing performance: Practice, education, and research* (pp. 409 New York: Springer.

Dennis, K.E. (1992 Looking at reliability and validity through Q glasses. *Operant Subjectivity,*

16, 37

Edwards, A.L. & Horst, P. (1953). Social desirability as a variable in Q technique studies. *Educational and Psychological Measurement, 13*, 620

Expositor (1987). Reliable schematics. *Operant Subjectivity, 10*, 81

Fairweather, J.R. (1981). Reliability and validity of Qresults: Some empirical evidence. *Operant Subjectivity, 5*, 2

Frank, G.H. (1956). Note on the reliability of Qdata. *Psychological Reports, 2*, 182.

Hilden, A.H. (1958). Qcorrelation: Stability and random choice of statements. *Journal of Consulting Psychology, 22*, 45

Pease, D., Boger, R., Melby, J., Pfaff, J., & Wolins, L. (1989). Reliability of the Qinventory of parenting behaviors. *Educational and Psychological Measurement, 49,* 11

Steller, M. & Meurer, K. (1974). Zur Reliabilität eines Qsort zur Veränderungsmessung [On the reliability of the Qmethod for measuring changes]. *Psychologische Beiträge, 16*, 618 (See *Psychological Abstracts,* 1974, *55,* 195, no. 1774.)

Sun, T(1992). Indigenization of public administration knowledge in Taiwan. *Asian Thought and Society, 17*, 97

Thomas, D.B. & Baas, L.R. (1992 The issue of generalization in Q methodology: "Reliable schematics" revisited. *Operant Subjectivity, 16*, 18

Thompson, B., Frankiewicz, R.G. & Ward, G.R. (1983). Crossvalidation of attitude measures. *Operant Subjectivity, 6*, 37 (*Cf.* Stephenson's response.)

Van Dam, M. & Van Ijzendoorn, M.H. (1988). Measuring attachment security: Concurrent and predictive validity of the Parental Attachment Q *Journal of Genetic Psychology, 149*, 447

Van Tubergen, G.N. & Olins, R.A. (1982). Reflections on a test for construct validity in some Q typologies. *Operant Subjectivity, 6*, 22

Q Technique and Questionnaires

Bidwell, C.E. (1957). Some effects of administrative behavior: A study in role theory. *Administrative Science Quarterly, 2,* 162-181.

Brown, S.R. (2002). Q technique and questionnaires. *Operant Subjectivity, 25,* 117-126.

Cohen, S.H. (1972). *Voting behavior in school referenda: An investigation of attitudes and other determinants by Q technique and survey research.* (Dissertation, Kent State

University, 1971.) Dissertation Abstracts International, 32A, 5298

Hamilton, H.D. & Cohen, S.H. (1974). *Policy making by plebiscite: School referenda.* Lexington, MA: Lexington Books, D.C. Heath.

Hill, S. (1992). *Democratic values and technological choices.* Stanford, CA: Stanford University Press.

Howard, L.W. (1995-1996). Quest-sort: A paper-and-pencil alternative to card-sorting Q samples. *Operant Subjectivity, 19,* 12-22. (See also "Comments" by S.R. Brown, pp. 23-30; and "Response" by Howard, pp. 31-34.)

Jackson, D.M. (1956). Development of a measure of orientation toward core and subject curriculum theories. *School Review, 64,* 250-255.

Jackson, D.M. & Bidwell, C.E. (1959). A modification of Q-technique. *Educational and Psychological Measurement, 19,* 221-232.

Kerlinger, F.N. (1961). Factor invariance in the measurement of attitudes toward education. *Educational and Psychological Measurement, 21,* 273

McCain, J.A. (1975). Ideology in Africa. *African Studies Review, 18,* 61

______. (1979). Ideology and leadership in postNkrumah Ghana. In C.G. Rosberg & T.M. Callaghy (Eds.), *Socialism in subSaharan Africa: A new assessment* (Research Series, No. 38, pp. 207 Berkeley: University of California Institute of International Studies.

McKeown, B.F. (2001). Loss of meaning in Likert scaling: A note on the Q methodological alternative. *Operant Subjectivity, 24*, 201-206.

Nitzberg, M.C. (1980). Development of modified Qinstrument to measure priorities adolescent places on developmental tasks. *Adolescence, 15,* 5018.

______. (1981). Development of Likert scale to measure salience of need for interpersonal relationships with parents and friends. *Adolescence, 15,* 871

Richardson, J.D. (1968). *Merger of questionnaire and Qtechniques.* (Dissertation, University of North Carolina, 1967.) *Dissertation Abstracts, 28A*, 2834

Stephenson, W. (1953). *The study of behavior: Qand its methodology.* Chicago: University of Chicago Press. (Chap. 9, "The Prior Analysis of Questionnaires," pp. 190218.)

Sullivan, J.L., Fried, A., & Dietz, M.G. (1992). Patriotism, politics, and the presidential election of 1988. *American Journal of Political Science, 36,* 200

TheissE., Fried, A., Sullivan, J.L., & Dietz, M. (1992). Mixing methods: A multistage strategy for studying patriotism and citizen participation. In J. Stimson (Ed.), *Political analysis* (Vol. 3, pp. 89 Ann Arbor: University of Michigan Press.

Danielson, S. (2009). Q method and surveys: Three ways to combine Q and R. *Field Methods, 21,* 219-237.

Brown, S.R. (2009). Q technique, method, and methodology: Comments on Stentor Danielson's paper. *Field Methods, 21,* 238-241.

Danielson, S. (2009). Recognizing common ground: A reply to Steven R. Brown, *Field Methods, 21*, 242-243.

Danielson, S., Tuler, S.P., Santos, S.L., Webler, T., & Chess, C. (2012). Three tools for evaluating participation: Focus groups, Q method, and surveys. *Environmental Practice, 14*, 101-109.

Eyvindson, K., Kangas, A., Hujala, T., & Leskinen, P. (2015). Likert versus Q-approaches in survey methodologies: Discrepancies in results with same respondents. *Quality & Quantity, 49*, 509-522.

Franz, A., Worrell, M., & Vögele, C. (2013). Integrating mixed method data in psychological research: Combining Q methodology and questionnaires in a study investigating cultural and psychological influences on adolescent sexual behavior. *Journal of Mixed Methods Research, 7*, 370-389.

Peck, R. (Ed.) (2010). Q-block symposium issue. *Operant Subjectivity, 34*, entire issue.

Peck, R. Introduction to the Q-block symposium. 1-5.

Talbott, A.D. The Q-block method of indexing Q typologies. 6-24.

Kim, H.K. Estimating agreement between the Q block and the Q tool. 25-37.

Baker, R., Van Exel, J., Mason, H., & Stricklin, M. Connecting Q & surveys: Three methods to explore factor membership in large samples. 38-58.

Niemeyer, S. The Q-block method and an alternative: Benchmarking the Australian discourse of democracy. 59-84.

The "Postmodern Turn"

Billard, S. (1999). How Q methodology can be democratized. *Feminism & Psychology, 9*, 357-366.

Brown, S.R. (1996). Q methodology and qualitative research. *Qualitative Health Research*, *6,* 561-567.

Bublic, J.M., & Sitaraman, S. (1998). Mediated images of international understanding: The case of India and the United States. *Gazette, 60*, 477-491.

Burke, L.E.C-A. (2014). Post-colonial science education: The challenge of negotiating researcher positioning. *International Journal of Research & Method in Education, 37*, 242-255. doi: 10.1080/1743727X.2013.824776

______. (2015). Exploiting the qualitative potential of Q methodology in a post-colonial critical discourse analysis. *International Journal of Qualitative Methods, 14*, 65-79.

Churruca, K., Perz, J., & Ussher, J.M. (2014). Uncontrollable behavior or mental illness? Exploring constructions of bulimia using Q methodology. *Journal of Eating Disorders, 2*(22). Open access, doi:10.1186/s40337-014-0022-2 (available: http://www.jeatdisord.com/content/pdf/s40337-014-0022-2.pdf)

Chappell, S. (1997-1998). Representations of violent young women. *Operant Subjectivity, 21,* 62-72.

Curt, B.C. (pseud.) (1994). *Textuality and tectonics: Troubling social and psychological science*. Buckingham and Philadelphia: Open University Press.

Davis, T.C. (1997). Patterns of identity: Basques and the Basque nation. *Nationalism & Ethnic Politics, 3*, 61-88.

______. (1999). Revisiting group attachment: Ethnic and national identity. *Political Psychology, 20*, 25-47.

Dryzek, J.S.(1990).*Discursive democracy*. Cambridge: Cambridge University Press. (Chap 9, "The Measure of Political ManWoman")

Dryzek, J.S. (1994). Australian discourses of democracy. *Australian Journal of Political Science, 29*, 221

Dryzek, J.S., Clark, M.L. & McKenzie, G. (1989). Subject and system in international interaction. *International Organization, 43*, 475

Dryzek, J.S. & Berejikian, J. (1993). Reconstructive democratic theory. *American Political Science Review, 87*, 48

Durning, D. (1999). The transition from traditional to postpositivist policy analysis: A role for Q-methodology. *Journal of Policy Analysis and Management, 18,* 389-410.

Duenckmann, F. (2010). The village in the mind: Applying Q-methodology to re-constructing constructions of rurality. Journal of Rural Studies, 26, 284-295.

Edelson, M. (1989). The nature of psychoanalytic theory: Implications for psychoanalytic research. *Psychoanalytic Inquiry, 9,* 169

Farrimond, H., Joffe, H., & Stenner, P. (2010, October). A Q-methodological study of smoking identities. Psychology and Health, 25(8), 979-998.

Fairweather, J. & Rinne, T. (2012). Clarifying a basis for qualitative generalization using approaches that identify shared culture. Qualitative Research, 12, 473-485.

Felkins, P.K. & Goldman, I. (1993). Political myth as subjective narrative: Some interpretations and understandings of John F. Kennedy. *Political Psychology, 14*, 447

Gallivan, J (1994). Subjectivity and the psychology of gender: Q as a feminist methodology. In J. Gallivan, S.D. Crozier & V.M. Lalande (Eds.), *Women, girls, and achievement* (pp. 29 Toronto: Captus University Publications.

Goldman, I. & Emke, I. (1991). Communication and Canadian identity: A Qstudy. *Canadian Journal of Communication, 16*, 129

Kitzinger, C. (1986). Introducing and developing Q as a feminist methodology: A study of accounts of lesbianism. In S. Wilkinson (Ed.), *Feminist social psychology* (pp. 151 Milton Keynes and Philadelphia: Open University Press.

______. (1987). *The social construction of lesbianism* (Inquiries in Social Construction series). London: Sage.

______. (1989). Liberal humanism as an ideology of social control: The regulation of lesbian identities. In J. Shotter & K.J. Gergen (Eds.), *Texts of identity* (Inquiries in Social Construction series, Vol. 2, pp. 82 Newbury Park, CA: Sage.

______. (1999). Commentary: Researching subjectivity and diversity: Q-methodology in feminist psychology. *Psychology of Women Quarterly, 23*, 267-276.

Kitzinger, C. & Stainton Rogers, R. (1985). A Qstudy of lesbian identities. *European Journal of Social Psychology, 15*, 167

Lynn, L.E., Jr. (1999). A place at the table: Policy analysis, its postpositive critics, and the future of practice. *Journal of Policy Analysis and Management, 18,* 411-425.

Maxwell, J.P. (1999). The violence of the night: The perception of trauma in a song. *Operant Subjectivity, 22,* 12-30.

McKeown, B.F. (1990). Q methodology, communication, and the behavioral text. *Electronic Journal of Communication/La Revue Electronique de Communication, 1*(1), special issue. (http://www.cios.org/www/ejcmain.htm)

McClelland, S.I. (2014). ''What do you mean when you say that you are sexually satisfied?'' A mixed methods study. Feminism & Psychology, 24(1), 74-96.

McCormack, U. (1997-1998). First-time voting in the UK 1997 General Election. *Operant Subjectivity, 21,* 49-61.

Millward, L.J. (1995). Contextualizing social identity in considerations of what it means to be a nurse. *European Journal of Social Psychology, 25*, 303-324.

Park, E-H. (1996). A study on the audience subjectivity in postmodern condition: The paranoiac and the schizophrenic type. *Q-Methodology and Theory, 1*, 93-114.

Peng, Y. (1998). Democracy and Chinese political discourses. *Modern China, 24*, 408-444.

Peritore, N.P. (1993). Environmental attitudes of Indian elites: Challenging Western postmodernist models. *Asian Survey, 33*, 804

Pignone, M.M. (1992). *On becoming a global citizen—praxis in identity politics: A participatory development education project.* Doctoral dissertation, American University.

Ramlo, S.E., & Newman, I. (2011). Q methodology and its position in the mixed-methods continuum. Operant Subjectivity, 34, 172-191.

Ramlo, S.E., & Newman, I. (2011). Reply to Stenner, pp. 204-207.

Gorlay, S. (2011). Commentary on Ramlo and Newman, "Q Methodology and Its Position in the Mixed-Methods Continuum," pp. 208-212.

Ramlo, S.E., & Newman, I. (2011). Reply to Gorlay, pp. 213-214.

Ramlo, S. (2016). Mixed method lessons learned from 80 years of Q methodology. *Journal of Mixed Methods Research, 10*(1), 28-45.

Robbins, P., & Krueger, R. (2000). Beyond bias? The promise and limits of Q method in human geography. *Professional Geographer, 52*, 636-648.

Robyn, R.. (2000). A methodological approach to the question of national identity in Europe. *Politique Européenne, 1*, 84-107.

______. (Ed.) (2005). *The changing face of European identity: A seven-nation study of (supra)national attachments*. London: Routledge.

Rongmuang, D. (2011). Regional differences in physical appearance identity among young adult women in Thailand. Doctoral dissertation (Nursing), University of Illinois at Chicago, Health Sciences Center.

Roper, S., Capdevila, R., Lazard, L., & Roberts, A. (2015). How is this feminist again? Q as a feminist methodology. *Psychology of Women Section Review, 17*, 3-12.

Schrøder, K.C., & Kobbernagel, C. (2010). Towards a typology of cross-media news consumption: A qualitative-quantitative synthesis. *Northern Lights: Film & Media Studies Yearbook*, 8(1), 115-137.

Snelling, S.J. (1999). Women's perspectives on feminism: A Q-methodological study. *Psychology of Women Quarterly, 23*, 247-266.

Stainton Rogers, R. & Stainton Rogers, W. (1990). What the Brits got out of the Q: And why their work may not line up with the American way of getting into it! *Electronic Journal ofCommunication/LaRevueElectroniquede Communication,1*(1), special issue. (http://www.cios.org/www/ejcmain.htm)

Stainton Rogers, W. (1991). *Explaining health and illness: An exploration of diversity*. London: Harvester/Wheatsheaf.

Stainton-Rogers, W. (Ed.) (1997-1998). Using Q as a form of discourse analysis. *Operant Subjectivity, 21,*1-72 (entire issue):Stainton Rogers, W. (1997-1998). Q methodology, textuality, and tectonics. *Operant Subjectivity, 21,* 1-18.

Stainton Rogers, R. (1997-1998). Q methodology and "going critical": Some reflections on the British dialect. *Operant Subjectivity, 21,* 19-26.

Stenner, P. (1997-1998). [Re]searching For love: Subjectivity and the ontology of the Q factor. *Operant Subjectivity, 21,* 27-48.

Stenner, P. (2011). Q methodology as qualiquantology: Comment on Susan Ramlo and Isadore Newman's "Q Methodology and its Position in the Mixed-Methods Continuum," pp. 192-203.

Stainton Rogers, W. & Stainton Rogers, R. (1989). Taking the child abuse debate apart. In W. Stainton Rogers, D. Hevey & E. Ash (Eds.), *Child abuse and neglect*(pp. 50 London: B.T. Batsford.

Stenner, P., & Stainton Rogers, R. (1998). Jealousy as a manifold of divergent understandings: A Q methodological investigation. *European Journal of Social Psychology, 28*, 71-94.

Stowell-Smith, M. (1997). Identity dilemmas and psychological discourse: The case of psychopaths in a secure psychiatric hospital. *Operant Subjectivity, 20*, 143-158.

Sun, M.T-W., & Wong, T.K-Y. (2004). *Taiwan's national identity revisited: A dialogue between R and Q*(Occasional Paper No. 142). Shatin, New Territories: Hong Kong Institute of Asia-Pacific Studies, Chinese University of Hong Kong. (Chinese)

Thomas, D.B. (1999). Taking subjectivity seriously in educational outcomes assessment:

Exploring undergraduate understandings of the liberal arts. *Operant Subjectivity, 22*(4), 14-40.

Thomas, D.B. & Baas, L.R. (1996). The postelection campaign: Competing constructions of the Clinton victory in 1992. *Journal of Politics, 58*, 309-331.

Thomas, D.B., McCoy, C., & McBride, A. (1993). Deconstructing the political spectacle: Sex, race, and subjectivity in public response to the Clarence Thomas/Anita Hill "sexual harassment" hearings. *American Journal of Political Science, 37*, 699

Wong, T.K., & Sun, M.T. (1998). Dissolution and reconstruction of national identity: The experience of subjectivity in Taiwan. *Nations and Nationalism, 4,* 247-272. [In Chinese: *Political Science Review* (National Taiwan University), 1996, No. 7, 321-353.]

Wong, T.K., & Sun, M.T-W. (2000). Democratic theorizing in Taiwan: A reconstruction. *Democratization, 7*, 90-112.

Xi, J., Owens, L., & Feng, H. (2016). Friendly girls and mean girls: Social constructions of popularity among teenage girls in Shanghai. *Japanese Psychological Research, 58*(1), 42-53.

Miscellaneous

Johnson, R.M. (1970). Q analysis of large samples. *Journal of Marketing Research, 7*, 104

Stricklin, M. (1987). Some thoughts on completing computer programs for Q technique. *Operant Subjectivity, 10*, 136 (See http://www.pcqsoft.com/)

Van Tubergen, G.N. & Olins, R.A. (1979). Mail vs personal interview administration for Q sorts: A comparative study. *Operant Subjectivity, 2,* 51

개정판 Q 방법론과 사회과학

초　판 2007년 11월 5일
개정판 2016년 12월 31일

지은이 _ 김 순 은
발행인 _ 이 재 영
발행처 _ 도서출판 조명문화사
/ ㊞04775
/ 서울시 성동구 뚝섬로4길 28 (성수동1가)
/ 전화 02-498-3017
/ 팩스 02-498-3018
등록번호 / 제2-846호(1989.7.13)

ISBN 978-89-7257-464-4 93350
정가 24,000원